D1687248

NATURA 1

Biologie für Gymnasien

bearbeitet von

Gert Haala
Jörg Hüttenhoff
Stephan Meyer
Günther Wichert

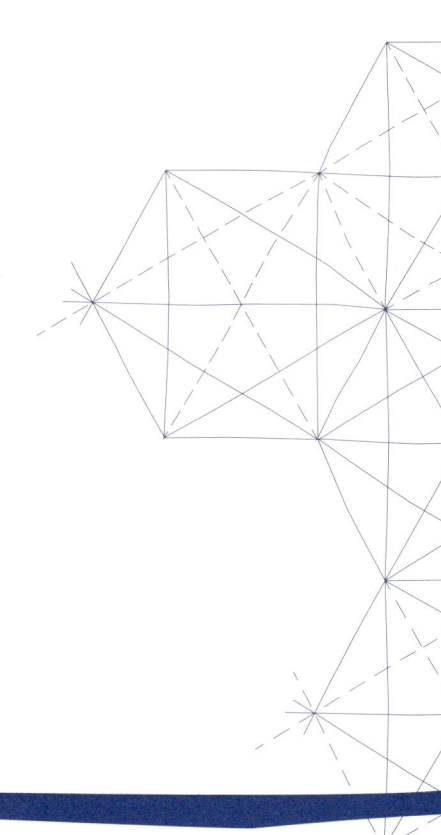

Nordrhein-Westfalen | G8
Teilband B, 6. Schuljahr

Ernst Klett Verlag
Stuttgart • Leipzig

Gefahrensymbole und Experimente im Unterricht

Eine Naturwissenschaft wie Biologie ist ohne Experimente nicht denkbar. Auch in Natura 1 finden sich eine Reihe von Versuchen.

Experimentieren mit Chemikalien ist jedoch nie völlig gefahrlos. Deswegen ist es wichtig, vor jedem Versuch mit dem Lehrer die möglichen Gefahrenquellen zu besprechen. Insbesondere müssen immer wieder die im Labor selbstverständlichen Verhaltensregeln beachtet werden. Die Vorsichtsmaßnahmen richten sich nach der Gefahr durch die jeweils verwendeten Stoffe.

Daher sind in jeder Versuchsanleitung die verwendeten Chemikalien mit den Gefahrenbezeichnungen gekennzeichnet, die ebenfalls auf den Etiketten der Vorratsflaschen angegeben sind. Dabei bedeuten:

C = ätzend, *corrosive*: Lebendes Gewebe und Material, das mit diesen Stoffen in Berührung kommt, wird an der betroffenen Stelle zerstört.

F = leicht entzündlich, *flammable*: Stoffe, die durch das kurze Einwirken einer Zündquelle entzündet werden können.

Xi = reizend, *irritating* (X für Andreaskreuz): Stoffe, die reizend auf Haut, Augen oder Atemorgane wirken können.

Xn = gesundheitsschädlich, *noxious*: Stoffe, die beim Einatmen, Verschlucken oder bei Hautkontakt Gesundheitsschäden hervorrufen können.

---

1. Auflage   1 5 4 3 2 1 | 13 12 11 10 09

Alle Drucke dieser Auflage sind unverändert und können im Unterricht nebeneinander verwendet werden.
Die letzte Zahl bezeichnet das Jahr des Druckes.

Das Werk und seine Teile sind urheberrechtlich geschützt. Jede Nutzung in anderen als den gesetzlich zugelassenen Fällen bedarf der vorherigen schriftlichen Einwilligung des Verlages. Hinweis § 52 a UrhG: Weder das Werk noch seine Teile dürfen ohne eine solche Einwilligung eingescannt und in ein Netzwerk eingestellt werden. Dies gilt auch für Intranets von Schulen und sonstigen Bildungseinrichtungen. Fotomechanische oder andere Wiedergabeverfahren nur mit Genehmigung des Verlages.

Auf verschiedenen Seiten dieses Bandes befinden sich Verweise (Links) auf Internet-Adressen. Haftungshinweis: Trotz sorgfältiger inhaltlicher Kontrolle wird die Haftung für die Inhalte der externen Seiten ausgeschlossen. Für den Inhalt dieser externen Seiten sind ausschließlich die Betreiber verantwortlich. Sollten Sie daher auf kostenpflichtige, illegale oder anstößige Inhalte treffen, so bedauern wir dies ausdrücklich und bitten Sie, uns umgehend per E-Mail davon in Kenntnis zu setzen, damit beim Nachdruck der Verweis gelöscht wird.

© Ernst Klett Verlag GmbH, Stuttgart 2009. Alle Rechte vorbehalten. www.klett.de

Autoren: Gert Haala, Wesel; Jörg Hüttenhoff, Moers; Stephan Meyer, Rees; Günther Wichert, Wesel;

Unter Mitarbeit von: Dr. Irmtraud Beyer, Dr. Horst Bickel, Roman Claus, Roland Frank, Dr. Helmut Moßner, Gerhard Sailer, Dr. Jürgen Schweizer, Johann Staudinger, Dirk Zohren

Redaktion: Ulrike Fehrmann
Mediengestaltung: Ingrid Walter

Gestaltung: normaldesign GbR, Schwäbisch Gmünd
Illustrationen: Otto Nehren, Achern; Ingrid Schobel, Illustration und Kartographie, München; Nora Wirth, Frankfurt sowie Prof. Jürgen Wirth; Visuelle Kommunikation, Dreieich unter Mitarbeit von Matthias Balonier und Evelyn Junqueira
Reproduktion: Meyle + Müller, Medien-Management, Pforzheim

Druck: Stürtz GmbH, Würzburg

Printed in Germany
ISBN 978-3-12-045474-8

Dieses Buch

Lernen mit diesem Buch
Zu allererst kannst du das Buch einfach **durchblättern**. Sicherlich wirst du bei einigen schönen und interessanten Fotos und Abbildungen verweilen und sie **anschauen**. Vielleicht beginnst du auch an einigen Stellen bereits mit dem **Lesen** der Texte.
Dein Biologiebuch enthält ganz unterschiedlich gestaltete Seiten. Den größten Anteil haben die zweispaltigen **Informationsseiten** mit **Aufgaben** und manchmal einer **Infobox**. Darin stehen zusätzliche Inhalte zu dem Thema der Seite.
Das Buch enthält auch eine Reihe von dreispaltigen **Sonderseiten**, die dir auf unterschiedliche Weise beim Lernen helfen können. Die Seitentypen kannst du an den farbigen Balken leicht erkennen.

Methoden
In der Biologie werden — wie auch in anderen Naturwissenschaften — immer wieder bestimmte Methoden angewendet. Dazu gehören das Beobachten, das Durchführen von Experimenten und das grafische Darstellen von Versuchsergebnissen. Auf den Methodenseiten am Anfang des Buches sind Beispiele angegeben, anhand derer du dich informieren und immer wieder nachschlagen kannst.

Lexikon
Hier sind zusätzliche, aber sehr interessante Einzelheiten zu einem Thema abgebildet und kurz beschrieben. Wenn du dich also weiter zu einem Thema informieren oder einfach nur schmökern willst, solltest du nach diesen Seiten suchen.

Praktikum
Hier findest du ein großes Angebot an Versuchsanleitungen und Aufgaben zur Auswertung der Experimente. Falls du etwas untersuchen möchtest, kannst du hier die passenden Versuche auswählen.

Material
Diese Seiten enthalten eine Vielzahl an Materialien und Aufgaben, mit denen du üben kannst, selbstständig Fragestellungen zu bearbeiten. Du brauchst aber nicht immer die ganze Seite bearbeiten — es genügt, wenn du dir einige Beispiele auswählst.

Impulse
Manche Themen der Biologie lassen sich nur vollständig verstehen, wenn man Gesichtspunkte anderer Naturwissenschaften, also aus der Physik oder Chemie, berücksichtigt oder sich Gedanken macht über gesellschaftliche Zusammenhänge, wie z. B. beim Umweltschutz. Auf diesen Seiten findest du Ideen und Anregungen zu solchen Zusammenhängen, aus denen du bestimmt einige auswählen kannst.

TÜV: Testen — Üben — Vertiefen
Am Ende eines jeden Kapitels findest du eine Doppelseite, die dir hilft zu überprüfen, ob du die wesentlichen Kapitelinhalte verstanden hast. Du findest hier Aufgaben und Material, mit deren Hilfe du dein Wissen testen kannst.

Grundwissen
Ganz kurz gefasst findest du auf diesen Seiten den wichtigsten Stoff der Schuljahre 5/6. Dieses grundlegende Wissen solltest du immer parat haben.

Register
Du willst etwas über bestimmte Tiere oder Pflanzen wissen oder dich interessiert die Bedeutung eines Fachbegriffes? Mithilfe des Registers findest du die richtigen Seiten im Buch, um dich zu informieren.

Basiskonzepte
Die Basiskonzepte beschäftigen sich mit *biologischen Prinzipien*. Diese beschreiben Gemeinsamkeiten, immer wiederkehrende Erscheinungen und Vorgänge bei Lebewesen, die auf den ersten Blick wenig miteinander zu tun haben.
Basiskonzepte liefern Leitlinien, mit deren Hilfe sich die Prinzipien auf verschiedenen Ebenen miteinander vernetzen lassen. Die Kenntnis und Anwendung der Basiskonzepte kann dir deshalb helfen, dich in der Vielzahl der Themen zurechtzufinden und sie besser zu verstehen. Dein neues Biologiebuch gibt dir dazu verschiedene Hilfen. Auf den letzten Seiten findest du z. B. die Basiskonzepte als Wissensnetze zusammengefasst. Hier kannst du deine Kenntnisse anwenden und vertiefen. Außerdem gibt es viele Hinweise im Buch, die dich auf diese Zusammenfassungen aufmerksam machen. Achte einmal darauf:
[Basiskonzept Struktur und Funktion S. 146].

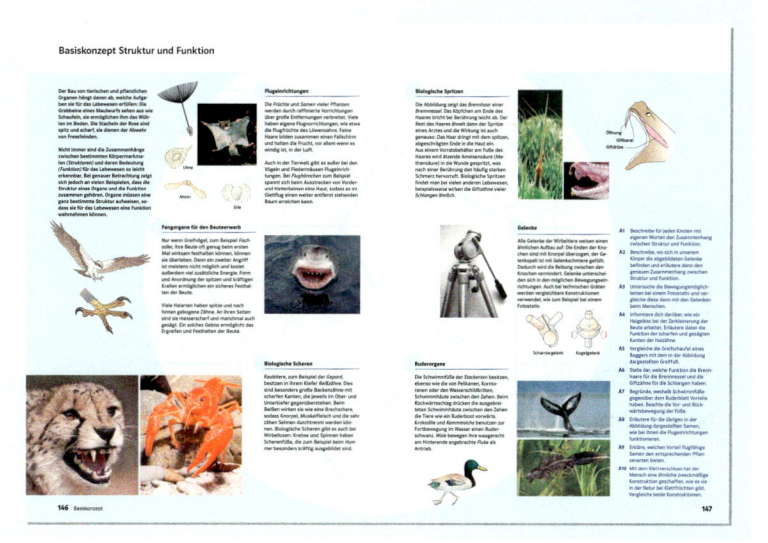

Inhalt (Teilband B)

Gefahrensymbole und Experimente im Unterricht

Wege in die Biologie
Inhalte, Arbeitsweisen und Basiskonzepte VI

Methoden: Lesen wie ein Profi VIII
Methoden: Informationen beschaffen X
Methoden: Informationen gelungen darstellen XII
Methoden: Versuche — Fragen an die Natur XIV
Methoden: So erstelle ich ein Diagramm XVI
Methoden: Arbeiten mit Lupe und Mikroskop XVIII

3 Pflanzen und Tiere im Jahreslauf

3.1 Sonne — Motor des Lebens 148
Die Zelle — Grundbaustein aller Lebewesen 148
Zelle — Gewebe — Organ — Organismus 150
Praktikum: Quellung / Keimung 152
Die Wärme der Sonne lässt Samen keimen 153
Praktikum: Die Aufgaben der Pflanzenorgane 154
Bau und Aufgaben der Wurzel 155
Bau und Aufgaben von Sprossachse und Blatt 156
Lexikon: Pflanzen sind angepasst an ihren Standort 158
Material: Historische Versuche zur Pflanzenernährung 160
Grüne Blätter sind Sonnenkollektoren 161
Praktikum: Versuche zu Fotosynthese und Zellatmung 162
Fotosynthese und Zellatmung 163
Pflanzen speichern Energie für sich und alle anderen Lebewesen 164
TüV: Sonne — Motor des Lebens 166

3.2 Leben mit den Jahreszeiten 168
Frühblüher leben vom Vorrat 168
Die Tulpe — Blütenpracht aus einer Zwiebel 169
Material: Frühblüher 170
Zitronenfalter sind Frühlingsboten 171
Kirsche, Hasel und Salweide — Frühblüher mit verschiedenen Blüten 172
Wer bestäubt die Blüten? 173
Lexikon: Bestäubungstricks 174
Wie Pflanzen ihren Nachwuchs sichern 175
Material: Früchte- und Samenverbreitung 176
Verbreitung von Samen und Früchten 177
Die Rosskastanie — ein Baum im Jahresgang 178
Impulse: Winter 180
Der Winter — für viele Tiere kein Problem 182
Praktikum: Schutz vor Kälte 183
Material: Igel überwintern 184
Zugvögel — Wanderer im Wechsel der Jahreszeiten 186
Nahrungsnot bei Vögeln im Winter 188
Die Jahreszeiten bestimmen den Lebensrhythmus der Amsel 189
Fortpflanzung und Entwicklung bei wechselwarmen Tieren 190

3.3 Extreme Lebensräume 192
Pflanzen und Tiere in trockenen Lebensräumen 192
Material: Schutz vor Austrocknung 193
Dromedare — Leben in der Hitzewüste 194
Eisbären — Leben in der Kältewüste 195
Impulse: Säugetiere im Zoo 196
Der Seehund — Leben im Meer und an Land 198
Wale — vom Land unabhängige Säugetiere 199
Pinguine — Fliegen unter Wasser 200
Lexikon: Leben in großen Tiefen 201
Impulse: Extreme bei Pflanzen und Tieren 202

3.4 Natur- und Artenschutz 204
Lebensräume verändern sich 204
Schutzmaßnahmen für Amphibien 206
Der Weißstorch braucht Feuchtgebiete 208
Rückzugsräume helfen überwinternden Vögeln 209
Impulse: Schutz der Natur 210
Weltweiter Artenschutz — das Washingtoner Artenschutzabkommen 212
TüV: Tiere und Pflanzen in ihren Lebensräumen 214

4 Sinne erschließen die Welt

4.1 Erfahrungen mit allen Sinnen 218
Mit allen Sinnen unterwegs 218
Vom Reiz zur Reaktion — sicher im Straßenverkehr 220
Das Auge — was man von außen erkennt 221
Das Auge — Bau und Leistungen 222
Praktikum: Sehen 224
Sehfehler — Sehhilfen 225
Sehen und gesehen werden in der Dämmerung 226
Material: Optische Täuschungen 227
Der Bau des Ohres 228
Praktikum: Hören 229
Das Gehör — Leistung, Gefährdung und Schutz 230
Die Haut — ein Organ mit vielen Aufgaben 232
Weitere Sinnesleistungen des Menschen 234
Sinneswelten 236
Information und Kommunikation 237
Lexikon: Sinnesleistungen von Tieren und Pflanzen 238
TüV: Sinne erschließen die Welt 240

5 Fortpflanzung und Entwicklung beim Menschen

5.1 Sexualerziehung 244
  Veränderungen in der Pubertät 244
  Geschlechtsorgane des Mannes 246
  Geschlechtsorgane der Frau 247
  Der Menstruationszyklus 248
  ⊷ *Impulse:* Liebe, Partnerschaft, Selbstbewusstsein 250
  Ein Kind entsteht 252
  Lexikon: Methoden der Empfängnisverhütung 253
  Entwicklung des Kindes im Mutterleib 254
  Die Geburt 255
  ⊷ *Impulse:* Lebensabschnitte 256

Basiskonzepte

Struktur und Funktion 258
Variabilität und Angepasstheit 260
Stoffwechsel und Energieumwandlung 262
Information und Kommunikation 264
Fortpflanzung und Entwicklung 266
System 268
Steuerung und Regelung 270

Anhang

Grundwissen 272
Register 276
Bildquellen 280

Rekorde im Tier- und Pflanzenreich

Über den Kernlehrplan hinausgehende Inhalte zur Gestaltung eines Schulcurriculums sind mit „⊷" gekennzeichnet.

Wege in die Biologie
Inhalte, Arbeitsweisen und Basiskonzepte

Weißt du, welches Tier auf dem Foto unten abgebildet ist? Richtig, es ist ein Goldhamster. Aber weißt du auch, wo er lebt und was er frisst, wie groß oder wie alt er wird? Solche Fragen werden im Biologieunterricht häufig gestellt und es ist gar nicht so leicht, sie alle richtig zu beantworten.

Vieles kannst du durch sorgfältige Beobachtung selbst entdecken und beschreiben. Dabei sind häufig Hilfsmittel nötig. Eine Pflanze zum Beispiel oder einen Käfer untersuchst du am besten mit einer *Lupe*. Willst du noch mehr Einzelheiten sehen oder ist das Lebewesen winzig klein, dann kann nur noch das *Mikroskop* weiterhelfen. *Beobachten* und *Beschreiben* sind häufig benutzte Arbeitsweisen im Fach Biologie. Beim Beschreiben ist es wichtig, dass man sich verständlich ausdrückt und die richtigen *Fachbegriffe* benutzt. Manchmal muss man auch etwas *zählen*, *messen* oder *vergleichen*. Dann wird eine Tabelle oder ein *Protokoll* erstellt, worin das Ergebnis der Arbeit übersichtlich dargestellt wird.

Im Biologieunterricht beschäftigst du dich also mit Lebewesen. Was damit gemeint ist, scheint auf den ersten Blick völlig klar zu sein, denn jeder weiß doch, was ein Lebewesen ist. Wirklich? Woran kannst du erkennen, ob etwas lebendig ist oder nicht? Haben alle Lebewesen tatsächlich gemeinsame Merkmale?

Glücklicherweise gibt es solche allgemeinen *Kennzeichen des Lebendigen*. Durch diese Gemeinsamkeiten lassen sich Tiere oder Pflanzen, Vorgänge oder Verhaltensweisen und Vieles mehr ordnen und vergleichen. Damit zeigen sich dann wichtige Leitlinien, die sich bei allen Lebewesen in ähnlicher Form auffinden lassen. Wir bezeichnen sie als **Basiskonzepte**.

Die Lebewesen

Biologen beobachten und beschreiben Menschen, Tiere und Pflanzen unter ganz bestimmten Fragestellungen. Sie erkennen z. B. Ähnlichkeiten im Bau und entdecken vielleicht gemeinsame Strukturen.

Biologen erforschen auch die Lebensvorgänge. Sie fragen danach, wovon sich Lebewesen ernähren und wie sie sich entwickeln, wie sie sich untereinander verständigen oder in welchen Wechselbeziehungen sie stehen.

Die Arbeitsweisen

Biologen beobachten, experimentieren und protokollieren. Sie benutzen Chemikalien oder Geräte, zum Beispiel Lupe und Mikroskop, um Naturerscheinungen auf den Grund zu gehen. Die folgenden Seiten dieses Kapitels zeigen dir genauer, was mit den Arbeitsweisen oder, wie man auch sagt, den *Methoden* der Biologie gemeint ist. Du musst sie selbst immer wieder anwenden.

Die Basiskonzepte

Basiskonzepte sind wichtig, damit du beim Lernen den Überblick nicht verlierst. Mit ihnen kannst du ein Wissensnetz aufbauen, wesentliche Zusammenhänge kennenlernen und selbstständig neue *Probleme* lösen. In diesem Wissensnetz sollen die „Löcher" immer kleiner werden, sodass zunehmend mehr hängen bleibt.

Basiskonzept System

Wenn du im Biologieunterricht von Menschen, Tieren und Pflanzen sprichst, benutzt du schon ein einfaches System. Denn damit kannst du alle Lebewesen, ob Hund oder Sonnenblume, grob einordnen. Aber auch Blatt und Stängel einer Sonnenblume kannst du einem System zuordnen, nämlich dem Organsystem der Pflanze.

Systeme helfen zunächst, Ordnung zu schaffen. Aber auch Fragen zu den Wechselwirkungen zwischen den Teilen eines Systems, zum Beispiel zwischen Tieren und Pflanzen, gehören zum *Basiskonzept System*.

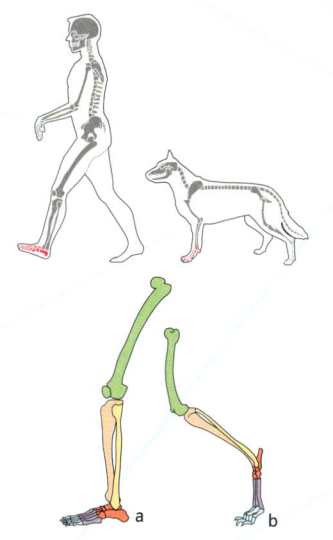

Basiskonzept Struktur und Funktion

Hund und Mensch besitzen ein vergleichbares Knochengerüst, das den Körper durchzieht. Beide haben aber eine andere Körperhaltung und bewegen sich anders fort. Die Stellung der einzelnen Fußknochen ist zum Beispiel, ihrer Aufgabe entsprechend, unterschiedlich. Körperbau und Leistung passen aber sinnvoll zusammen. Dies ist ein Beispiel für das *Basiskonzept Struktur und Funktion*.

Basiskonzept Entwicklung

Dir ist klar, dass jeder Mensch nach der Geburt heranwächst, geschlechtsreif wird und eine ganz individuelle Entwicklung bis zu seinem Lebensende durchläuft. Für Tiere, die du aus deiner Umgebung kennst, gilt das in ähnlicher Weise. Auch Pflanzen keimen, wachsen und tragen Früchte, bevor sie absterben. Es gibt also in diesem Zusammenhang viele Ähnlichkeiten zwischen allen Lebewesen. Man spricht deshalb vom *Basiskonzept Entwicklung*.

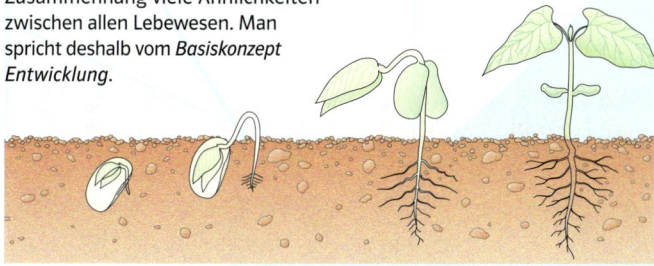

Die drei Basiskonzepte *System*, *Entwicklung* sowie *Struktur und Funktion* werden auf dieser Seite vorgestellt. Sie sollen dir helfen, die Grundlagen des Faches Biologie zu verstehen. Es ist jedoch hilfreich, innerhalb der Basiskonzepte weiter zu untergliedern. Das gilt besonders für das Basiskonzept Struktur und Funktion. Denn allen Leistungen liegen entsprechende Bauelemente zugrunde. An Beispielen soll das erläutert werden.

Nicht nur Hund und Mensch besitzen eine Wirbelsäule. Auch bei der Taube oder einem Karpfen ist sie vorhanden. Sie sieht nur etwas anders aus. Aber an das Fliegen bzw. das Schwimmen ist sie gut angepasst. Man spricht vom *Prinzip Variabilität* und *Angepasstheit*.

Damit dein Körper gesund und alle Lebensfunktionen erhalten bleiben, musst du mit der Nahrung geeignete Stoffe aufnehmen. Daraus gewinnst du das Material für den Aufbau deines Körpers und die dazu notwendige Energie. Das ist das *Prinzip der Stoff- und Energieumwandlung*.

Bei körperlicher Anstrengung wird dir warm. Auf diese Veränderungen hin reagierst du: du beginnst zu schwitzen. Das bedeutet, dass die Körpertemperatur kontrolliert wird. Hier zeigt sich das *Prinzip der Steuerung und Regelung*.

Wenn du diesen Text liest, nimmst du Informationen auf. Du kannst sie weiter verarbeiten und dich mit anderen darüber unterhalten. Das ist ein einfaches Beispiel für das *Prinzip der Information und Kommunikation*.

Jeder Mensch hat Eltern, von denen er bestimmte Erbanlagen erhalten hat. Einen Teil davon gibt er auch an seine Nachkommen weiter. Da das für alle Lebewesen in ähnlicher Form gilt, spricht man vom *Prinzip der Reproduktion und Vererbung*.

A1 Nenne zu den fünf genannten Prinzipien die den Leistungen zugrunde liegenden Strukturen.

A2 Wende die fünf Prinzipien auf die Sonnenblume an. Erkläre, wo sich Schwierigkeiten ergeben.

A3 Schlage die Seiten mit den Basiskonzepten am Ende des Buches auf. Sie haben Ähnlichkeiten mit dieser Seite. Nenne möglichst viele.

A4 Achte auf die Linien und Knoten auf den einzelnen Seiten. Erläutere ihre Bedeutung.

Methoden
Lesen wie ein Profi

„Lest den Text durch und lernt den Inhalt!" Solche Hausaufgaben kennst du sicher. Es ist gar nicht so einfach, einen naturwissenschaftlichen Text zu lesen, zu verstehen und das Wesentliche zu behalten. Wie kannst du geschickt vorgehen? Versuche es einmal mit den folgenden fünf Schritten.

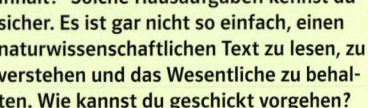

1 Überblick gewinnen
Mache dir klar, worum es in dem Text geht und welche Fragen beantwortet werden sollen. Schau dir dazu die Überschriften und die Abbildungen an! Oft helfen zum Verstehen auch *schräg* oder **fett** gedruckte Begriffe.

2 Fragen stellen
Markiere unbekannte Begriffe am Rand durch ein Fragezeichen. Versuche sie anschließend zu klären. Schlage in einem Lexikon nach oder nutze andere Hilfsmittel, wie das Internet oder ein Fremdwörterbuch.

3 Gründliches Lesen
Lies Absatz für Absatz genau durch. Gib den Inhalt nach jedem Abschnitt mit eigenen Worten wieder.

4 Zusammenfassen
Schreibe möglichst zu jedem Absatz eine kurze Überschrift auf. Notiere wichtige Schlüsselwörter und Erläuterungen.

5 Wiederholung
Gehe dazu in deinen Notizen die Stichworte und Zusammenfassungen mindestens noch einmal durch. Trage das Gelernte jemandem laut vor.

Übe die **5-Schritt-Lesetechnik** mehrfach bei mündlichen Hausaufgaben, bei denen du Texte lesen und die Inhalte lernen sollst. Finde dabei heraus, wie du am besten einen Text auswerten und die wichtigsten Inhalte gut behalten kannst. Markiere auf einem kopierten Text mit einem Textmarker die Schlüsselwörter und unterstreiche mit einem Buntstift bedeutsame Erläuterungen. Alternativ kannst du die Schlüsselwörter herausschreiben. Sie erleichtern es dir, den Inhalt eines Textes im Gedächtnis zu behalten. Ergänzend kannst du zu jedem Abschnitt eine Überschrift erstellen. Verwende diese Überschriften und die Schlüsselwörter, um das Wesentliche des Textes zusammenzufassen.

Vielleicht erscheint dir im ersten Moment diese Lesetechnik sehr mühsam und zeitaufwendig. Aber durch dieses planvolle Lesen kannst du die wesentlichen Inhalte eines Textes besser und dauerhaft in deinem Gedächtnis verankern und dich dann auch nach längerer Zeit noch an sie erinnern.

Kopie einer Buchseite

Das Wildschwein ist die Stammform des Hausschweins

Die Fährte verrät die Paarhufer

Nahrung und Nahrungssuche

Allesfressergebiss

Nachts Schäden in Feldern

Tagsüber scheues Leben

Manchmal findet man im Wald Stellen, die wie umgepflügt aussehen. Die in der Nähe sichtbaren Fußabdrücke, die man auch Fährten nennt, weisen darauf hin, dass hier Wildschweine auf Nahrungssuche waren. Wildschweine sind Paarhufer, deren Afterzehen aber ebenfalls Abdrücke im Boden hinterlassen.

Zur Wildschweinnahrung gehören Bucheckern, Eicheln und andere Früchte ebenso wie Vogeleier, Würmer und sogar Aas. An diese Nahrungsvielfalt ist das Wildschwein angepasst. Es besitzt einen *Rüssel*, der in einer scheibenförmigen *Schnauze* endet. Mithilfe des Rüssels gelangt das Wildschwein auch an Nahrung, die unter der Erdoberfläche verborgen ist, wie Wurzelknollen oder Pilze. Mit dem hervorragend ausgebildeten Geruchssinn nimmt das Wildschwein die unter dem Erdboden verborgene Nahrung wahr und wühlt gezielt danach.

Der Zerkleinerung der Nahrung dient das *Allesfressergebiss*. Dieses besitzt im Ober- und Unterkiefer jeweils 6 flache Schneidezähne, 2 lange Eckzähne und 14 Backenzähne. Die vorderen Backenzähne haben scharfkantige Kronen, ähnlich denen eines Fleischfressergebisses, die hinteren Backenzähne haben stumpfhöckerige Kronen wie die eines Pflanzenfressergebisses. Das Allesfressergebiss vereinigt also Eigenschaften dieser beiden Gebisstypen. Die Eckzähne sind besonders beim Keiler stark verlängert, wobei diejenigen des Oberkiefers nach oben gerichtet sind. Sie sind von außen sichtbar und können als Waffen eingesetzt werden.

Wildschweine sind sehr scheu und nur in der Dämmerung sowie nachts aktiv. Sie können in Mais-, Kartoffel- und Getreidefeldern erhebliche Schäden anrichten. Diese Felder bieten den Wildschweinen einen reichlich gedeckten Tisch und werden von ihnen gerne aufgesucht. Deshalb werden Wildschweine stark bejagt.

In größeren Waldgebieten, in denen sie sich *tagsüber ins Dickicht* zurückziehen, können sie gut überleben. Ihr sehr feines Gehör warnt sie rechtzeitig. Deshalb bekommt man Wildschweine in freier Natur nur selten zu Gesicht. Wenn man Glück hat, kann man sie beobachten, wie sie sich in einem Schlammloch *suhlen*. Dieser Art der Körperpflege gehen sie sehr ausgiebig nach. Sie hilft ihnen, das Ungeziefer zwischen den Borsten von der Haut fern zu halten.

Wildschweine leben in Familienverbänden, den Rotten, welche sich aus mehreren Bachen mit ihren Jungtieren zusammensetzen. Die ausgewachsenen Keiler sind Einzelgänger und kommen nur in der Fortpflanzungszeit mit der Rotte zusammen. Nach 4 bis 5 Monaten Tragzeit werden im April oder Mai von den Bachen 4 bis 12 *Frischlinge* geboren, die erst nach zwei Jahren ausgewachsen sind.

Leben in Rotten und Einzelgänger

Die Fährte weist die Wildschweine als Paarhufer aus. Ihr Allesfressergebiss zerkleinert Früchte, Kartoffeln, Getreide u.a. Nachts können sie auch Nahrung aus dem Boden wühlen. Tagsüber leben Bachen und Frischlinge in Rotten scheu im Dickicht. Keiler sind Einzelgänger.

IX

Methoden
Informationen beschaffen

Wenn du im Spätsommer am Waldrand oder an einer Hecke entlang gehst, dann siehst du an vielen Büschen und krautigen Pflanzen Früchte hängen. Ihre Farben sind vielfältig. Manche sind leuchtend rot oder weiß, andere sind dunkelblau oder schwarz gefärbt. Eigentlich sind das bekannte Erscheinungen, die du in jedem Jahr sehen kannst. Meistens gehst du aber achtlos daran vorüber. Wenn du jedoch stehen bleibst und genauer hinschaust, so bemerkst du schnell viele Einzelheiten, die du vorher gar nicht wahrgenommen hast.

Nehmen wir zum Beispiel die rote *Himbeere*. Sie ist eine typische Heckenfrucht, die fast jeder kennt. Sie wächst an einem Strauch und ist gut erkennbar aus einzelnen Früchtchen zusammengesetzt. Die Laubblätter tragen an der Unterseite einen weißen Filz. Der Stängel hat dünne Stacheln — das spürst du und merkst es dir.

Wenn du dich in dieser gründlichen Weise mit der Natur beschäftigst, dann findet der Übergang vom bloßen Sehen zum **Beobachten** statt. Das Beobachten ist die älteste Arbeitsmethode der Biologie. Doch sie ist nicht immer so einfach, wie es erscheint. Denn dazu musst du dir überlegen, worauf du dein Augenmerk richten willst. Das ist oft schwierig, wenn nur ein einzelnes Objekt untersucht wird. Manches wird besser erkennbar, wenn du zwei oder mehrere Objekte miteinander vergleichst, zum Beispiel Himbeere und Brombeere.

Zur Beobachtung gehört auch das Festhalten der Ergebnisse, das **Dokumentieren**. Das meiste kannst du schriftlich in einem *Protokoll* festhalten. Dabei ist es wichtig, dass du nur das aufschreibst, was du wirklich siehst, und nicht das, was du vielleicht vermutest.

Das Protokoll enthält neben Beschreibungen oft auch Zeichnungen. So kannst du den Text kürzer fassen. Wichtig sind auch Angaben zum *Standort* der Pflanze und zum *Zeitpunkt* der Beobachtung. Wenn du die Beobachtungen nochmals durchführen möchtest, ohne den natürlichen Standort ein weiteres Mal aufsuchen zu müssen, dann kannst du die Pflanze *fotografieren* oder Teile, z. B. ein Blatt, mitnehmen und *pressen*.

Himbeere

Brombeere

Die Himbeere
Datum:
Ort:
Beobachtung

Blüte · Sammelfrucht

X Methoden

Betrachte einmal die auf dieser Seite abgebildeten Früchte. Manche sehen sehr verlockend aus. Doch Vorsicht! Nicht alles, was gut aussieht, ist wohlschmeckend. Manche Früchte schmecken scheußlich, manche sind sogar schwach oder stark giftig. Einige von ihnen dienen zur Gewinnung von Medikamenten.

Du möchtest zum Beispiel etwas über die Tollkirsche wissen. Ob ihre Früchte giftig sind oder nicht, ist schon seit langem bekannt und aufgeschrieben. Man muss nur danach suchen. Aber wie?

Das Suchen nach Informationen wird auch als **Recherchieren** bezeichnet. Wenn man niemanden kennt, der Auskunft geben kann, stehen in der Regel die folgenden Informationsquellen zur Verfügung: Das eigene Bücherregal, eine öffentliche Bücherei oder das Internet.

Zunächst kannst du in einem *Lexikon* oder einem *Bestimmungsbuch* nachschlagen. Ein spezielles Pflanzenlexikon wäre in diesem Fall natürlich noch besser. Also solltest du in einer **Bibliothek** danach fragen. Hier gibt es wahrscheinlich auch viele Fachbücher zu deiner Frage. Wie in deinem Biologiebuch, so gibt es in jedem Fachbuch ein *Inhaltsverzeichnis* und ein *Stichwortregister*. Im Inhaltsverzeichnis kannst du sehen, ob zu deinem Thema etwas in dem Buch enthalten ist. Im Stichwortregister, das meistens auf den letzten Buchseiten zu finden ist, kannst du nach einzelnen Begriffen und Stichworten suchen. So kannst du dich schnell informieren, ob das Gesuchte in dem Buch steht. Manchmal findest du Bemerkungen zum Autor auf der Umschlagseite. Daran kannst du erkennen, ob der Text von einem Pflanzenkenner geschrieben ist. Das *Erscheinungsjahr* des Buches gibt Hinweise darauf, ob die Information aktuell ist.

Wahrscheinlich gehst du aber lieber zuerst an den Computer und suchst im **Internet**. Das Internet ist im Prinzip ein Zusammenschluss sehr vieler Computer. So ist eine Art riesige Bibliothek entstanden, in der jeder nicht nur suchen, sondern auch selbst etwas hineinstellen kann. Deshalb kann man nie ganz sicher sein, ob alles auch richtig und brauchbar ist, was im Internet steht. Wie kannst du dich in diesem riesigen Angebot an Informationen zurechtfinden?

Zuerst benutzt du eine *Suchmaschine*. Hier kannst du deinen Suchbegriff, also „Tollkirsche" oder „Heckenpflanze", eingeben. Wenn du dann auf „Suche starten" drückst, erhältst du nach kurzer Zeit eine Liste aller Seiten, die gefunden wurden. Die könntest du dir nun der Reihe nach ansehen — beim Begriff „Tollkirsche" sind das aber über 230 000 Seiten! Und obwohl du davon viele Seiten schon auf den ersten Blick ausschließen könntest, würde allein das Anschauen viel zu viel Zeit in Anspruch nehmen.

Deshalb musst du die Suche verfeinern. Das geht z. B. durch Angabe eines weiteren oder auch mehrerer Suchbegriffe, die alle *gleichzeitig* auf der betreffenden Seite stehen sollen. Gibst du beispielsweise „Tollkirsche" und „Giftpflanze" gemeinsam ein, dann sind es zwar immer noch 1400 Seiten. Aber durch weiteres Verfeinern der Suche durch neue Begriffe bekommst du langsam einen Überblick. Dann kannst du die für dich interessanten Informationen heraussuchen. Oft sind die ersten Seiten, die die Suchmaschine angibt, von besonderer Bedeutung. Das, was dir wichtig erscheint, kannst du über die Zwischenablage in einem Ordner abspeichern. Du kannst die Seite aber auch zu den „Favoriten" hinzufügen und findest sie so leicht wieder.

„Surfen" im Internet kann Spaß machen. Aber um erfolgreich an Informationen zu kommen, gehört auch hierzu das Üben!

Beispiele für Suchmaschinen
www.altavista.de
www.blinde-kuh.de
www.fireball.de
www.google.de
www.lycos.de
www.yahoo.de

1 Schwarzer Holunder
2 Heckenrose
3 Schneeball
4 Tollkirsche
5 Schlehe
6 Eberesche

XI

Methoden
Informationen gelungen darstellen

Eure Klasse beschließt, eine Wand im Klassenraum zum Thema „Heimtiere" zu gestalten. Eine interessante und schöne Form der Darstellung ist das Plakat. Rechts siehst du an einem Beispiel, wie man es machen kann, und bestimmt hast du auch eigene Ideen für die Umsetzung. Probiere es doch einmal selbst aus, indem du einen Steckbrief von deinem Haustier oder deinem Lieblingstier anfertigst. Die Anleitung und die Gestaltungstipps können dir vielleicht dabei helfen.

Tipps für die Inhalte

1. Wähle ein Tier aus, über das du gerne schreiben möchtest.

2. Lege fest, was in deinem Steckbrief vorkommen soll. Setze dabei einen Schwerpunkt auf das, was dir besonders wichtig ist.

3. Benutze Bücher, Lexika, Zeitschriften, das Internet oder frage deine Lehrerin oder deinen Lehrer nach Informationen über das Tier. Mache Fotos, fertige eine Skizze an und suche nach Bildern, z. B. im Internet.

4. Nun schreibst du zu den einzelnen Punkten einen Entwurf vor. Prüfe, ob dein Text auch für andere gut verständlich ist — vielleicht findest du in deiner Familie jemanden, dem du dein Konzept vortragen kannst. Kurze Sätze lassen sich leichter lesen und werden besser verstanden. Überarbeite den Text eventuell noch einmal.

Der Goldhamster

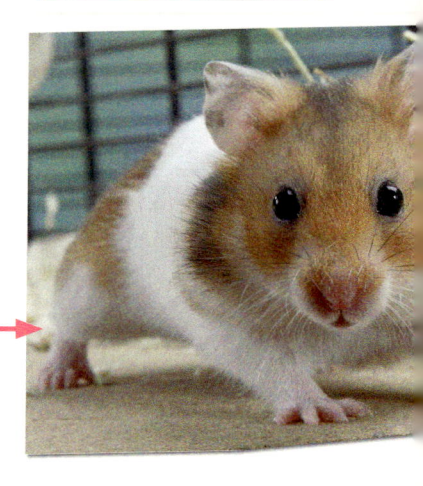

Vorkommen

In freier Wildbahn gibt es nur noch wenige Tiere in den Wüstensteppen Syrien und der Nachbarländer. Seine unterirdischen Bauten gräbt der Hamster selbs. Er ist dämmerungs- und tagaktiv.

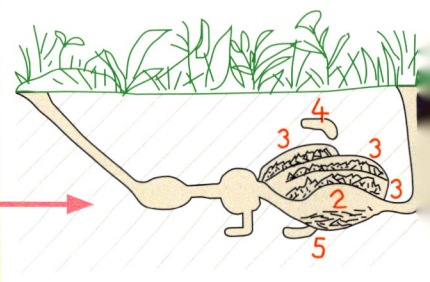

Anschaffung

Einen Goldhamster kauft man, wenn er jung ist (4 bis 5 Wochen). Am besten geht man dazu in ein Zoo-Fachgeschäft. Ältere Hamster gewöhnen sich nicht leicht an die neue Umgebung. Sonstiges: Der Goldhamster wird zutraulich, wenn man sich abends viel mit ihm beschäftigt, denn tagsüber schläft er. Er nimmt dann das Futter aus der Hand. Bei guter Pflege wird er 2 bis 3 Jahre alt.

Der Goldhamster hat an Kopf und Rücken ein goldgelbes Fell und eine helle Unterseite. In seinen großen Backentaschen sammelt er Nahrung, die er dann in seinen Bau tragen kann.

Goldhamster *(Mesocricetus auratus)* sind ursprünglich aus Syrien stammende Nagetiere, die oft als Heimtiere gehalten werden. Sie zählen innerhalb der Familie der Cricetidae zu den Hamstern (Cricetinae). Sie sind kleiner als Feldhamster und wiegen bis zu 120 g (Wildtiere) bzw. 140 g (Labor- bzw. Heimtiere). Goldhamster werden ca. 15 bis 18 cm groß, die Schwanzlänge beträgt nur ca. 8 mm. Wilde Goldhamster sind oberseits goldbraun, unterseits weiß gefärbt. Zuchtformen gibt es in mehreren Farben: dunkelbraun, schwarz, sogar gescheckte sind nicht selten. Die Lebenserwartung liegt bei zwei bis drei Jahren.

Haltung

Fast alle Goldhamster leben heute als Haus- oder Labortiere. Weil er Einzelgänger ist, hält man ihn allein in einem Käfig. Der Käfig sollte Klettermöglichkeiten und ein Haus als Ersatz für den Hamsterbau haben. Den Boden bestreut man mit Sägemehl. Der Käfig soll ruhig und nicht zu hell stehen. Bei der wöchentlichen Reinigung wechselt man die Einstreu. Die Urinecke sollte man jedoch alle 2 bis 3 Tage säubern, denn sonst stinkt es und der Goldhamster fühlt sich nicht mehr wohl.

Nahrung

In freier Wildbahn fressen Hamster Samen und Insekten. Für den Goldhamster zuhause gibt es Trockenfutter mit allen lebenswichtigen Stoffen zu kaufen. Zusätzlich bekommt er frisches Gemüse und Obst. Futterreste entfernt man täglich. Wasser braucht man dem Hamster nur anbieten, wenn die Nahrung wenig Flüssigkeit enthält. Wichtig: Die Futternäpfe müssen so aufgestellt werden, dass sie nicht umkippen können.

Tipps für die Gestaltung

A Eine große und deutliche Überschrift zeigt, um welches Thema es geht.

B Gliedere deinen Text, indem du ihn in Abschnitte unterteilst. Gib auch jedem Abschnitt einen Titel.

C Klebe auch ungewöhnliche Dinge auf dein Plakat, wenn sie mit dem Thema zu tun haben. Das weckt Interesse und verleitet zum genaueren Hinschauen.

D Fotos und Zeichnungen sagen oft mehr als viele Worte. Achte bei ihrer Auswahl darauf, dass deutlich zu erkennen ist, was du zeigen möchtest.

E Überlege, was du wo auf deinem Plakat platzierst. Schreibe groß und deutlich. Denke aber auch daran, dass alles auf dem Plakat einen geeigneten Platz finden soll.

XIII

Methoden
Versuche — Fragen an die Natur

Wie man bei einem Versuch vorgeht

Eine wichtige Arbeitsmethode der Naturwissenschaftler ist die Durchführung von Versuchen. Wie man bei einem Experiment vorgeht und was man dabei entdecken kann, zeigt folgendes Beispiel.

Vielleicht ist dir schon einmal aufgefallen, dass das Essen nicht so recht schmeckt, wenn du starken Schnupfen hast. „Na klar," wirst du sagen, „wenn man krank ist, dann schmeckt es eben nicht." Aber du könntest dir auch überlegen, wie dieser Zusammenhang zu erklären ist. Was vermutest du? Woran könnte es liegen?

Wir gehen einmal der *Vermutung* nach, dass der Geschmacksverlust nicht an der Krankheit allgemein liegt, sondern nur an der verstopften Nase. Um herauszubekommen, ob man „mit der Nase etwas schmeckt", muss man sich eine geeignete *Versuchsanordnung* ausdenken.

Für unser Problem könnte das folgendermaßen aussehen:

A1 Verschiedene Kostproben, zum Beispiel Erdbeergelee, Nusscreme, Ketschup, Apfelmus und Mayonnaise oder Sahnemeerrettich, werden vom Lehrer vorbereitet und in nummerierten Schälchen verdeckt aufbewahrt.

A2 Einer Versuchsperson werden die Augen verbunden, damit sie nicht sehen kann, was ihr zum Schmecken angeboten wird. Außerdem wird ihr die Nase zugehalten. Mit einem Löffelchen werden nacheinander Kostproben in den Mund gegeben und die Versuchsperson soll ihre Geschmacksempfindung nennen. Dieser Versuch wird mit mehreren Schülerinnen und Schülern wiederholt. Die Ergebnisse werden protokolliert und anschließend in einer Tabelle festgehalten.

A3 Dann wird der Versuch mit mehreren Versuchspersonen ohne Zuhalten der Nase durchgeführt. Auch diese Antworten werden protokolliert.

A4 Wertet die Ergebnisse aus.

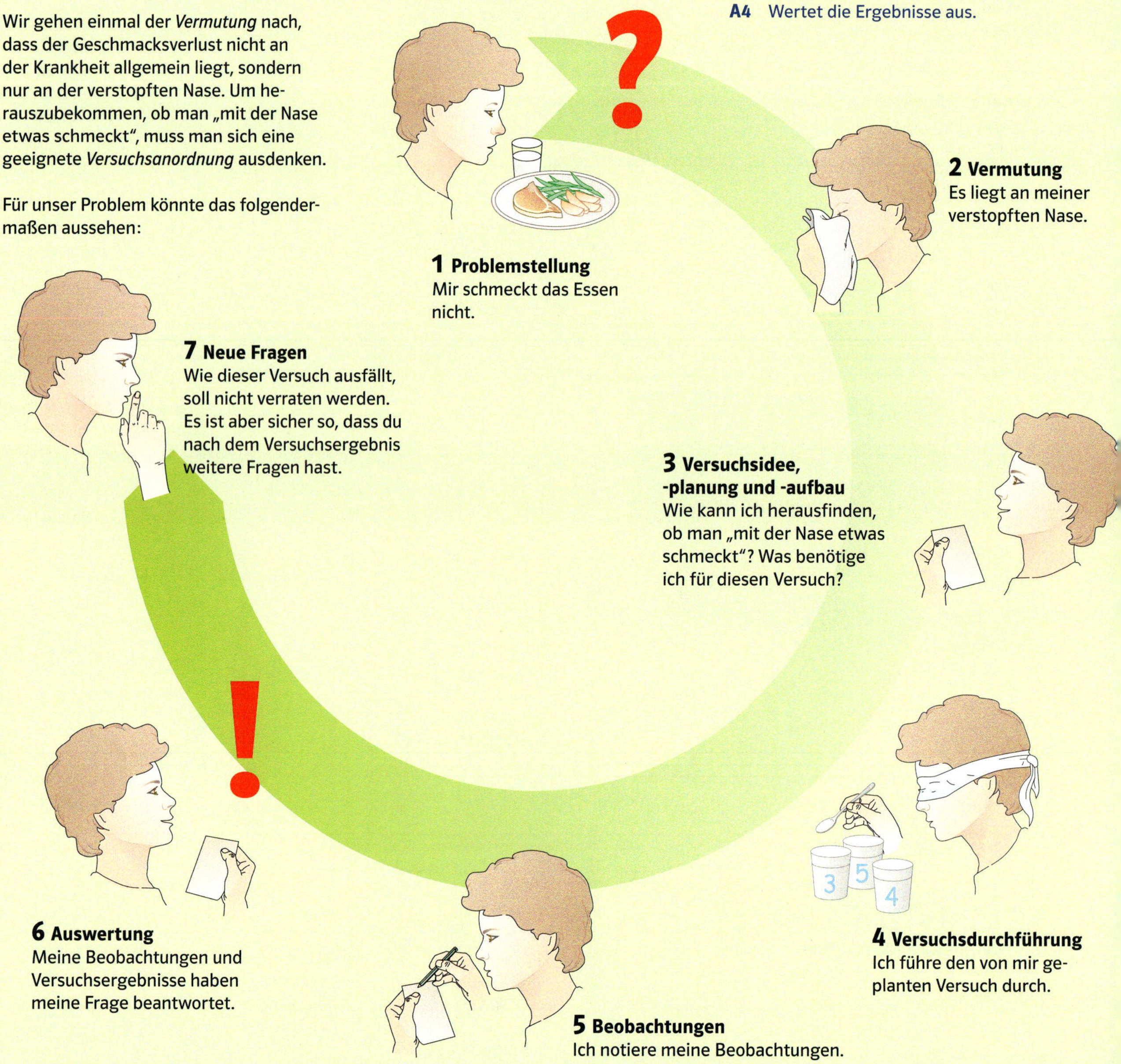

1 Problemstellung
Mir schmeckt das Essen nicht.

2 Vermutung
Es liegt an meiner verstopften Nase.

3 Versuchsidee, -planung und -aufbau
Wie kann ich herausfinden, ob man „mit der Nase etwas schmeckt"? Was benötige ich für diesen Versuch?

4 Versuchsdurchführung
Ich führe den von mir geplanten Versuch durch.

5 Beobachtungen
Ich notiere meine Beobachtungen.

6 Auswertung
Meine Beobachtungen und Versuchsergebnisse haben meine Frage beantwortet.

7 Neue Fragen
Wie dieser Versuch ausfällt, soll nicht verraten werden. Es ist aber sicher so, dass du nach dem Versuchsergebnis weitere Fragen hast.

XIV Methoden

Zu jedem Versuch gehört ein Protokoll

Zu jedem Versuch, der durchgeführt wird, muss auch ein schriftliches Protokoll angefertigt werden. Dieses Versuchsprotokoll dient dazu, alle Versuchsschritte zu dokumentieren. Falls jemand den Versuch wiederholen möchte, kann er auf das Protokoll zurückgreifen und die Ergebnisse vergleichen.

Ein Versuchsprotokoll muss übersichtlich angefertigt und klar gegliedert sein. Die Gliederung folgt genau den Schritten von der Problemstellung bis zur Auswertung der Ergebnisse. Die Deutung eines Versuchs gelingt nur, wenn alle Beobachtungen genau festgehalten werden.

1 Versuchsfrage
Für den Versuch werden ein Thema oder eine Frage formuliert. Dieser Satz sollte möglichst exakt das Problem ausdrücken.

Datum und Name
Jedes Protokoll enthält das Datum des Versuchs und den Namen des Protokollführers.

2 Vermutung
Nur mit einer konkreten Vermutung kann man sich auch ein geeignetes Experiment ausdenken.

Sicherheitsmaßnahmen
Oft sind bei der Versuchsdurchführung Sicherheitsbestimmungen zu beachten. Häufig ist eine Schutzbrille zu tragen. Hier ist es besonders wichtig, sich genau zu informieren. Sorgfältiges und sicheres Arbeiten ist unerlässlich!

3 Materialliste und Versuchsaufbau
Alle benötigten Geräte, Chemikalien und sonstige Hilfsmittel, auch für den Versuchsaufbau, werden notiert. Manchmal nützt es, die Versuchsanordnung nicht nur in Worten auszudrücken, sondern eine Skizze des Versuchsaufbaus anzufertigen.

Entsorgung
Häufig bleiben nach Beendigung eines Versuchs Abfälle übrig (Chemikalienreste, Glasbruch, etc.) Diese müssen sachgerecht entsorgt werden.

Versuchsprotokoll

Name: Tina Klein
Datum: 17.01.07

Versuchsfrage: Warum schmeckt bei Schnupfen das Essen nicht?

Vermutung: Es liegt an der verstopften Nase.

Material: 6 Kostproben, Löffel, Augenbinde, Nasenklammer

Versuchsaufbau: 1 2 3 4 5 6

Sicherheitsmaßnahmen: Löffel jedes Mal gut reinigen.

Durchführung: Der Versuchsperson werden die Augen verbunden und die Nase zugehalten. Bei jeder Geschmacksprobe wird die Empfindung protokolliert. Im zweiten Durchgang bleibt die Nase geöffnet (Kontrollversuch).

Beobachtungen, Messergebnisse: siehe Tabelle

Auswertung: _____

Entsorgung: _____

---

4 Versuchsdurchführung
In kurzer und verständlicher Form muss der genaue Ablauf des Versuchs beschrieben werden.

6 Auswertung
Das Versuchsergebnis wird im Zusammenhang mit der Fragestellung und der Vermutung gedeutet. Die Auswertung besteht häufig in einem allgemein formulierten Ergebnissatz.

5 Beobachtungen
Alle Einzelheiten, die während des Versuchsablaufs und am Ende des Versuchs beobachtet werden, insbesondere die Messergebnisse, werden aufgeschrieben.

Methoden
So erstelle ich ein Diagramm

Biologie ist eine experimentelle Wissenschaft. Das bedeutet, dass viele Fragen nur durch Versuche und entsprechende Auswertung geklärt werden können. Wie weit fliegt eine Schwalbe an einem Tag? Wie viel Sauerstoff verbraucht ein Mensch in einer Stunde? Wie schnell wächst ein Kind heran? Um solche Fragen zu klären, muss man zählen, messen und übersichtliche Aufzeichnungen machen. Die Zahlen und Daten wertet der Biologe dann aus und kann so das Problem lösen.

Erfasst man mehrere Werte, so ist es sinnvoll, sie in einer *Tabelle* zu notieren. Es wurden beispielsweise die Körpergröße eines Kindes im Abstand von jeweils sechs Monaten über mehrere Jahre gemessen und notiert.

In der linken Spalte unten steht das Alter des Kindes zum Zeitpunkt der Messung, in der rechten Spalte die jeweilige Größe in Zentimetern. So stellt man die Messdaten übersichtlich dar.

Alter in Jahren	Körpergröße in cm
8	131
8 1/2	132
9	133
9 1/2	134
10	135
10 1/2	140
11	145

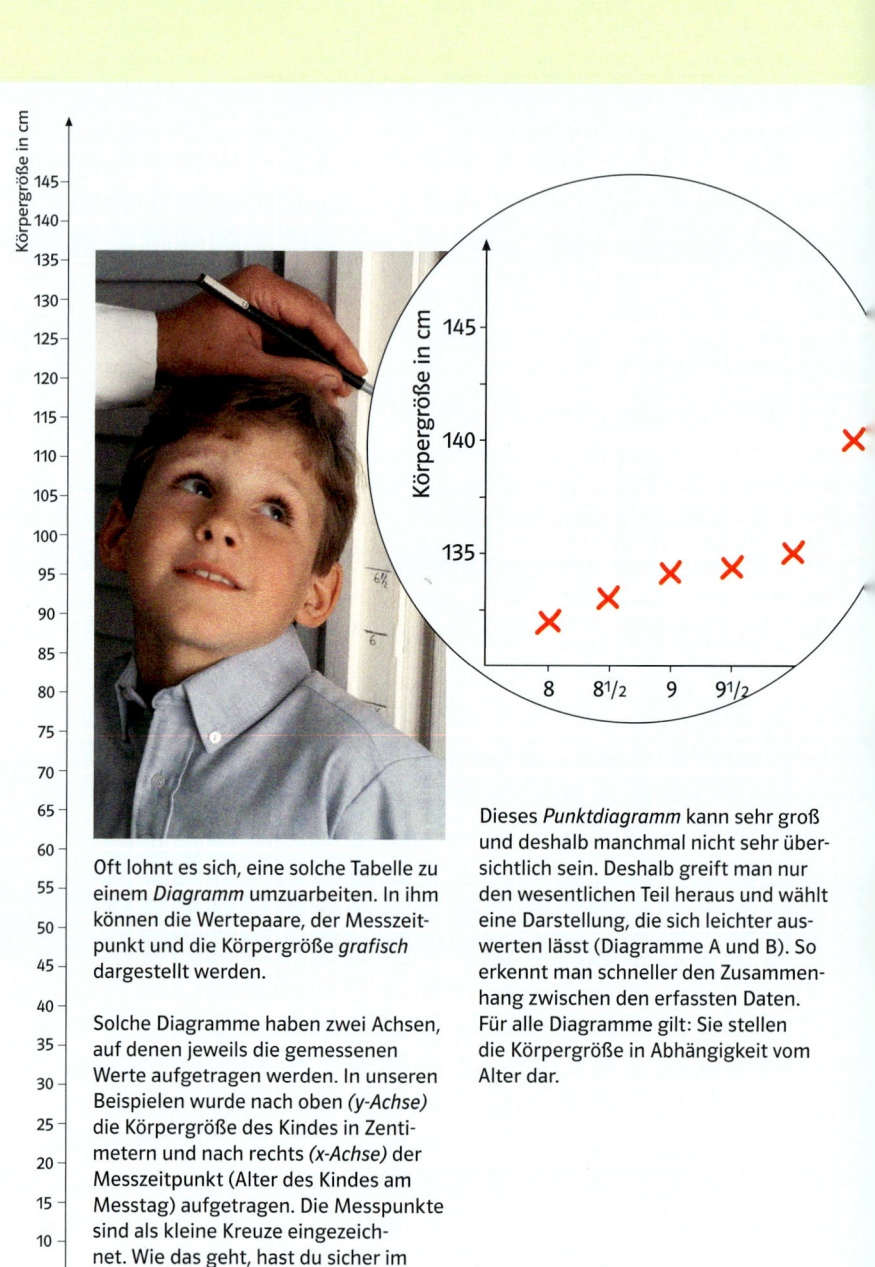

Oft lohnt es sich, eine solche Tabelle zu einem *Diagramm* umzuarbeiten. In ihm können die Wertepaare, der Messzeitpunkt und die Körpergröße *grafisch* dargestellt werden.

Solche Diagramme haben zwei Achsen, auf denen jeweils die gemessenen Werte aufgetragen werden. In unseren Beispielen wurde nach oben *(y-Achse)* die Körpergröße des Kindes in Zentimetern und nach rechts *(x-Achse)* der Messzeitpunkt (Alter des Kindes am Messtag) aufgetragen. Die Messpunkte sind als kleine Kreuze eingezeichnet. Wie das geht, hast du sicher im Mathematik-Unterricht schon gelernt.

Dieses *Punktdiagramm* kann sehr groß und deshalb manchmal nicht sehr übersichtlich sein. Deshalb greift man nur den wesentlichen Teil heraus und wählt eine Darstellung, die sich leichter auswerten lässt (Diagramme A und B). So erkennt man schneller den Zusammenhang zwischen den erfassten Daten. Für alle Diagramme gilt: Sie stellen die Körpergröße in Abhängigkeit vom Alter dar.

XVI Methoden

Diagramm A wird als *Säulendiagramm* bezeichnet. Die Höhe einer einzelnen Säule zeigt die Größe des Kindes zum jeweiligen Messzeitpunkt. Sie ist links an der y-Achse abzulesen.

Diagramm A

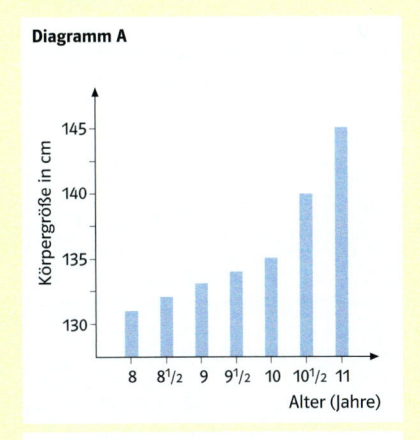

Diagramm B

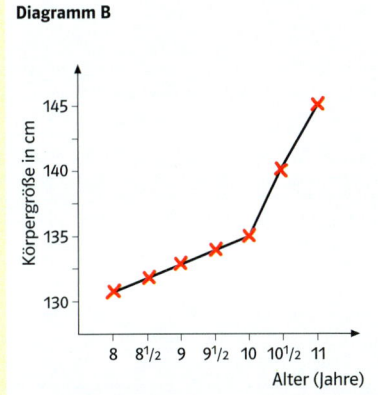

In Diagramm B ist die Größenzunahme als *Kurve* gezeichnet. Zu den Messzeitpunkten wird auf Höhe der jeweiligen Größe ein Kreuz gezeichnet. Die Verbindung aller Messpunkte durch eine Linie ergibt dann die Kurve. (Eigentlich hätte man die Zwischenwerte genau messen müssen. Aber die Linie verdeutlicht den groben Wachstumsverlauf.)

Es könnten sich aber noch weitere Fragen ergeben:
– Verändert sich die Größe des Kindes oder bleibt sie in einem Zeitraum gleich?
– Welche Größe hatte das Kind an seinem 12. Geburtstag?
– Wie groß ist der halbjährliche Größenzuwachs?

Meist sind Daten in der Biologie in einem Diagramm dargestellt und der Betrachter muss sich seine eigenen Gedanken machen, um es zu *analysieren*. Das bedeutet, er muss es auswerten und beschreiben. Wie geht man eine solche Aufgabe an?

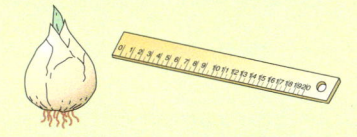

A1 Auch bei Pflanzen kann man das Wachstum messen. Besorge dir im Winter bzw. im zeitigen Frühjahr in einer Gärtnerei eine Zwiebel des Rittersterns *(Amaryllis)*. Pflanze sie in einen Blumentopf und beobachte die Entwicklung, bis ein Blütentrieb sichtbar wird. Miss von nun an täglich seine Länge und trage die Werte in eine Tabelle ein. Zeichne nach drei Wochen ein Punkt- und ein Säulendiagramm und die Wachstumskurve.

A2 Die unten stehende Tabelle zeigt eine solche Messung. Zeichne und vergleiche deine Ergebnisse mit diesen Werten. Gibt es Unterschiede?

A3 Wenn man krank ist, wird drei- bis viermal am Tag Fieber gemessen. Man verbindet die Werte zu einer Fieber-„Kurve". Darf man das eigentlich? Was wird durch die Kurve besonders deutlich?

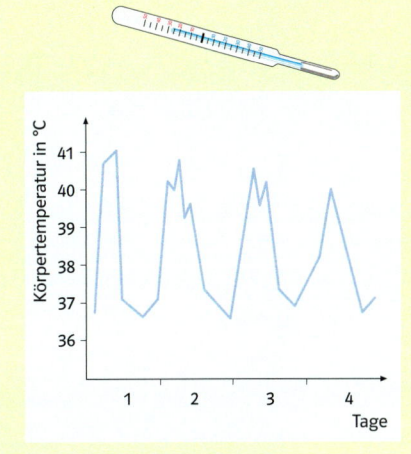

So könnte deine Analyse eines Diagramms aussehen
Dieses Diagramm zeigt die Veränderung der Körpergröße eines Kindes im Laufe von sechs Jahren. Dazu wurde alle sechs Monate die Größe bestimmt.

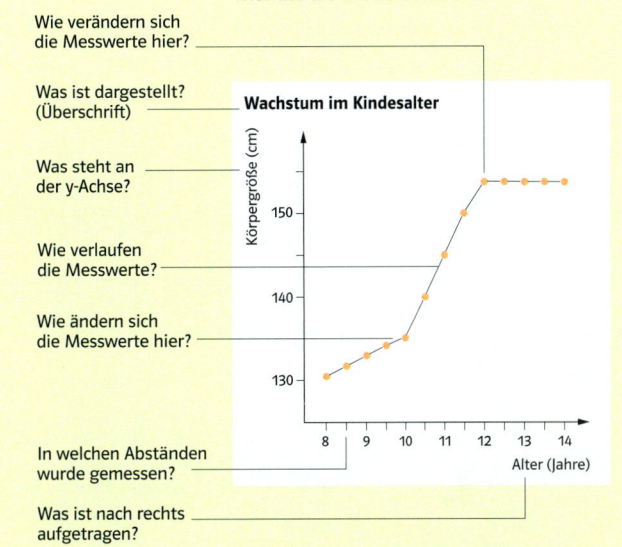

Wie verändern sich die Messwerte hier?
Was ist dargestellt? (Überschrift)
Was steht an der y-Achse?
Wie verlaufen die Messwerte?
Wie ändern sich die Messwerte hier?
In welchen Abständen wurde gemessen?
Was ist nach rechts aufgetragen?

Wachstum im Kindesalter

Am 10. Geburtstag ist das Kind 135 cm groß. Von da an erfährt das Kind einen Wachstumsschub und wächst bis zu seinem 12. Lebensjahr halbjährlich um 5 cm. Mit 12 Jahren hat es eine Körpergröße von 155 cm. Auf diesem Wert bleibt das Wachstum des Kindes dann bis zum Ende des Messzeitraums stehen, d. h. bis zum Alter von 14 legt der Körper des Kindes eine Wachstumspause ein.
Nach dieser Analyse des Diagramms kann man nun nach Gründen für das unterschiedliche Wachstum suchen.

Tage	2	4	6	8	10	12	14	16	18	20
Länge (cm)	0,3	1,2	2,1	6,5	11,1	17	25	37	45	46

XVII

Methoden
Arbeiten mit Lupe und Mikroskop

Die Fähigkeit unserer Augen, winzige Einzelheiten zu erkennen, hat ihre natürlichen Grenzen. Bei der Untersuchung von kleinen Lebewesen oder Gegenständen sind deshalb verschiedene Vergrößerungsgeräte hilfreich. Wie funktionieren sie?

A1 Besorge dir den Steg eines Schnellhefters. Gib mit der Fingerspitze einen Tropfen Wasser auf das Loch im Steg. Betrachte die Buchstaben einer kleinen Schrift. Was erkennst du?

A2 Streiche nun etwas Wasser ab, damit der Tropfen nicht mehr so dick ist. Was ändert sich?

Wenn du die Buchstaben durch den Wassertropfen betrachtest, dann erkennst du, dass die Schrift größer erscheint. Streichst du vorsichtig etwas Wasser ab, dann ist der Tropfen nicht mehr so dick und die Stärke der Vergrößerung lässt nach.

In gleicher Weise entsteht die Vergrößerungswirkung einer Lupe durch eine gewölbte Linse, eine Sammellinse. Es ist schon erstaunlich, welche Einzelheiten mit einer einfachen Handlupe sichtbar werden. Ein winziger Splitter, den du dir in die Haut eingezogen hast, erscheint wie ein Balken.

Beim Einsatz der Lupe wirst du merken, dass es gar nicht so einfach ist, damit umzugehen. Mit den folgenden Tipps gehst du am besten vor:
- Bringe das Objekt in eine zum Licht günstige Stellung.
- Nähere Lupe und Objekt langsam aneinander an. Schaue dabei durch die Linse und bestimme die Entfernung, bei der das Bild für deine Augen am schärfsten ist.
- Betrachte das Objekt mit Ruhe.

A3 Betrachte deine Fingerkuppe mit der Lupe und zeichne die Hautlinien möglichst genau. Vergleiche mit deinem Nachbarn und mit den Abbildungen.

A4 Finde heraus, wozu Fingerabdrücke benutzt werden.

Mikroskopierregeln
– Beginne die Untersuchung stets mit der schwächsten Vergrößerung. Verwende dazu das kürzeste Objektiv.
– Betätige das Triebrad unter seitlichem Hinsehen. Bewege dadurch das Objektiv so weit wie möglich an den Objektträger heran.
– Schaue durch das Okular und vergrößere durch Drehen am Grobtrieb den Abstand zwischen Objektiv und Präparat wieder, bis ein Bild erscheint.
– Stelle danach das Bild mit dem Feintrieb scharf ein.
– Erst wenn du dir einen Überblick verschafft hast, wird die nächste Vergrößerung benutzt.

Verschiedene Lupenformen
- Wozu dienen sie?
- Was erkennt man mit der Lupe?

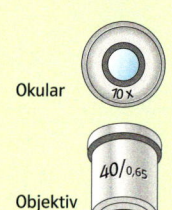

Okular

Objektiv

Folgende Teile gehören zum Mikroskop:

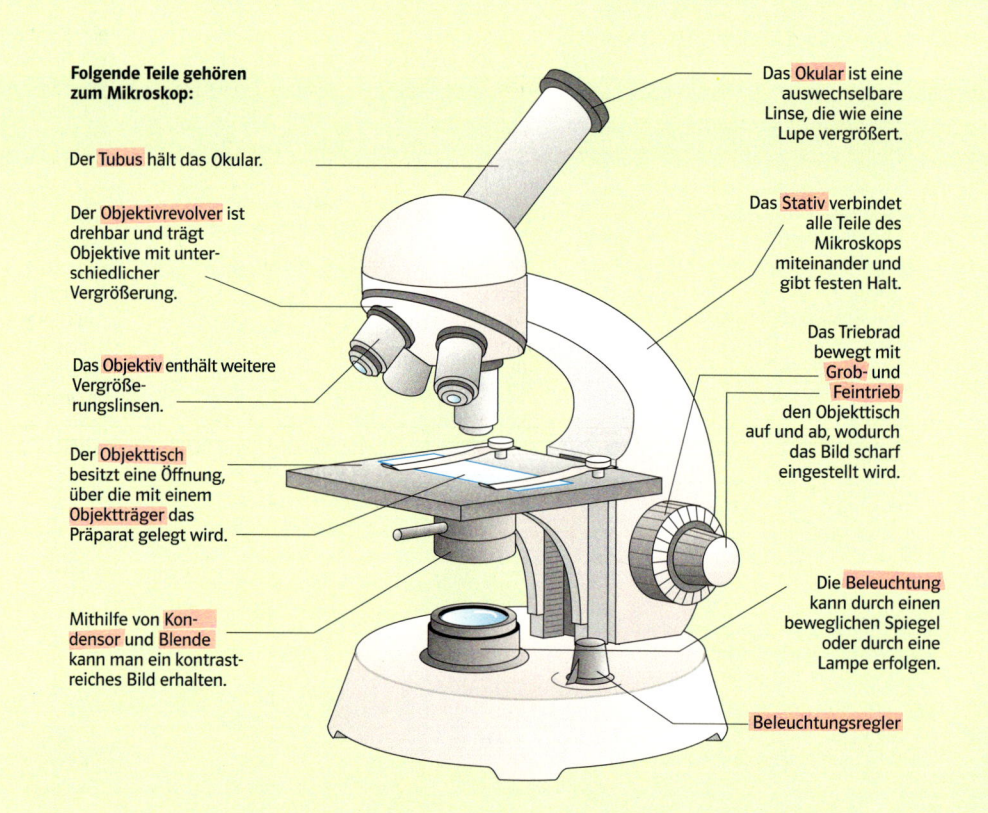

Der Tubus hält das Okular.

Der Objektivrevolver ist drehbar und trägt Objektive mit unterschiedlicher Vergrößerung.

Das Objektiv enthält weitere Vergrößerungslinsen.

Der Objekttisch besitzt eine Öffnung, über die mit einem Objektträger das Präparat gelegt wird.

Mithilfe von Kondensor und Blende kann man ein kontrastreiches Bild erhalten.

Das Okular ist eine auswechselbare Linse, die wie eine Lupe vergrößert.

Das Stativ verbindet alle Teile des Mikroskops miteinander und gibt festen Halt.

Das Triebrad bewegt mit Grob- und Feintrieb den Objekttisch auf und ab, wodurch das Bild scharf eingestellt wird.

Die Beleuchtung kann durch einen beweglichen Spiegel oder durch eine Lampe erfolgen.

Beleuchtungsregler

Zellen entdecken mit dem Mikroskop

Beim Umgang mit der Lupe kannst du leicht den Zusammenhang von der Vergrößerung zum Original herstellen. Anders ist es beim Mikroskop. Plötzlich sind die Dinge 40- oder sogar 100-mal so groß.

Zuerst musst du dich mit dem Aufbau des Mikroskops vertraut machen. Es bedarf auch einiger Übung, damit zu arbeiten. Du musst dich an feste Arbeitsregeln halten und immer schrittweise vorgehen, denn das Mikroskop ist ein empfindliches Gerät.

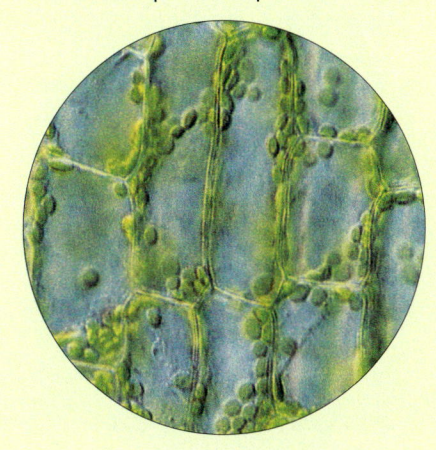

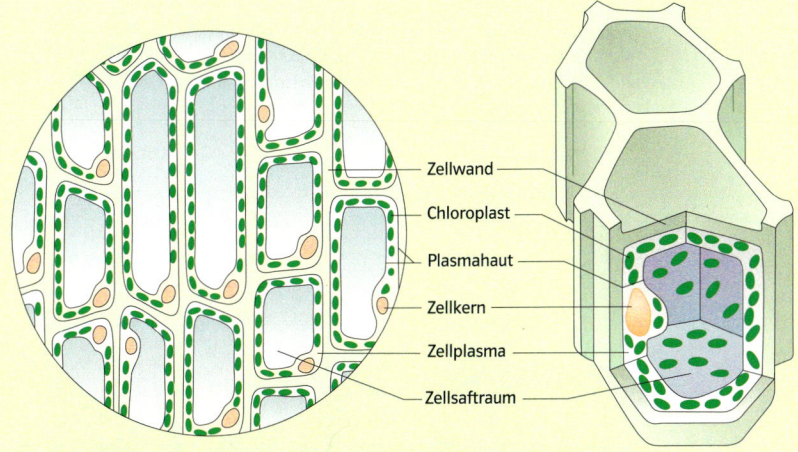

1 *Wasserpestzellen (Mikrofoto ca. 400 x vergrößert, Schema und Modell)*

- Zellwand
- Chloroplast
- Plasmahaut
- Zellkern
- Zellplasma
- Zellsaftraum

A5 Schreibt vor der Arbeit mit dem Mikroskop die links stehenden Regeln auf ein großes Plakat. Befestigt es gut sichtbar im Biologieraum.

A6 Vergleiche den Aufbau deines Schulmikroskops mit unserer Abbildung. Benenne die Teile und gib ihre Aufgaben an.

A7 Bewege vorsichtig Triebrad, Objektivrevolver und Blende. Mache dich so mit der Handhabung des Mikroskops vertraut.

A8 Wenn man die Vergrößerungswerte von Objektiv und Okular multipliziert, erhält man die Gesamtvergrößerung des Mikroskops.
   a) Berechne für dein Schulmikroskop die Vergrößerungswerte.
   b) Zeichne die Länge eines Millimeters maßstabsgetreu für die berechneten Vergrößerungen.

A9 Lege ein Stückchen transparentes Millimeterpapier auf den Objekttisch und gib den Durchmesser des Beobachtungsfeldes bei 40- bzw. 100-facher Vergrößerung an.

A10 Lege ein Haar auf das Millimeterpapier und schätze die Dicke.

A11 Oft musst du Vorbereitungen treffen, um beim Mikroskopieren ein gutes Bild zu erhalten. Stelle, wie unten abgebildet, ein Nasspräparat von einem Blättchen der Wasserpest her. Mikroskopiere und versuche zu zeichnen, was du erkennst.

Im Blättchen der *Wasserpest* erkennt man viele kleine Kammern. Sie werden als *Zellen* bezeichnet und sind von einer festen *Zellwand* umschlossen. Im Innern sieht man ein rundliches Gebilde, den *Zellkern*. Er ist in jeder Zelle vorhanden und steuert alle Lebensvorgänge.

Der Zellkern liegt in einer farblosen, körnigen Masse, dem *Zellplasma*. Hier laufen viele Lebensvorgänge ab. Die hellere Zone in der Mitte der Zelle ist der Zellsaftraum, die *Vakuole*.

Im Zellplasma befinden sich außerdem viele grüne Körnchen. Sie enthalten Blattgrün, das *Chlorophyll*, und heißen deshalb Blattgrünkörner oder *Chloroplasten*.

Eine Zelle ist nicht flach wie ein Blatt Papier. Man muss sie sich vielmehr als räumliches Gebilde vorstellen. Sie gleicht einem durchsichtigen Behälter, in dem die Zellinhalte übereinander aufgeschichtet sind. Mit dem Mikroskop kann man aber, besonders bei starker Vergrößerung, nur eine ganz dünne Schicht scharf erkennen.

Wenn man am Feintrieb dreht, werden daher nacheinander verschiedene Schichten sichtbar. Aus den unterschiedlichen Bildern kann man dann ein *räumliches Modell* der Wasserpestzelle entwickeln (Abb. 1).

Beim Blatt der Wasserpest erkennt man viele gleichartige Zellen, die eng aneinander liegen und untereinander verbunden sind. Ein solcher Zellverband heißt *Gewebe*.

Auch im Gewebe von Mensch und Tier erkennt man im Mikroskop Zellen mit einem Zellkern. Im Unterschied zur Pflanzenzelle besitzen sie aber keine feste Zellwand, sondern haben nur eine Membran als Begrenzung. Das gesamte Zellinnere ist von Zellplasma ausgefüllt. Ein Zellsaftraum ist nicht vorhanden.

Alle Organe von Pflanze, Mensch und Tier bestehen aus Zellen. Die Zelle ist der Grundbaustein aller Lebewesen.

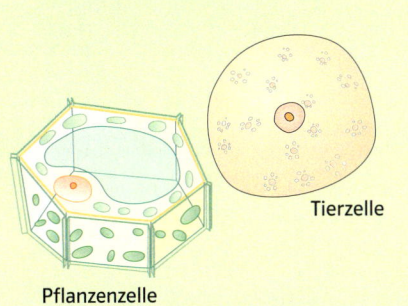

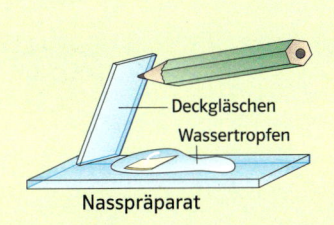

- Deckgläschen
- Wassertropfen

Nasspräparat — Pflanzenzelle — Tierzelle

3 Pflanzen und Tiere im Jahreslauf

Die Sonne bestimmt überall auf der Erde die Lebensbedingungen. In unseren Breiten sind durch den Sonnenstand die Verhältnisse im Sommer und im Winter sehr unterschiedlich. Pflanzen und Tiere sind an den Wechsel der Jahreszeiten angepasst. Viele Bäume werfen ihr Laub ab. Einige Tiere halten Winterschlaf und die Zugvögel suchen wärmere Länder auf.

In Wüsten oder polaren Eisregionen müssen Pflanzen und Tiere in besonderer Weise angepasst sein. Veränderungen der Umweltbedingungen, z. B. durch menschliches Handeln, können zum Aussterben dieser Arten führen. Deshalb müssen überall auf der Erde Maßnahmen zum Umwelt- und Artenschutz ergriffen werden.

Zunächst aber geht es darum zu erkennen, dass die Sonne nicht nur die Klimabedingungen bestimmt, sondern dass die Energie des Sonnenlichts das Leben auf der Erde überhaupt erst möglich macht. Dabei spielen die grünen Pflanzen eine wichtige Rolle. Ohne sie könnten weder Tiere noch Menschen überleben. Die Sonne ist der Motor des Lebens auf der Erde.

3.1　Sonne — Motor des Lebens　148
3.2　Leben mit den Jahreszeiten　168
3.3　Extreme Lebensräume　192
3.4　Natur- und Artenschutz　204

3.1 Sonne — Motor des Lebens
Die Zelle — Grundbaustein aller Lebewesen

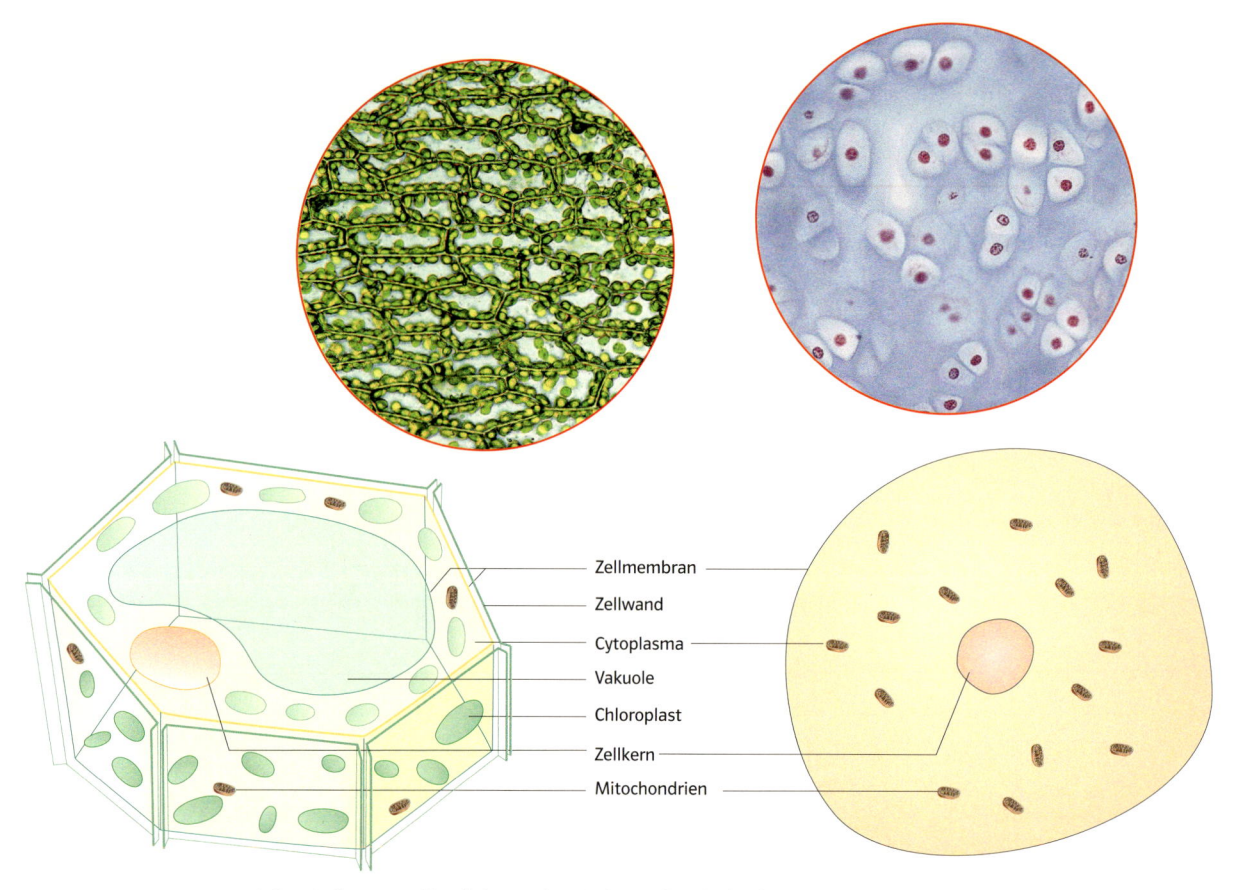

1 *Der Aufbau von pflanzlichen und tierischen Zellen (Mikrofoto und Schema)*

Beschriftungen: Zellmembran, Zellwand, Cytoplasma, Vakuole, Chloroplast, Zellkern, Mitochondrien

Mit lupenartigen Vergrößerungsgeräten und später mit einfachen *Lichtmikroskopen* entdeckten Forscher schon im 17. Jahrhundert, dass Pflanzen und Tiere aus kammerartigen Bausteinen, den **Zellen**, aufgebaut sind.

Damals konnte man bestenfalls eine 100-fache Vergrößerung erreichen. Moderne Lichtmikroskope vergrößern bis 1600-fach. Mit dem *Elektronenmikroskop* (EM), bei dem nicht Licht-, sondern Elektronenstrahlen zur Abbildung verwendet werden, erreicht man sogar Vergrößerungswerte von mehr als 1 : 200 000.

A1 Mikroskopiere ein Blättchen der Wasserpest, wie es auf den Methodenseiten erklärt wird.

Die Pflanzenzelle
Pflanzenzellen sind meistens von einer festen Hülle, der *Zellwand*, umgeben. Sie besteht überwiegend aus *Zellulose*. Den größten Teil im Zellinneren nimmt der Zellsaftraum, die *Vakuole*, ein. Sie enthält den *Zellsaft*, der vor allem aus Wasser und darin gelösten Stoffen besteht und als Speicherort für Salze, Farbstoffe, Abfall- und Speicherstoffe genutzt wird. Zwischen Vakuole und Zellwand liegt eine gallertige, zähflüssige Masse, das *Zellplasma*, das durch je ein dünnes Häutchen, eine *Membran*, von Vakuole bzw. Zellwand abgegrenzt ist. Im Zellplasma laufen die meisten chemischen Vorgänge ab, die eine Zelle „leben" lassen. Im Lichtmikroskop besonders auffällig ist der *Zellkern*. Er ist die Steuerzentrale der Zelle und in ihm sind die Erbinformation abgespeichert.

Charakteristisch für die Zellen aller grünen Pflanzenteile sind die Blattgrünkörner, die *Chloroplasten*. Sie sind Träger des Farbstoffes *Chlorophyll*, der den Pflanzen die grüne Farbe verleiht. In ihnen werden mithilfe des Sonnenlichts Stoffe aufgebaut, die die Pflanze zum Wachsen und Gedeihen braucht.

Die Tierzelle

Bei tierischen Zellen umgibt lediglich eine *Membran* das Zellplasma, das wie bei Pflanzenzellen viele verschiedene Eiweißsorten enthält. Deren Baupläne werden auch im *Zellkern* gespeichert. In Tierzellen fehlt die Zellwand ebenso wie der Zellsaftraum und die Chloroplasten. Während die Pflanzenzellen starr kugelig, würfelartig oder lang gestreckt gebaut sind, ist die Formenvielfalt der Tierzellen wesentlich größer. Sie können sogar ihre Gestalt verändern.

Zellteilung

Wenn ein Organismus wächst, vergrößern sich nicht unbedingt die Zellen, sondern ihre Anzahl. Eine Zelle, die *Mutterzelle*, teilt sich dabei in zwei *Tochterzellen*. Damit beide Tochterzellen lebensfähig sind, benötigen sie jeweils alle Zellbestandteile. Deswegen wachsen Zellen vor einer Zellteilung und verdopppeln die Zellbestandteile, wie z.B. den Zellkern. Die Tochterzellen können danach wiederum wachsen und sich teilen. Auf diese Weise entsteht aus einer Zelle ein ganzer Organismus.

Während des Wachstums wird in der Regel eine der beiden Tochterzelle zu einer neuen Mutterzelle, die sich wieder teilt. Die andere Tochterzelle verändert sich und spezialisiert sich für eine bestimmte Aufgabe im zukünftigen Organismus. Mit der *Spezialisierung* verlieren die Zellen auch ihre Teilungsfähigkeit.

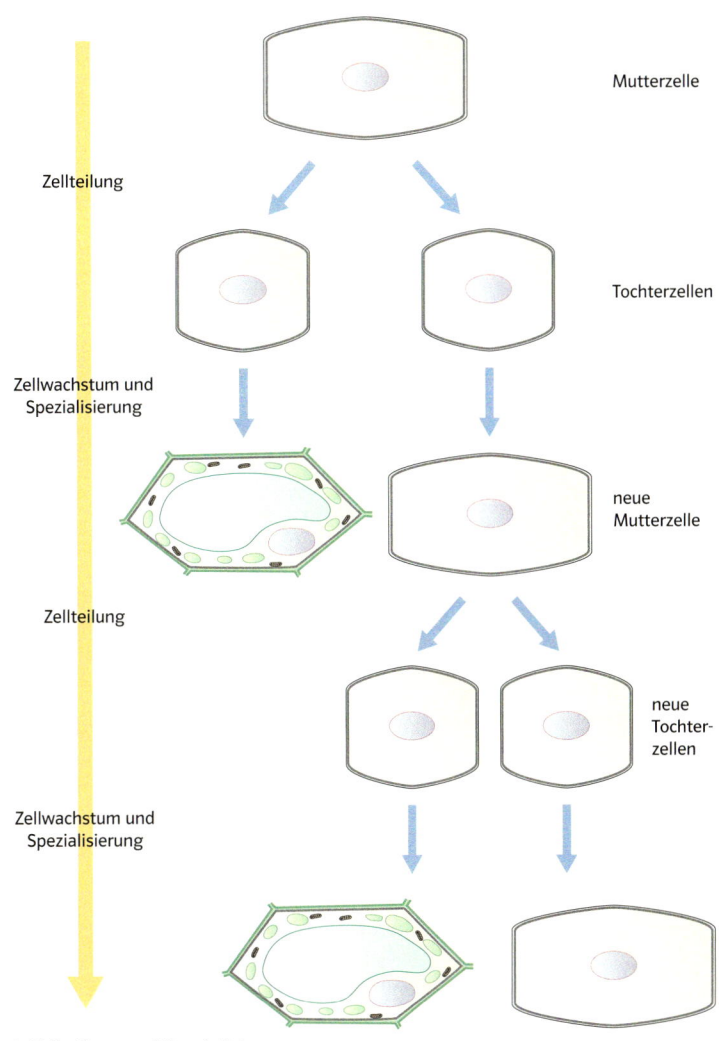

2 *Zellteilung und Spezialisierung*

Info-Box: Chloroplasten und Mitochondrien

Chloroplasten sind in allen grünen Pflanzenzellen vorhanden. Sie sind für den Stoffwechsel der Pflanze von ausschlaggebender Bedeutung. In ihnen wird nämlich mithilfe von Sonnenlicht der Energieträger Traubenzucker aufgebaut und z.B. in Form von Stärke gespeichert.

Chloroplast
Vergrößerung etwa 10 000 x

Wesentlich kleiner als die Chloroplasten sind die *Mitochondrien*. Ihr Bau lässt sich nur im Elektronenmikroskop erkennen. Die Mitochondrien werden als die „Kraftwerke" der Zelle bezeichnet. Sie bauen Traubenzucker ab und stellen Energie für den Organismus bereit. Sie sind sowohl in pflanzlichen als auch in tierischen Zellen zu finden.

Mitochondrium
Vergrößerung etwa 50 000 x

Chloroplasten und Mitochondrien besitzen große innere Oberflächen. Das ist ein Hinweis darauf, dass hier ein intensiver Stoffaustausch stattfindet.
[Basiskonzept Struktur und Funktion S. 258]

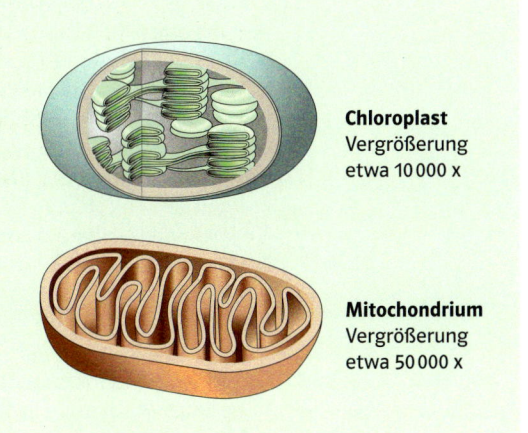

Zelle — Gewebe — Organ — Organismus

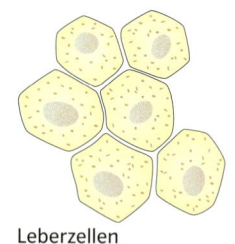

Wie kann man sich erklären, dass Lebewesen so unterschiedlich aussehen, obwohl sie doch nur aus einem einzigen Grundbaustein, nämlich der Zelle, aufgebaut sind? Dies liegt einmal an der unterschiedlichen Anzahl von Zellen, vor allem aber daran, dass der Bauplan der Zelle abgewandelt werden kann. Allein der Mensch besitzt mehr als 200 verschiedene Zelltypen.

Zellen sind spezialisiert

Zellen können nicht nur unterschiedlich aussehen — sie können auch eine unterschiedliche Anzahl von Zellbestandteilen besitzen. *Leberzellen* enthalten z. B. besonders viele Mitochondrien (ungefähr 6000). Bei den *Steinzellen* der Walnussschale ist die Zellwand sehr dick und hart. Solche spezialisierten Zellen kommen aber nie alleine vor, sondern sind zu *Zellverbänden* zusammengeschlossen und haben eine besondere, der jeweiligen Aufgabe angepasste Form. Einen Zusammenschluss solcher gleichartiger Zellen nennt man **Gewebe**. Jeder Organismus besitzt verschiedene Zell- bzw. Gewebetypen, die entsprechend ihrer Aufgabe unterschiedlich gebaut sind. [Variabilität und Angepasstheit S. 270]

A1 Blüten sind oft bunt. Mache einen Vorschlag, welcher Zellbestandteil für die Färbung verantwortlich sein könnte.

Aufbau eines Laubblattes

Untersucht man ein Laubblatt unter dem Mikroskop, entdeckt man unterschiedliche Zelltypen. Im Querschnitt findet man an der Blattoberseite eine Schicht von Zellen, die eng miteinander verzahnt sind. Sie liegen dicht an dicht, sodass keine Lücke zwischen ihnen zu finden ist. Nach außen hin bilden sie eine Wachsschicht aus, durch die nichts eindringen oder herauskommen kann. Diese gleichartigen Zellen bilden ein einschichtiges Gewebe, das Blatthaut *(Epidermis)* heißt. Seine Aufgabe besteht darin, das Blatt z. B. vor Austrocknung durch Wasserverlust oder vor Verletzungen zu schützen.

Direkt unter der oberen Blatthaut sind längliche, walzenförmige Zellen zu finden. Sie sind wie die Palisaden einer römischen Befestigungsanlage nebeneinander angeordnet. In diesen Zellen befinden sich besonders viele Chloroplasten und sie sind darauf spezialisiert, Nährstoffe für die ganze Pflanze herzustellen. Die Gesamtheit dieser Zellen nennt man *Palisadengewebe*.

In der unteren Hälfte des Blattes findet man Zellen von unterschiedlicher Gestalt. Sie liegen nicht so dicht nebeneinander, sondern bilden viele, mehr oder weniger große Zwischenräume. Wie bei einem Schwamm ist hier genügend Raum, in dem Luft und Wasserdampf ausgetauscht werden können. Dieses Gewebe heißt *Schwammgewebe*.

Den unteren Abschluss des Blattes bildet wieder eine schützende Epidermis. Die Blätter können aber trotz dieses Abschlussgewebes Wasser verdunsten. Wie ist das möglich?

A2 Bringe je einen Tropfen Klebstoff auf die Ober- und Unterseite eines Laubblattes. Ziehe den getrockneten Klebstoff ab und betrachte die beiden Abdrücke mit der Lupe und unter dem Mikroskop. Vergleiche.

Mit der Lupe sind vor allem auf dem Abdruck der Blattunterseite dunkle Punkte zu erkennen. Im mikroskopischen Bild sieht man, dass zwei bohnenförmige Zellen einen Spalt einschließen. Diese *Spaltöffnungen* können geöffnet und geschlossen werden und regeln so die Wasserabgabe. Außerdem kann Gas mit der Umgebungsluft ausgetauscht werden.

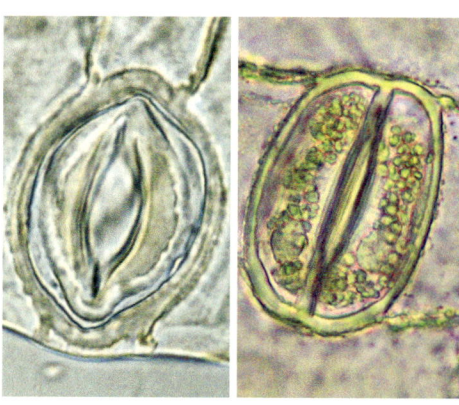

Leberzellen

Steinzellen (Walnuss)

1 *Schließzellen, Spalt rechts geschlossen*

Dort, wo im Blatt die Blattadern verlaufen, findet man noch weitere Zelltypen. Zum einen handelt es sich um das *Festigungsgewebe*. Seine Zellen sind lang gestreckt und besitzen verstärkte Zellwände. Sie geben dem Blatt Stabilität. Die anderen Zellen gehören zum *Leitgewebe*. Hier wird entweder Wasser mit den darin gelösten Mineralsalzen herantransportiert oder es erfolgt der Abtransport von Nährstoffen.

Wenn man ein Lebewesen untersucht, kann man das also auf verschiedenen Ebenen tun:
– Die *Zelle* ist der *Grundbaustein* aller Lebewesen. Aber trotz vergleichbarer Bestandteile können Zellen sehr unterschiedlich aussehen und verschiedene Aufgaben haben. Das gilt für pflanzliche Zellen genauso wie für tierische.
– Gleichartige Zellen, die eine bestimmte Aufgabe erfüllen und miteinander in Verbindung stehen, bilden ein *Gewebe*.
– Mehrere Gewebearten, die wie beim Blatt an einer übergeordneten Aufgabe zusammenarbeiten, bezeichnet man als *Organ*.
– Ein *Organismus* schließlich ergibt sich aus der Zusammenarbeit all seiner Organe und *Organsysteme*. Wie das gemeint ist, zeigt Abbildung 2.

A3 Auch der Mensch besitzt verschiedene Zellen, Gewebe und Organe. Nenne jeweils fünf Beispiele und gib die zugehörige Aufgabe an.

A4 Nenne für den Organismus „Mensch" alle Organe, die an der Verdauung beteiligt sind. Sie bilden das Verdauungssystem.

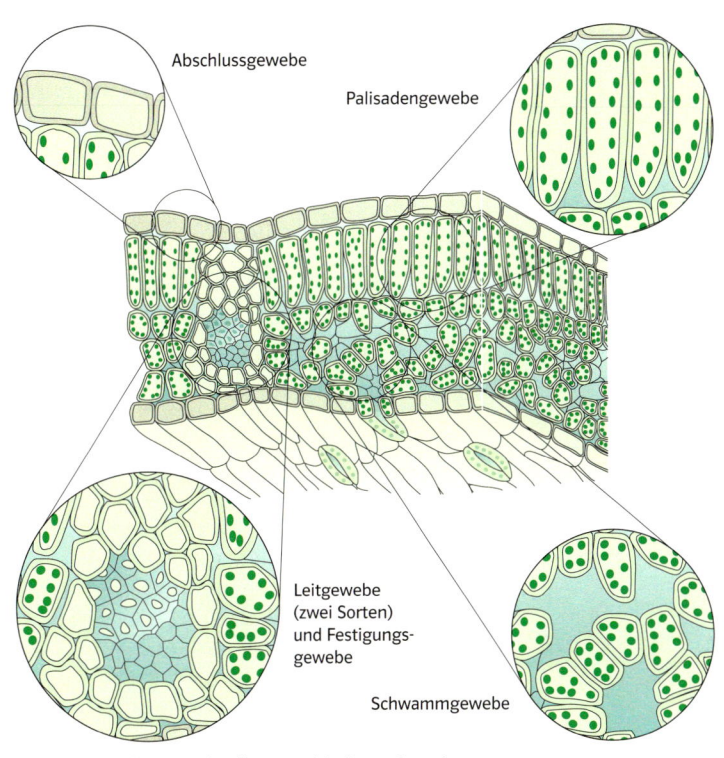

3 Blattquerschnitt und Zellen verschiedener Gewebe

Verschiedene Systemebenen
Zelle, Organ und Organismus sind Beispiele für verschiedene biologische *Systemebenen*, die sich bei allen Pflanzen und Tieren finden lassen. Auf allen Systemebenen gibt es — entsprechend den jeweiligen Aufgaben und der Funktion im System — spezielle Angepasstheiten.
[Basiskonzept System S. 268]

Zelle
Beinhaltet z. B. Zellkern, Chloroplasten, Vakuole und Zellplasma.

Gewebe
Besteht aus gleichartigen Zellen mit einer bestimmten Aufgabe.

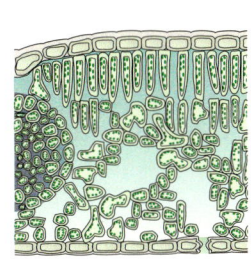

Organ
Wird aus mehreren Geweben gebildet, die gemeinsam eine übergeordnete Aufgabe haben.

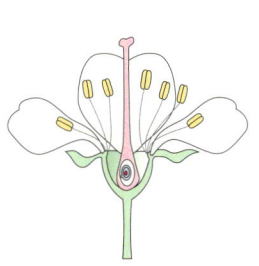

Organsystem
ist aus mehreren Organen aufgebaut, die gemeinsam eine größere Funktionseinheit bilden.

Organismus
ist das Lebewesen, das sich aus mehreren Organen und Organsystemen zusammensetzt.

2 Systemebenen der Pflanze

Praktikum
Quellung und Keimung

Quellung

Pflanzensamen kann man lange aufbewahren, wenn sie trocken lagern. Sobald sie feucht werden, verändern sich die Samen, sie quellen.

A1 Wiege 100 Gramm trockene Erbsen oder Bohnen ab und schütte sie in ein Becherglas mit reichlich Wasser. Trockne die Samen nach 24 Stunden gut mit Küchenpapier ab. Stelle erneut das Gewicht fest und vergleiche.

A2 Miss die Länge eines trockenen Bohnensamens. Lege ihn über Nacht in Wasser und miss erneut. Beschreibe deine Beobachtung.

A3 Lege in einem Glasgefäß auf trockene Erbsen eine Platte mit einem Gewicht. Markiere die Lage der Platte. Übergieße alles mit Wasser und kontrolliere am nächsten Tag.

A4 Rühre Gips an und fülle zwei Joghurtbecher jeweils halbvoll. Stecke bei einem Becher sechs Bohnensamen in den Gips und gieße den Inhalt des zweiten Bechers darüber. Lege den Gipsblock, nachdem er ausgehärtet ist, für zwei Tage in eine wassergefüllte Petrischale. Gib an, was das Ergebnis für die Samen in hartem Boden bedeutet.

Keimung

Wenn du im Garten Bohnenpflanzen ziehen möchtest, so legst du im Frühjahr Bohnensamen ins feuchte Erdreich. Manchmal keimen Samen aber nicht. Woran kann das liegen?

Wahrscheinlich ist irgendeine Bedingung, die zum Keimen des Samenkorns nötig ist, nicht erfüllt. Man kann Keimungsbedingungen durch Experimente herausbekommen. Wenn du zum Beispiel wissen möchtest, ob Erde in einem Keimungsversuch notwendig ist, dann musst du die Erde in einem anderen Keimungsversuch durch etwas anderes ersetzen. Wenn die Samen dennoch keimen, dann ist die Erde überflüssig.

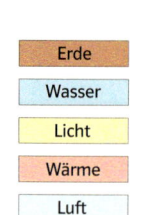

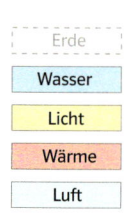

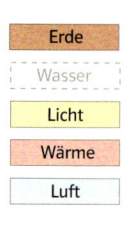

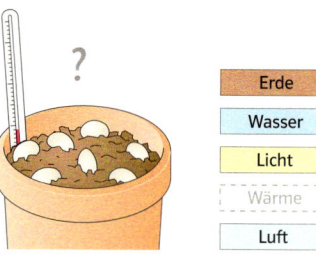

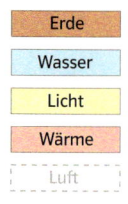

A5 Damit du richtige Ergebnisse erhältst, musst du überprüfen, ob die verwendeten Samen überhaupt keimfähig sind. Dazu legst du zehn Samen in feuchte Erde und schaffst natürliche Bedingungen. Die Keimung ist gelungen, wenn die ersten grünen Blättchen zu sehen sind. Ein solches Experiment heißt *Kontrollversuch*.

A6 In den nebenstehenden Abbildungen werden einige Keimungsbedingungen genannt. Außerdem erhältst du Hinweise, wie die Versuche aussehen könnten. Beschreibe genau, was bei jedem einzelnen Experiment gemacht werden muss.

A7 Führe die Versuche selbst durch und vergleiche deine Ergebnisse mit denen deiner Mitschüler.

Bohnenpflanzen brauchen zum Keimen geeigneten Bedingungen. Ist aber auch wichtig, ob sie in eine bestimmte Richtung eingepflanzt werden müssen?

A8 Nimm Bohnensamen und pflanze sie in lockerer Erde ein. Achte darauf, dass der Nabel in unterschiedliche Richtungen schaut. Erläutere anhand deiner Beobachtung, ob die Samen in eine bestimmte Richtung eingepflanzt werden müssen.

A9 Lege 10 ungequollene und 10 gequollene Samen für eine Woche in den Kühlschrank. Untersuche danach die Keimfähigkeit. Erkläre die Ergebnisse.

A10 Bringe in einem sandgefüllten Quarkbecher 10 Bohnensamen zum Keimen. Entnimm im Abstand von jeweils 2 Tagen einen Samen und zeichne die Keimlinge in natürlicher Größe. Achte genau auf die Veränderungen im Aussehen der Wurzeln.

A11 Lasse die Samen von Gartenbohne bzw. von Feuerbohne keimen. Beschreibe das Aussehen der jeweiligen Keimpflanzen und vergleiche die Keimpflanzen.

A12 Lege Bohnenkeimlinge und Getreidekörner ein paar Tage in feuchte Watte. Vergleiche die sich entwickelnden Keimlinge täglich unter der Lupe.

A13 Manche Menschen sagen, dass Pflanzen besser gedeihen, wenn man liebevoll mit ihnen spricht. Entwickle ein Experiment, mit dem du nachweisen kannst, ob liebevolles Sprechen beim Wachsen hilft.

Die Wärme der Sonne lässt Samen keimen

Im Frühjahr, wenn die Tage länger werden und die Sonne wieder mehr scheint, verändert sich die Natur um uns herum. Die Knospen an Bäumen und Sträuchern treiben aus; Gärtner bringen Samen in die Erde und säen neue Pflanzen, wie die *Gartenbohne*, in ihre Beete.

Zum Aufbau der Samen

Der Bohnensamen ist durch eine *Samenschale* geschützt, an der deutlich ein *Nabel* zu erkennen ist. Hier war die Bohne in der Hülse angewachsen. Entfernt man die Schale, erkennt man, dass der Samen aus zwei dicken Hälften besteht. Dies sind die nährstoffreichen *Keimblätter*, in denen der erste Vorrat zum Wachsen gespeichert ist. Dazwischen liegt der kleine *Keimstängel* (die Sprossachse) mit den ersten Laubblättern und der *Keimknospe*. An seinem anderen Ende befindet sich die *Keimwurzel*. Im Samen sind also alle Grundorgane einer Pflanze schon angelegt, sie muss nur noch heranwachsen.

A1 Lege einen Samen der Gartenbohne für mehrere Stunden in Wasser. Beschreibe danach sein Aussehen.

A2 Teile den Samen in zwei Hälften. Untersuche ihn (Lupe) und zeichne, was du erkennst. Beschrifte entsprechend der Abbildung.

Keimung und Wachstum

Im Winter, wenn der Samen der Gartenbohne keine geeigneten Bedingungen vorfindet, verändert er sich nicht. Er befindet sich in *Samenruhe*. So übersteht er ohne Schaden ungünstige Zeiten. Damit der Samen aus der Samenruhe erwacht, benötigt er verschiedene Bedingungen:
– Ohne Wasser kann kein Samen keimen.
– Wie alle Lebewesen, benötigen keimende Samen den Sauerstoff der Luft.
– Vor allem aber muss es zum Keimen warm genug sein.

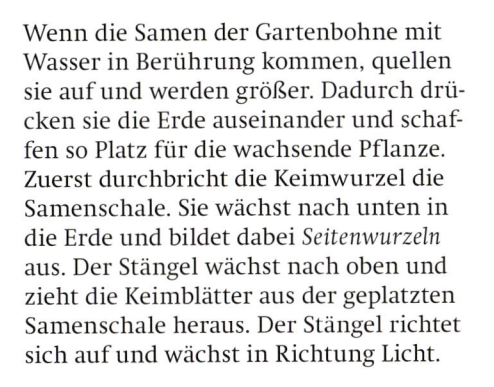

Wenn die Samen der Gartenbohne mit Wasser in Berührung kommen, quellen sie auf und werden größer. Dadurch drücken sie die Erde auseinander und schaffen so Platz für die wachsende Pflanze. Zuerst durchbricht die Keimwurzel die Samenschale. Sie wächst nach unten in die Erde und bildet dabei *Seitenwurzeln* aus. Der Stängel wächst nach oben und zieht die Keimblätter aus der geplatzten Samenschale heraus. Der Stängel richtet sich auf und wächst in Richtung Licht.

Wenn genug Licht vorhanden ist, werden der Stängel und die Keimblätter grün. Die ersten *Laubblätter* entfalten sich und der oberirdische Stängel wächst in die Länge. Gleichzeitig schrumpfen die Keimblätter und fallen schließlich ab. Die wachsende Gartenbohne bildet neue Laubblätter und die *Sprossachse* verfestigt sich. Stangenbohnen benötigen allerdings eine zusätzliche Stütze.

Die Gartenbohne wird schon seit circa 8000 Jahren von den Ureinwohnern Amerikas als Nutzpflanze angebaut. Die Spanier brachten die Gartenbohne nach Europa. Es werden meist die Hülsen im grünen unreifen Zustand gepflückt und dann zum Essen gekocht. Die ungekochten Samen enthalten einen Giftstoff, der beim Menschen Krämpfe und Magen-Darm-Entzündungen auslöst. Durch längeres Kochen wird das Gift zerstört. Deswegen sollte man die Bohnen nicht roh essen.

A3 Lege einige Getreidekörner ein paar Tage in feuchte Watte. Zeichne die sich entwickelnden Keimlinge (Lupe). Nenne Unterschiede zum Bohnenkeimling.

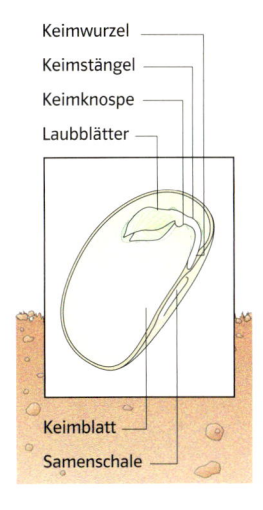

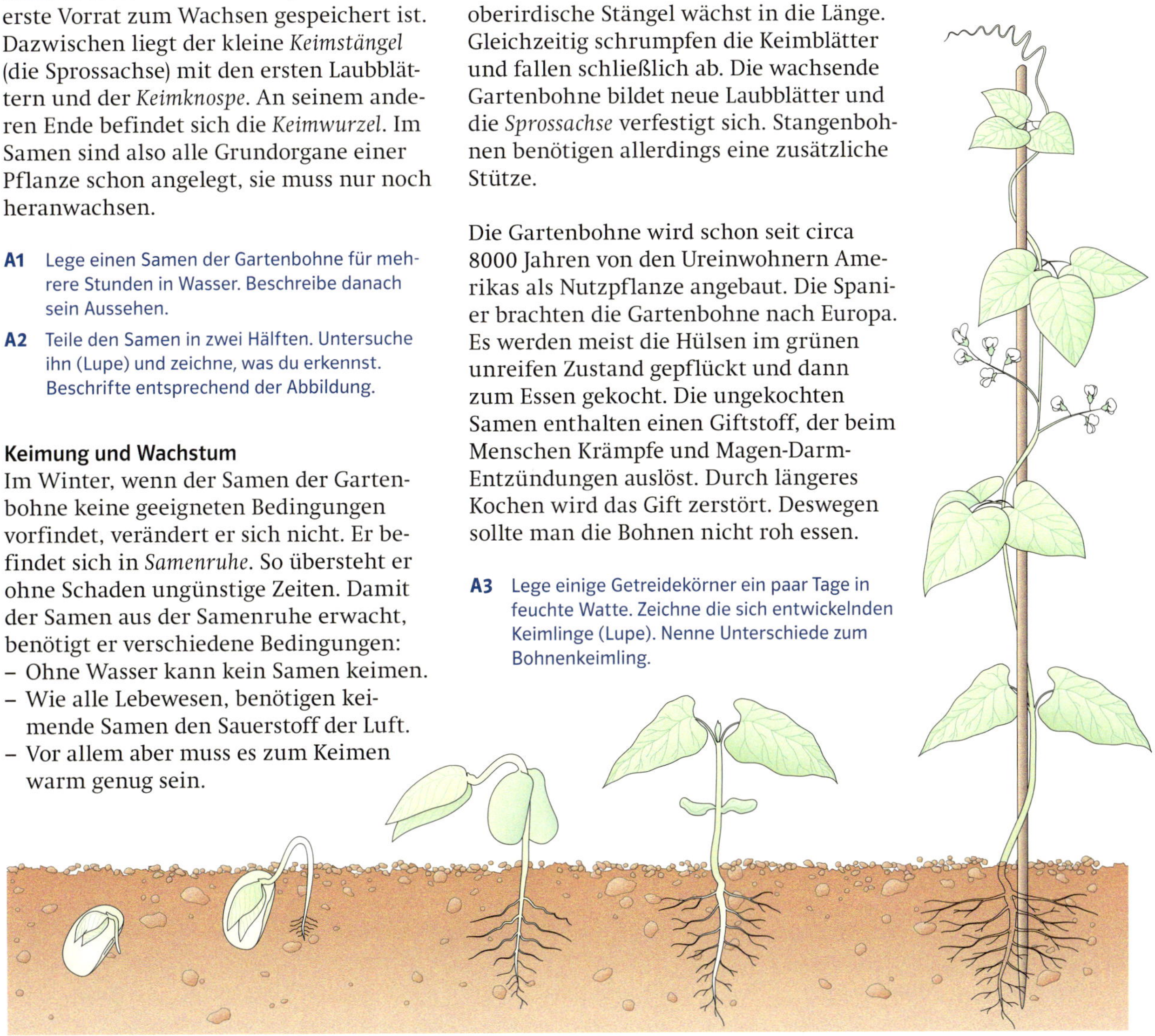

1 *Keimung und Wachstum der Gartenbohne*

Praktikum
Die Aufgaben der Pflanzenorgane

Wasseraufnahme durch die Wurzel

Material: Fleißiges Lieschen, zwei 250-ml-Messzylinder, Filzstift, Messer, Schlauchstück, Glasrohr, Vaseline, Stativ
Reagenz: Salatöl

A1 Besorge dir zwei gleich große Pflanzen vom Fleißigen Lieschen. Schneide bei einer Pflanze die Wurzel ab.

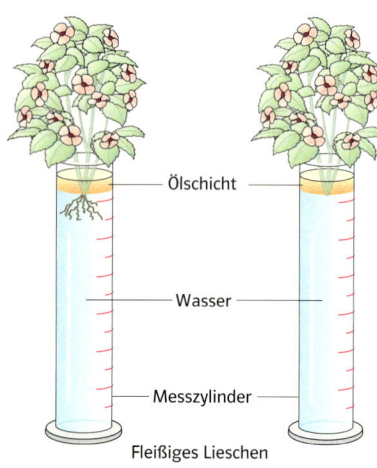

Fülle die zwei Messzylinder mit genau der gleichen Menge Wasser. Stelle in jedes Gefäß eine Pflanze. Gieße jeweils etwas Salatöl auf die Wasseroberfläche, damit kein Wasser verdunsten kann. Markiere den Wasserstand mit einem Filzstift. Kontrolliere in den folgenden Tagen der Wasserstand. Erkläre deine Beobachtungen.

Mineralsalzaufnahme

Material: Objektträger, Gänseblümchenpflanze, zwei Bechergläser 250 ml, Karton, Schere, Filzstift
Reagenz: destilliertes Wasser, Flüssigdünger

A2 Bringe einen Tropfen destilliertes Wasser, Leitungswasser und Flüssigdünger auf einen sauberen Objektträger. Lasse das Wasser verdunsten. Beschreibe und deute deine Beobachtung.

A3 Grabe zwei Gänseblümchen mitsamt ihrer Wurzeln aus. Säubere die Wurzeln vorsichtig mit Leitungswasser. Gib jeweils eine Pflanze in ein Becherglas. Das eine Becherglas füllst du mit destilliertem Wasser, das andere mit destilliertem Wasser und Flüssigdünger. Befestige nun die Gänseblümchen mit einem Stück Karton so, dass nur die Wurzeln in das Wasser eintauchen. Beobachte das Wachstum über einen längeren Zeitraum. Ersetze dabei das verdunstete Wasser.

A4 Schreibe vorher auf, welche Veränderungen du erwartest. Protokolliere die Beobachtungen. Vergleiche deine Vorüberlegung mit deinen Beobachtungen. Erkläre den Befund.

Wasserleitung

Material: Zweige von Buntnessel, Fleißigem Lieschen oder Laubbaum, z. B. Weide, hell blühende Pflanze, Lupe
Reagenz: mit Tinte gefärbtes Wasser oder Wasser mit 2%iger Eosin-Lösung (löse dazu 2 g Eosin in 100 ml Alkohol).

A5 Stelle den Zweig der Pflanzen für 24 Stunden in das mit Tinte oder Eosin gefärbte Wasser. Schneide den Zweig anschließend quer durch.
a) Betrachte den Querschnitt mit der Lupe. Beschreibe und zeichne, was du erkennst.
b) Verfahre ebenso mit einem Längsschnitt.
c) Beschreibe und erkläre das Ergebnis.

A6 Stelle einen frisch geschnittenen Stängel einer der hell blühenden Pflanzen (Wiesenschaumkraut, Gänseblümchen, Alpenveilchen, Fleißiges Lieschen) in Wasser, das du zuvor mit Tinte gefärbt hast. Statt Tinte kannst du auch Eosin-Lösung verwenden. Beschreibe die Veränderungen nach zwei Tagen und deute deine Beobachtungen.

Verdunstung über das Blatt

Material: Plastiktüte, z. B. Gefrierbeutel, Gummiring, Birkenzweig, Wasser, Erlenmeyerkolben, durchbohrter Gummistopfen

A7 Stülpe den Plastikbeutel über den Birkenzweig. Verschließe ihn anschließend dicht mit dem Gummi und stelle den Zweig in den mit Wasser gefüllten Erlenmeyerkolben. Beschreibe am nächsten Tag das Versuchsergebnis. Erkläre deine Beobachtungen.

Material: 4 Messzylinder, 3 Zweige vom Fleißigen Lieschen, Salatöl

A8 Stelle je einen Zweig des Fleißigen Lieschens in drei der Messzylinder. Fülle bis zur oberen Marke mit Wasser auf und gieße etwas Salatöl auf die Wasseroberfläche. Verfahre ebenso mit dem vierten Messzylinder (Kontrollversuch!). Entferne nun vom zweiten Zweig die Hälfte der Blätter und vom dritten Zweig alle Blätter.

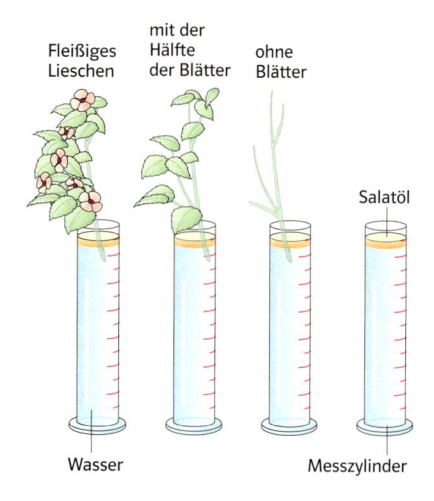

Beobachte die Veränderungen des Wasserstandes im Verlauf eines Tages, indem du jede Stunde den Wasserstand mit dem Filzschreiber markierst. Fasse die Ergebnisse in einer Tabelle zusammen. Erstelle auf Grundlage der Tabelle ein Diagramm und begründe das Ergebnis.

Bau und Aufgaben der Wurzel

Die *Wurzel* ist das erste Organ, das sich bei der Keimung des Samens entwickelt. Diese *Keimwurzel* wächst langsam und dringt dabei senkrecht in den Boden ein. Aus der Keimwurzel entwickelt sich bei vielen Samenpflanzen eine *Hauptwurzel* mit zahlreichen *Seitenwurzeln*. Bei anderen, wie z. B. bei allen Gräsern, stirbt die Keimwurzel ab. Dafür entwickeln sich aus unteren Sprossteilen neue Nebenwurzeln. Man spricht dann von *sprossbürtigen Wurzeln*.

Die Wurzeln verankern die Pflanze im Boden. Ohne Wurzeln könnten die Pflanzen nicht aufrecht stehen. Bei vielen Samenpflanzen wachsen die Wurzeln sehr tief in die Erde hinein. Solche *Tiefwurzler* sind zum Beispiel Eichen, Kiefern und Sonnenblumen. Die *Flachwurzler* bilden ihre Wurzelsysteme überwiegend in den oberen Bodenschichten aus. Zu diesen Pflanzen gehören neben Pappeln und Fichten auch Mais und Gräser.

Die Wurzeln wachsen an den Enden ständig weiter und schieben sich dadurch in die Erde hinein. Versuche zeigen, dass die Pflanze Wasser und Mineralsalze aus dem Erdreich aufnimmt. Das übernehmen feine *Wurzelhaare*, die sich kurz hinter der wachsenden Wurzelspitze befinden. Die Wurzelhaare einer einzigen Roggenpflanze bilden zusammen eine Oberfläche von ungefähr 400 m². Die Wurzelhaare sind sehr empfindlich. Sie sterben nach ein paar Tagen ab und müssen immer wieder neu gebildet werden.

Wenn in der Natur Stoffe aufgenommen oder abgegeben werden, bilden sich oft Strukturen aus, die die Oberfläche vergrößern. [Basiskonzept Struktur und Funktion S. 258]

Wurzel mit Wurzelhaaren

A1 Fichte und Pappeln werden durch Sturm entwurzelt. Dagegen wird bei Kiefern oft der Stamm geknickt. Erkläre diesen Unterschied.

A2 Berechne, wie groß die Fläche in deinem Klassenraum ist, und vergleiche sie mit der Oberfläche der Wurzelhaare von Roggen.

A3 Begründe, weshalb man beim Umtopfen von Pflanzen nicht die Erde von den Wurzeln entfernen soll.

Info-Box: Düngung

Pflanzen nehmen aus dem Erdreich fortwährend Mineralstoffe auf. Diese gehen dem Boden jedoch nicht verloren. Beim herbstlichen Laubfall oder nach dem Absterben der Pflanzen gelangen diese Stoffe wieder in den Boden zurück. Sie können nach der Zersetzung erneut genutzt werden.

Aber dort, wo der Mensch in seinen Gärten oder auf den Feldern die Pflanzen abdernteta und abtransportiert, verarmen die Böden. Dieser Verlust lässt sich durch natürlichen Dünger, wie Kompost oder Stallmist, wieder ausgleichen. Der Boden wird dadurch zusätzlich mit *Humusstoffen* angereichert. Das sind verweste pflanzliche und tierische Stoffe, die ebenfalls zur Verbesserung des Bodens beitragen.

Auf Wiesen und Feldern wird häufig mit *Jauche* oder *Gülle* gedüngt (s. Abb.). Diese flüssigen Dünger haben den Vorteil, dass sie sich leichter auf großen Flächen verteilen lassen als Kompost oder Mist. Ein Teil dieser Stoffe gelangt so allerdings auch in das Grundwasser. Dies hat in manchen Gegenden bereits zur Verschlechterung der Trinkwasserqualität geführt. Gülle darf deshalb nur zu bestimmten Zeiten ausgebracht werden, z. B. im zeitigen Frühjahr, kurz bevor das Pflanzenwachstum einsetzt und die Mineralstoffe von den Pflanzen dem Boden entzogen werden.

In der Landwirtschaft wird heute in großem Umfang *Mineraldünger* (Kunstdünger) benutzt. Je nach Bodenbeschaffenheit und Pflanzenart muss unterschiedlich gedüngt werden. Der Landwirt muss deshalb die Zusammensetzung des Ackerbodens und die Ansprüche seiner Kulturpflanzen genau kennen. Denn auch ein Zuviel an Mineralstoffen kann zu Schäden an den Pflanzen führen.

Bau und Aufgaben von Sprossachse und Blatt

1 Hochhaus in Taipei 101 und Schachtelhalm

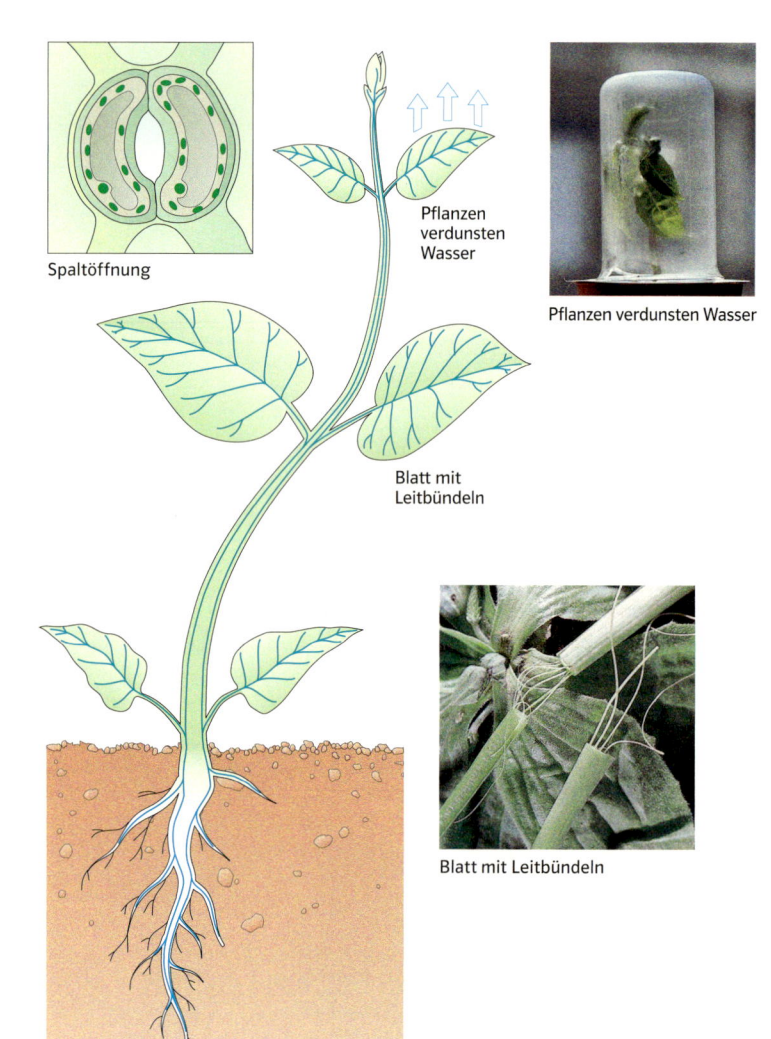

Die Sprossachse

Wenn die Wurzel verankert ist, kann die Sprossachse aus dem Boden wachsen. Diese ist ein sehr vielgestaltiges Pflanzenorgan. Je nach Pflanzenart heißt sie auch Stängel, Halm oder Stamm. Trotz unterschiedlichster Formen erfüllen die Sprossachsen stets die gleichen Aufgaben. Sie bringen Laubblätter und Blüten in eine für sie günstige Position. Laubblätter gelangen so ans Licht und Blüten können vom Wind oder von bestäubenden Insekten leicht erreicht werden. In der Sprossachse kann man Festigungsgewebe entdecken, die dafür sorgen, dass auch Stürme überstanden werden. Pflanzen sind so stabil gebaut, dass Architekten versuchen, Hochhäuser ähnlich wie Pflanzen zu bauen (Abb. 1). [Basiskonzept Struktur und Funktion S. 258]

A1 Recherchiere die Bauweise des Taipei 101 und informiere deine Mitschüler darüber.

Wurzel und Spross geben der Pflanze nicht nur Halt, sie haben noch weitere Aufgaben. Stülpt man einen durchsichtigen Plastikbeutel oder ein großes Glas über eine Pflanze, so beschlagen sie von innen mit Wassertröpfchen. Sucht man nach der Quelle des Wassers, findet man auf den Blättern der Pflanze winzige spaltförmige Öffnungen. Aus diesen Öffnungen verdunstet das Wasser.

Wie gelangt nun ständig neues Wasser in die Blätter? Stellt man eine Pflanze in mit roter Tinte gefärbtes Wasser, so erkennt man den Verlauf des Wasserstroms von den Wurzeln bis in die Blattadern hinein. Die Pflanze besitzt Wasserleitungsbahnen innerhalb der *Leitbündel*, die von den Wurzeln bis zu den Blättern reichen. Über die *Wasserleitungsbahnen* wird das Wasser an alle Pflanzenteile weitergegeben und verdunstet zum Teil an der Oberfläche. Bei einer Birke mittlerer Größe macht dies an warmen Sommertagen etwa 300 Liter Wasser aus. Das verdunstende Wasser kühlt die Blätter und zieht weiteres Wasser in der Pflanze nach.

Der Wasserstrom in der Pflanze hat noch eine wichtige Aufgabe. Ein Versuch gibt darüber Auskunft: Zwei Bohnenkeim-

Spaltöffnung

Pflanzen verdunsten Wasser

Pflanzen verdunsten Wasser

Blatt mit Leitbündeln

Blatt mit Leitbündeln

2 Wassertransport in der Pflanze

Pflanzen und Tiere im Jahreslauf

linge, die gleich weit entwickelt sind, werden in zwei Bechergläser gebracht, nachdem das Erdreich von ihren Wurzeln abgespült worden ist. In einem Glas befindet sich destilliertes Wasser; beim zweiten Glas wird in das destillierte Wasser ein Esslöffel Komposterde eingerührt. Die Pflanze im destillierten Wasser wächst deutlich langsamer weiter als die zweite Pflanze. Diese entwickelt sich normal. Welchen Grund hat das?

In der Erde befinden sich Stoffe, die von Pflanzen für ihr Gedeihen benötigt werden. Diese lebensnotwendigen Stoffe sind *Mineralsalze*. Sie werden durch das Wasser aus dem Boden herausgelöst und dann durch die Wurzeln in die Pflanze aufgenommen.

Das Laubblatt
Die Laubblätter sind neben den Blüten meistens die auffälligsten Organe an einer Pflanze. Ein Blatt besteht nicht nur aus der *Blattspreite*, also der Blattfläche, sondern auch aus dem *Blattstiel* und dem meist unscheinbaren *Blattgrund*. Die Form des Blattrandes ist ein Merkmal, mit dessen Hilfe man Pflanzen unterscheiden und bestimmen kann.

In der Blattspreite fallen die *Blattadern* (Blattleitbündel) auf. Sie geben Stabilität und enthalten Leitungsbahnen, die das Wasser und Mineralsalze von der Sprossachse in die Blätter transportieren. Wenn es eine Hauptader gibt, von der immer feinere Nebenadern abzweigen, nennt man das Blatt *netzadrig*. Verlaufen die Blattadern nebeneinander, wie bei den Gräsern, spricht man von *paralleladrigen* Blättern.

A2 Zeichne von drei verschiedenen Pflanzenarten die Laubblätter. Beschrifte und vergleiche den Grundaufbau.

Zimmerpflanzen, die längere Zeit im Dunkeln stehen, verlieren ihre grüne Farbe und gehen schließlich ein. Unter dem Einfluss von Licht bilden Blätter Nährstoffe, die die Pflanze zum Leben braucht.

A3 Entwickle ein Experiment, mit dem du nachweisen kannst, dass die Pflanze zum Überleben Sonnenlicht benötigt.

4 *Blattmosaik beim Ahorn*

Damit jedes Blatt von möglichst viel Sonnenlicht beleuchtet wird, halten die Blattstiele die Blattspreite von der Sprossachse und anderen Blättern entfernt. Bei Bäumen sind die Blätter häufig so angeordnet, dass sie ein *Blattmosaik* ergeben.

Die grünen Blätter sind die wichtigsten Organe für die Ernährung der Pflanze — und das Sonnenlicht erst ermöglicht den Aufbau der Nährstoffe. Die Sonne ist also für die Pflanze der Motor des Lebens.

Info-Box: Der Mäusedorn

Blüten auf einem Blatt? Das kann doch nicht sein. Was beim Mäusedorn so aussieht wie ein Blatt, ist in Wirklichkeit ein sehr flacher *Seitenspross*. Untersuchungen mit dem Mikroskop zeigen nämlich, dass die spitzen „Blättchen" gar keine Gewebe besitzen, die für ein Blatt typisch sind. Diese Seitensprosse erfüllen also gleichzeitig die Aufgaben der Sprossachse und eines Blattes. Das ist eine Angepasstheit an den trockenen Standort dieser Mittelmeerpflanze, weil so die Verdunstung verringert wird.

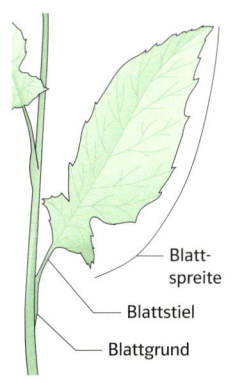

Gliederung eines Blattes
- Blattspreite
- Blattstiel
- Blattgrund

Lexikon
Pflanzen sind angepasst an ihren Standort

Nicht an jedem Standort finden Pflanzen ideale Lebensbedingungen. Um im Schatten oder in extremer Trockenheit zu gedeihen, müssen sie besonders angepasst sein.

Streben nach Licht

Um Fotosynthese betreiben zu können, benötigen grüne Pflanzen ausreichend *Licht*. Deshalb werden die Blätter in eine möglichst vorteilhafte Stellung gebracht. Aus dem Schatten von Bäumen und Sträuchern kommt der **Efeu** heraus, indem er an Baumstämmen, Felsen und Mauerwerk emporklettert. Auf der lichtabgekehrten Seite seines Sprosses bilden sich *Haftwurzeln*, mit denen er sich in Spalten und Ritzen fest verankert. Die unscheinbaren Blüten öffnen sich erst im Herbst. Die giftigen, schwarzen Beeren reifen dann im darauf folgenden Frühjahr.

Die **Zaunrübe** benutzt eine andere Klettertechnik, um ans Licht zu gelangen. Die Pflanze besitzt *Ranken*, mit deren Spitzen sie sich an Zweigen und Ästen festhält, wobei sie diese mehrfach umschlingt. Der Rankenstiel windet sich zusätzlich wie eine Spiralfeder auf. In der Mitte ändert sich seine Wicklungsrichtung, ähnlich wie beim Kabel eines Telefonhörers. So wird die Pflanze federnd mit ihrer Stütze verbunden.

Leben im Schatten

Der **Sauerklee** ist auf feuchtem Waldboden anzutreffen. Die zarte *Schattenpflanze* benötigt nur wenig Licht. Manchmal findet man dicht nebeneinander Pflänzchen mit unterschiedlichem Aussehen. Bei Blättern, die im Schatten liegen, sind die drei Fiederblättchen weit ausgebreitet. Volles Sonnenlicht vertragen sie dagegen nicht. Blätter, die von der Sonne beschienen werden, sind zusammengefaltet. Dadurch wird gleichzeitig die Verdunstung herabgesetzt. Auch abends nehmen die Blätter diese Stellung ein.

Unterschiedliche Böden

Sogenannte *Zeigerpflanzen* weisen darauf hin, dass sich Böden in ihrem Mineralstoffgehalt unterscheiden. Manchen Böden fehlen bestimmte Mineralstoffe. Dazu gehören die ausgesprochen stickstoffarmen Hochmoore. Hier gedeiht der **Sonnentau**.

Diese Pflanze kann sich eine zusätzliche Stickstoffquelle erschließen: Sie verdaut kleine Tiere, vor allem Insekten. Auf den Blättern des Sonnentaus sitzen viele gestielte *Drüsenknöpfchen*. Sie duften leicht nach Honig und locken so Insekten an. Diese bleiben wie an einer Leimrute kleben und werden anschließend verdaut. Man spricht deshalb von einer „Fleisch fressenden" Pflanze. Außerdem betreibt der Sonnentau, wie alle grünen Pflanzen, zu seiner Ernährung auch Fotosynthese.

Die **Kannenpflanze** ist auch eine Fleisch fressende Pflanze. Ihre Blätter besitzen einen seltsamen Bau: Der Blattgrund ist sehr groß und sieht aus wie eine Blattspreite, die man aber gar nicht als solche erkennt. Sie ist zu einer kannenförmigen Röhre umgebildet. Darin befindet sich eine Flüssigkeit, durch die in die Kanne hineingefallene Insekten verdaut werden.

Ein anderer Bodenspezialist ist der **Queller**. Er gedeiht im *Watt*, wo der Boden täglich zweimal vom stark salzhaltigen Meerwasser überspült wird. Das Nordseewasser enthält ca. 3,5 % Salz, das sind 35 g in einem Liter. Wenn du mit solchem Wasser eine Zimmerpflanze gießt, geht sie ein. Nicht so der Queller. Er ist als *Salzpflanze* diesen Verhältnissen angepasst.

Trockene Standorte

Lebensräume mit lang anhaltenden Dürrezeiten und Böden, die schnell austrocknen, können nur von Spezialisten besiedelt werden.

Der **Mauerpfeffer** wurzelt in Felsspalten und Mauerritzen. Seine walzenförmigen Blätter sind klein und von einer *Wachsschicht* überzogen. Dadurch verdunsten sie wenig Wasser. Außerdem sind die Blätter fleischig und dienen als Wasserspeicher.

Kakteen, die in den Wüstengebieten Nord- und Mittelamerikas vorkommen, besitzen gar keine Blätter. Die ganze grüne Sprossachse dient als großer Wasserbehälter. So können sie Trockenzeiten, die manchmal zwei bis drei Jahre lang dauern, überstehen.

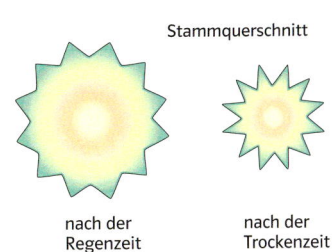

Stammquerschnitt

nach der Regenzeit

nach der Trockenzeit

Die **Besenheide** besitzt lederartige Blättchen, die nach unten hin eingerollt sind. Die Wasserabgabe, die nur durch die Spaltöffnungen auf der Blattunterseite erfolgt, ist dadurch stark vermindert. Die Blätter der *Königskerze* sind von einem weißlichen, dichten Haarfilz überzogen, der den Wasserverlust gering hält.

Trockenpflanzen besitzen also grundsätzlich einen wirksamen *Verdunstungsschutz*. Einige können außerdem Wasser speichern und sie haben häufig tief reichende Wurzeln.

Wasser im Überfluss

Pflanzen an *immerfeuchten Standorten*, zum Beispiel im Uferbereich von Bächen oder am schattigen Boden feuchter Wälder, benötigen keinen Verdunstungsschutz. Da die Luftfeuchtigkeit an diesen Standorten sehr hoch ist, kann nur wenig Wasser in die Luft abgegeben werden. Ein dauernder Wasserstrom durch die Pflanze

ist aber zur Mineralstoffaufnahme notwendig. Um ihn sicherzustellen, besitzen *Feuchtluftpflanzen* wie die **Sumpfdotterblume** großflächige, dünne Blätter ohne Wachsüberzug. Die Wurzeln sind oft nur schwach entwickelt, da Wasser im Überfluss vorhanden ist.

Wasserschwertlilie und *Rohrkolben* sind *Sumpfpflanzen*. Nur die Blätter und die Blütenstände ragen aus dem Wasser empor. Der Spross liegt ständig unter dem Wasserspiegel im Gewässerboden. Die Wurzeln müssen durch Lufträume, die in Blättern und Sprossachse verlaufen, mit Sauerstoff versorgt werden.

Pflanzen im Wasser

Schwimmblattpflanzen, wie z. B. die **Seerose**, nehmen Wasser und Mineralstoffe durch die Blattunterseite auf. Die Spaltöffnungen liegen auf der Blattoberseite. Luftgefüllte Kammern ermöglichen den Blättern das Schwimmen. Die seilförmigen

Blattstiele besitzen *Luftkanäle*. Sie versorgen Spross und Wurzeln mit Sauerstoff. Die Wurzeln selbst dienen nur noch der Verankerung im Gewässerboden.

Auch die **Wasserlinse** ist, wie die Seerose, eine *Schwimmpflanze*. Sie besitzt an ihrem blattförmigen Spross nur eine kleine, frei ins Wasser ragende Wurzel.

Material
Historische Versuche zur Pflanzenernährung

Die Frage, wie sich Pflanzen ernähren, beschäftige Forscher schon vor langer Zeit. Durch gezielte Experimente konnten einige dieser „Geheimnisse" geklärt werden.

Versuch 1

JAN BAPTIST VAN HELMONT (1578—1657), ein niederländischer Arzt, war der erste, der mit Experimenten untersuchte, welche Stoffe Pflanzen zum Leben brauchen. Er pflanzte ein Weidenbäumchen mit einer Masse von 2,3 kg in einen Kübel, in dem sich eine genau abgewogene Menge Erde befand. Fünf Jahre lang goss er die Pflanze nur mit Regenwasser und achtete darauf, dass keine Erde hinzukam oder weggespült wurde. Die Weide hatte danach eine Masse von 76,7 kg, war also um 74,4 kg schwerer geworden. Das Nachwiegen der Erde ergab, dass sie nur um 50 g leichter geworden war.

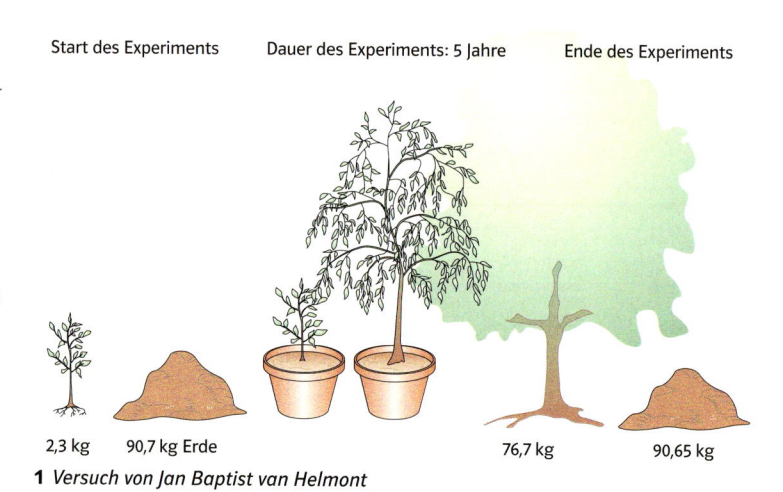

Start des Experiments | Dauer des Experiments: 5 Jahre | Ende des Experiments

2,3 kg · 90,7 kg Erde · 76,7 kg · 90,65 kg

1 Versuch von Jan Baptist van Helmont

Versuch 2

Der englische Naturforscher JOSEPH PRIESTLEY (1733—1804) untersuchte mit Experimenten an Pflanzen und Tieren, wie sich die Luft durch Lebewesen verändert. Er stellte fest, dass eine Maus in einem luftdicht verschlossenen Gefäß nach kurzer Zeit ohnmächtig wurde. Eine brennende Kerze ging in der verbliebenen Luft sofort aus. Eine grüne Pflanze konnte erstaunlicherweise in der gleichen Luft weiterleben, ohne abzusterben. In einem dritten Versuch zeigte sich zur Verblüffung von PRIESTLEY, dass die Maus bei Tageslicht in ihrem luftdichten Gefäß wesentlich länger ohne Schädigung überlebte, wenn sich gleichzeitig Pflanzen darin befanden.

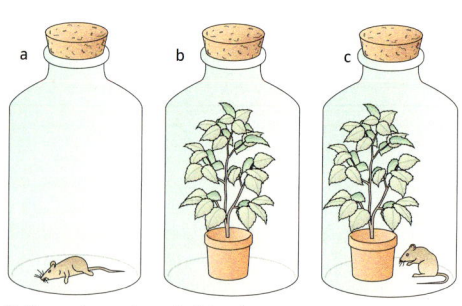

2 Versuch von Joseph Priestley

A1 Die meisten Zeitgenossen VAN HELMONTS glaubten, dass Pflanzen ihre Nahrung aus der Erde entnehmen. Erläutere, wie er diese Vorstellung widerlegen konnte (Versuch 1).

A2 Wiederhole, welche Gase bei der Atmung aufgenommen und abgegeben werden.

A3 Leite aus den Ergebnissen von Versuch 2 ab, welches Gas Pflanzen abgeben und welches sie aufnehmen.

A4 Begründe, in welchem Pflanzenorgan und unter welcher Bedingung ein Gasaustausch stattfindet.

Versuch 3

Der niederländische Arzt JAN INGENHOUSZ (1730—1799) wollte klären, welche Pflanzenorgane die Luft verändern. Er stellte eine brennende Kerze zusammen mit dem Spross einer Pflanze unter eine luftdicht verschlossene Glasglocke. Nach kurzer Zeit erlosch die Flamme. Nachdem die Glocke eine Woche im Hellen stand, konnte INGENHOUSZ die Kerze wieder entzünden. Als er den Versuch in einem dunklen Raum wiederholte, ließ sich die Kerze nicht wieder anzünden. Auch als er das Experiment an einem hellen Ort mit einer Kartoffel durchführte, brannte die Kerze nicht.

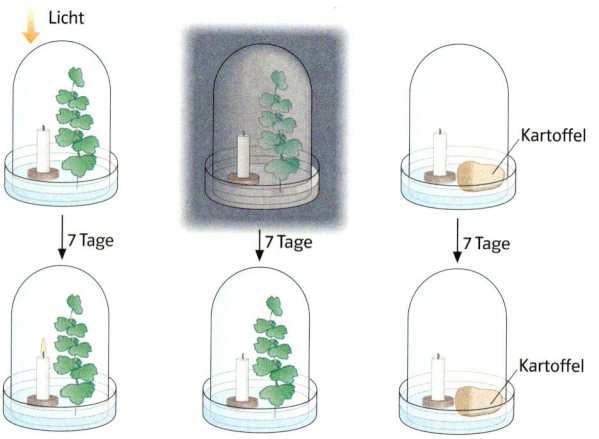

3 Versuch von Jan Ingenhousz

Grüne Blätter sind Sonnenkollektoren

Menschen und Tiere können nicht leben, ohne zu essen und zu trinken. Aber hast du dir schon einmal Gedanken darüber gemacht, wovon sich Pflanzen ernähren?

Bereits im Jahr 1640 beschäftigte sich der holländische Arzt van Helmont mit dieser Frage. Um sie zu beantworten, führte er ein pfiffiges Experiment durch (s. Seite 160, Versuch 1). Die Tatsache, dass sein Weidenbäumchen fast 75 kg schwerer geworden war, erklärte er folgendermaßen: Außer einer geringen Menge an Mineralsalzen benötigt die Pflanze für ihr Wachstum und ihre Massenzunahme nur ausreichend Wasser. Beides nimmt sie durch ihre Wurzeln aus dem Erdreich auf.

1 *Buchenblätter im Sonnenlicht*

Das hast du sicher auch gedacht. Aber das ist leider noch nicht die vollständige Wahrheit. Eine zufällige Beobachtung führte im Jahre 1772 einen Schritt weiter. Damals experimentierte der englische Naturforscher Priestley mit Pflanzen und Tieren, um zu untersuchen, wie sich die Luft durch Lebewesen verändert (s. Seite 160, Versuch 2). Er fasste seine Entdeckung damals so zusammen: „Tiere und Menschen verschlechtern die Luft. Pflanzen können in der faulen Luft besonders gut gedeihen und verbessern sie dadurch."

Wir erklären das heute so: Die Pflanze gibt den für die *Atmung* eines Tieres notwendigen *Sauerstoff* in die Luft ab. Gleichzeitig nimmt sie aus der Luft einen anderen Bestandteil auf, nämlich das *Kohlenstoffdioxid*. Die rätselhafte Massenzunahme des Weidenbäumchens hängt also auch mit Veränderungen der Luft zusammen. Pflanzen benötigen nicht nur Wasser und Mineralstoffe aus dem Boden, sondern auch Kohlenstoffdioxid aus der Luft.

Aus den Experimenten von Ingenhousz (s. Seite 160, Versuch 3) ergeben sich aber noch weitere Bedingungen. Nicht alle Pflanzenorgane zeigen diesen Gaswechsel, sondern nur die grünen Teile. Außerdem wird für den Gaswechsel auch Licht benötigt. Aber was macht die grüne Pflanze mit dem Wasser und dem Kohlenstoffdioxid, wenn sie belichtet wird? Die Wissenschaftler sagen, dass die grüne Pflanze **Fotosynthese** betreibt.

Wir wissen heute, dass die Energie des Sonnenlichts in den *Chloroplasten* dazu genutzt wird, um *Traubenzucker* herzustellen. In Form von *Stärke* kann er gespeichert werden. Die Sonnenenergie wird also in eine andere Energieform umgewandelt, die dann im Traubenzucker steckt. So steht die Sonnenenergie allen Lebewesen zur Verfügung. Die Sonne ist der Motor des Lebens. [Stoffwechsel und Energieumwandlung S. 262]

A1 Manche Pflanzen (Efeu, Schönmalve) besitzen gescheckte Blätter. Ein solches Blattes wird zum Teil mit einem Steifen Aluminiumfolie abgedeckt. So wird das Blatt mehrere Tage lang belichtet. Mit Brennspiritus wird danach das Chlorophyll herausgelöst. Mit Iod-Kaliumiodid-Lösung wird anschließend der Stärkenachweis durchgeführt. Abb. 2 zeigt das Ergebnis. Die Stärke ist dunkel gefärbt. Deute das Ergebnis.

Fotosynthese
Die Energie des Sonnenlichts wird genutzt, um den Energieträger Traubenzucker herzustellen. Das geschieht in den Chloroplasten von grünen Pflanzen. Wasser und Kohlenstoffdioxid werden dabei benötigt, Sauerstoff wird freigesetzt.

2 *Blätter der Schönmalve — links belichtet, rechts Stärkenachweis*

Praktikum
Versuche zu Fotosynthese und Zellatmung

Pflanzen können mithilfe der Fotosynthese ihre Nährstoffe selbst herstellen. Die Wasserpest eignet sich gut, um herauszufinden, von welchen Faktoren die Fotosynthese abhängig ist. Als Maß dienen Gasbläschen, die pro Zeiteinheit abgegeben werden.

Lichtabhängigkeit der Fotosynthese

Geräte: Standzylinder oder Becherglas, Lichtquelle (z. B. Diaprojektor), Stoppuhr
Materialien: Wasserpest, Lineal

A1 Bringe einen Stängel der Wasserpest mit der Spitze („kopfüber") nach unten in einen mit Wasser gefüllten Standzylinder, sodass sich die Schnittstelle unter Wasser befindet.
a) Beleuchte die Wasserpest aus 80 cm Entfernung für 5 Minuten. Zähle danach die an der Schnittstelle aufsteigenden Sauerstoffbläschen pro Minute. Miss dreimal und berechne den Durchschnittswert.
b) Wiederhole den Versuch und variiere die Entfernung der Lichtquelle: 60 cm, 40 cm, 20 cm und 10 cm.
c) Erstelle aus deinen Messergebnissen ein Diagramm und deute die Ergebnisse.

Abhängigkeit von Kohlenstoffdioxid

Geräte: Standzylinder oder Becherglas, Lichtquelle (z. B. Diaprojektor), Stoppuhr
Materialien: Wasserpest, Lineal, Wasserkocher, Mineralwasser

A2 Bringe einen Stängel der Wasserpest mit der Spitze („kopfüber") nach unten in einen mit Wasser gefüllten Standzylinder, sodass sich die Schnittstelle unter Wasser befindet. 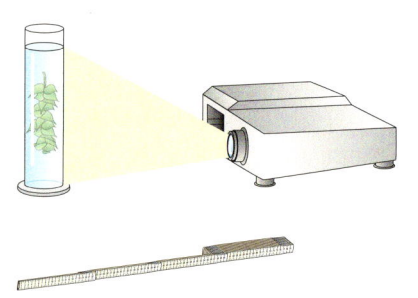
a) Beleuchte die Wasserpest aus 80 cm Entfernung für 5 Minuten. Zähle danach die an der Schnittstelle aufsteigenden Sauerstoffbläschen pro Minute. Miss dreimal und berechne den Durchschnittswert.
b) Koche Wasser ab und lasse es auf Zimmertemperatur abkühlen. Dadurch wird das Wasser kohlenstoffdioxidfrei. Wiederhole den Versuch wie in Teilaufgabe a) beschrieben. Verwende aber das abgekochte, kohlenstoffdioxidfreie Wasser.
c) Führe den Versuch wie in a) beschrieben durch, benutze diesmal Mineralwasser mit Kohlensäure (kohlenstoffdioxidreich). Zähle nur die Bläschen, die an der Schnittstelle aufsteigen.
d) Deute deine Messergebnisse.

Temperaturabhängigkeit

Geräte: Standzylinder oder Becherglas, großes Reagenzglas, Lichtquelle (z. B. Diaprojektor), Stoppuhr, Thermometer
Materialien: Wasserpest, Lineal, Wasserkocher, Eiswürfel

A3 Bringe einen Stängel der Wasserpest mit der Spitze („kopfüber") nach unten in ein mit Wasser gefülltes Reagenzglas, sodass sich die Schnittstelle unter Wasser befindet.

Dieses wird in ein Becherglas mit Wasser gestellt, sodass das Versuchsgefäß von einem Wassermantel (siehe Abbildung), dessen Temperatur man variieren kann, umgeben ist. Die Wasserpest wird mit einer Lampe aus 50 cm Entfernung beleuchtet.

a) Fülle den Wassermantel mit Wasser, das 25°C warm ist und beleuchte die Wasserpest für 5 Minuten. Zähle danach die an der Schnittstelle aufsteigenden Sauerstoffbläschen pro Minute. Miss dreimal und berechne den Durchschnittswert.
b) Wiederhole den Versuch und variiere die Temperatur des Wassermantels: 15°C, 35°C.
c) Erstelle aus deinen Messergebnissen ein Diagramm und fasse die Ergebnisse in einen Satz zusammen.

Kohlenstoffdioxidfreisetzung

Geräte: Reagenzgläser, Trichter, Reagenzglasgestell.
Material: Blütenblätter, keimende Samen, Laubblätter, Kalkwasser (Ca(OH)$_2$-Lösung) [C]

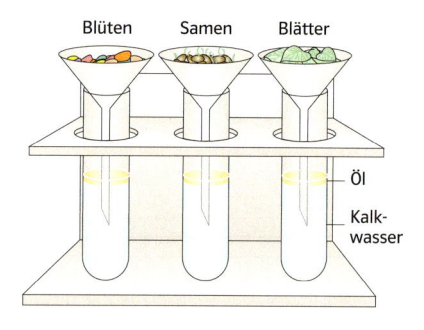

A4 a) Fülle die drei Trichter jeweils mit Blütenblättern, keimenden Samen bzw. grünen Blättern. Setze die Trichter auf die Reagenzgläser, die mit Kalkwasser und Öl gefüllt sind. Decke die Trichter danach zu und stelle die Versuchsanordnung ins Dunkle. Beobachte nach einigen Stunden die Veränderung der Lösung.
b) Blase vorsichtig etwa eine halbe Minute Ausatemluft durch den Strohhalm in ein Reagenzglas, das mit Kalkwasser (**Vorsicht ätzend!**) gefüllt ist. Notiere deine Beobachtung.
c) Erkläre das Ergebnis von b) und deute nun die Versuchsergebnisse aus Versuch a).

Fotosynthese und Zellatmung

Grüne Pflanzen nehmen keine Nährstoffe auf. Sie können, im Gegensatz zu Mensch und Tier, die Nährstoffe, nämlich *Kohlenhydrate*, *Fette* und *Eiweiße*, selbst aufbauen. Grundlage dafür ist die **Fotosynthese**.

Fassen wir unser Wissen darüber zusammen:
– Pflanzen nehmen durch die Wurzeln Wasser und in geringen Mengen Mineralsalze auf. In der Sprossachse wird das Wasser zu den Blättern geleitet.
– Durch die Spaltöffnungen gelangt Kohlenstoffdioxid in das Blattgewebe.
– In den Chloroplasten wird aus Kohlenstoffdioxid und Wasser der Traubenzucker aufgebaut.
– Für diese Stoffwechselprozesse benötigt die Pflanze Energie (Sonnenenergie), die in Form des Energieträgers Traubenzucker gespeichert wird. Diese Vorgänge laufen nur in den Chloroplasten ab.
– Sauerstoff und Wasserdampf werden dabei freigesetzt und durch die Spaltöffnungen abgegeben.

Der Traubenzucker wird zu allen Zellen der Pflanze, auch in die Wurzel, transportiert. Er dient als Grundlage für den Aufbau aller weiteren, lebenswichtigen Stoffe, wie zum Beispiel Stärke, Fette und Eiweiße.

Organismen oder Zellen, die die benötigten Nährstoffe selbst herstellen können, nennt man *autotroph*. Lebewesen, die selbst keine energiereichen Stoffe aufbauen können, heißen *heterotroph*. Dazu gehören alle Tiere, aber auch die Pilze.

Alle Lebewesen benötigen in ihren Zellen Energie zum Leben und für das Wachstum. Grundlage dafür ist der Traubenzucker. Er wird mithilfe von Sauerstoff zu Kohlenstoffdioxid und Wasser abgebaut. Diesen Vorgang, bei dem die im Traubenzucker gespeicherte Energie wieder freigesetzt wird, bezeichnet man als **Zellatmung**. Sie läuft in den Kraftwerken der Zelle, den *Mitochondrien*, ab. Im Gegensatz zu den Chloroplasten sind die Mitochondrien in allen Zellen vorhanden. In grünen Pflanzen findet also bei Tageslicht gleichzeitig Fotosynthese und Zellatmung statt, nachts nur Zellatmung.

A1 Vergleiche die Abläufe der Fotosynthese mit denen der Zellatmung.

A2 Auch Wurzeln müssen mit Sauerstoff versorgt werden. Begründe.

A3 Wie könnte man herausfinden, ob ein Organismus autotroph oder heterotroph ist. Gib ein möglichst einfaches Experiment an.

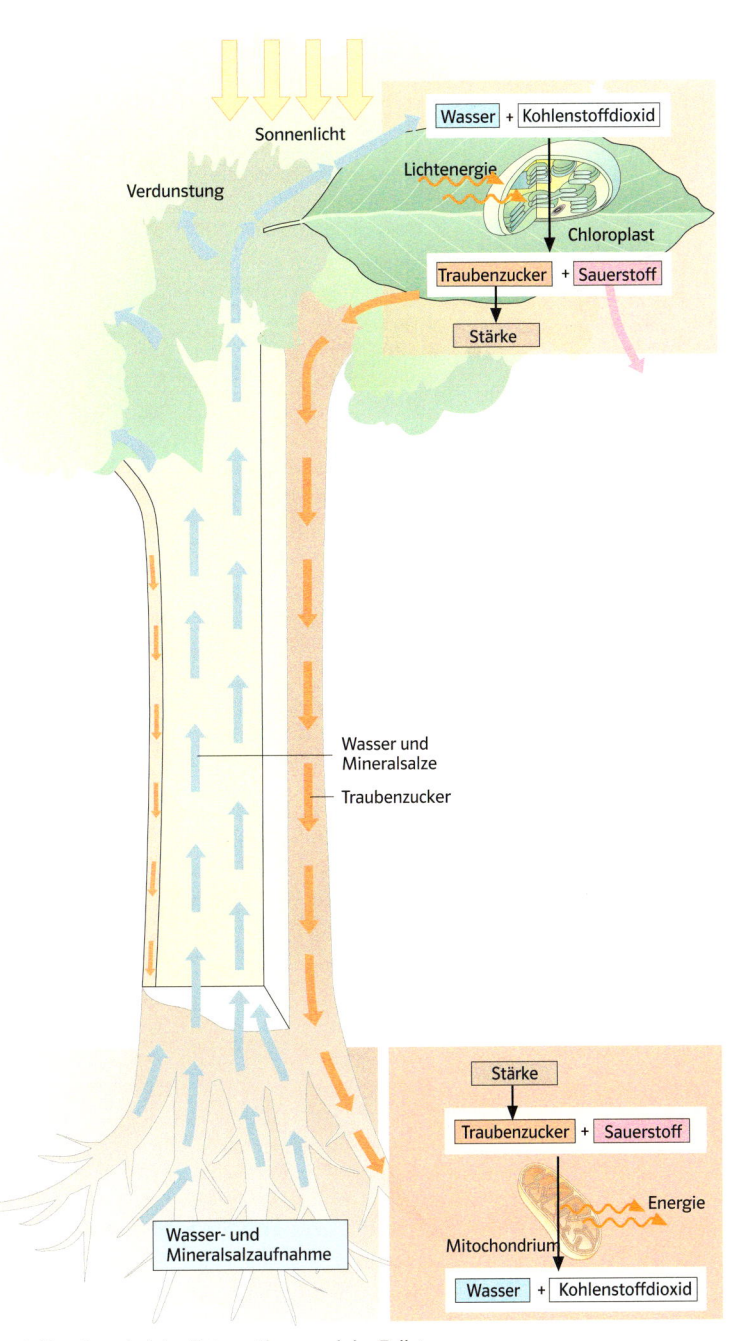

1 *Vorgänge bei der Fotosynthese und der Zellatmung*

Pflanzen speichern Energie für sich und alle anderen Lebewesen

Produzent
von lat. *producere* = hervorbringen

Konsument
von lat. *consumere* = verbrauchen, verzehren

Alle Lebewesen müssen zur Aufrechterhaltung ihrer Lebensfunktionen immer wieder Energiestoffe in den Mitochondrien abbauen. Die chemisch gebundene Energie in den Energieträgern wird in den Zellen zum Beispiel als *Wärme-* und *Bewegungsenergie* genutzt. Die Energie wird dabei nicht verbraucht, sondern nur in andere Energieformen *umgewandelt*.

Pflanzen und manche Einzeller besitzen die Fähigkeit, Nährstoffe zum Wachsen und Leben selber herzustellen. Mithilfe der Fotosynthese wird die Strahlungsenergie der Sonne zum Herstellen energiereichen Traubenzuckers genutzt (s. Seite 157). Der Traubenzucker wird von den Pflanzen teilweise sofort in den Mitochondrien wieder abgebaut, um Energie bereitzustellen. Die Überschüsse an Traubenzucker werden zum einen in *Stärke* und *Fette* umgewandelt. Diese können besser gelagert werden und dienen als Vorrat, wenn z. B. Licht fehlt. Aber auch ein Bestandteil der Zellwand, die *Zellulose*, wird daraus hergestellt. Zum anderen werden aus den Überschüssen weitere Baustoffe aufgebaut, mit denen die Pflanze neue Zellen bilden und damit wachsen kann. Dies sind Stoffe wie *Eiweiße* und *Vitamine*, die für den Stoffwechsel wichtig sind. Für diese Stoffe brauchen Pflanzen auch *Mineralsalze*, die von den Wurzeln aufgenommen werden.

A1 Energie wird in Joule gemessen. Informiere dich, wieviel kJ (Kilojoule) in 100g Zucker, Fett und Stärke enthalten sind.

A2 Erläutere, weshalb viele Samen Fette und Stärke enthalten.

Nahrungsketten
Pflanzen stellen also auf der Grundlage der Fotosynthese Kohlenhydrate, Fette und Eiweiße her. Wenn eine Maus ein Weizenkorn frisst, nimmt sie damit die von der Pflanze gebildeten Nährstoffe auf. Die Katze, die ihrerseits die Maus frisst, lebt also eigentlich (über den Umweg Maus) von der Pflanze. Weizen, Maus und Katze stehen zueinander in einer Nahrungsbeziehung, man sagt, sie bilden eine *Nahrungskette*.

A3 Nenne andere Beispiele von Nahrungsketten.

Organismen, die ihre Nährstoffe selbst produzieren können, nennt man Erzeuger (*Produzenten*). Die nächsten Glieder in einer Nahrungskette, die das nicht können, müssen Nährstoffe von anderen Organismen bekommen. Man nennt sie deshalb Verbraucher (*Konsumenten*). Pflanzenfresser wie die Maus sind die ersten Konsumenten in der Nahrungskette, weswegen man sie *Konsumenten 1. Ordnung* nennt. Fleischfresser wie die Katze, die sich von Pflanzenfressern ernähren, nennt man *Konsumenten 2. Ordnung*. Manchmal werden sogar Konsumenten 2. Ordnung noch von Konsumenten 3. Ordnung gefressen. [Stoffwechsel und Energieumwandlung S. 262]

A4 Erkläre, ob Nahrungsketten immer bei Pflanzen anfangen müssen.

A5 Gib an, welche Stellung der Mensch in einer Nahrungskette haben kann.

A6 Beurteile die Aussage: „Die Sonne ernährt uns alle."

Wir nutzen die Energie der Pflanzen aber nicht nur zur Ernährung. Wenn wir ein Lagerfeuer anzünden, verbrennen wir Holz, um uns zu wärmen. Hier wird die chemisch gebundene Energie als Wärme freigesetzt. Auch wenn wir mit dem Auto fahren, die Wohnung mit Erdöl oder Erdgas heizen oder Strom aus einem Kraftwerk bekommen, nutzen wir die Energie von Pflanzen, die über Millionen von Jahren in der Erde zu Erdöl, Erdgas und Kohle geworden sind.

1 *Kohle mit Abdruck eines Farns*

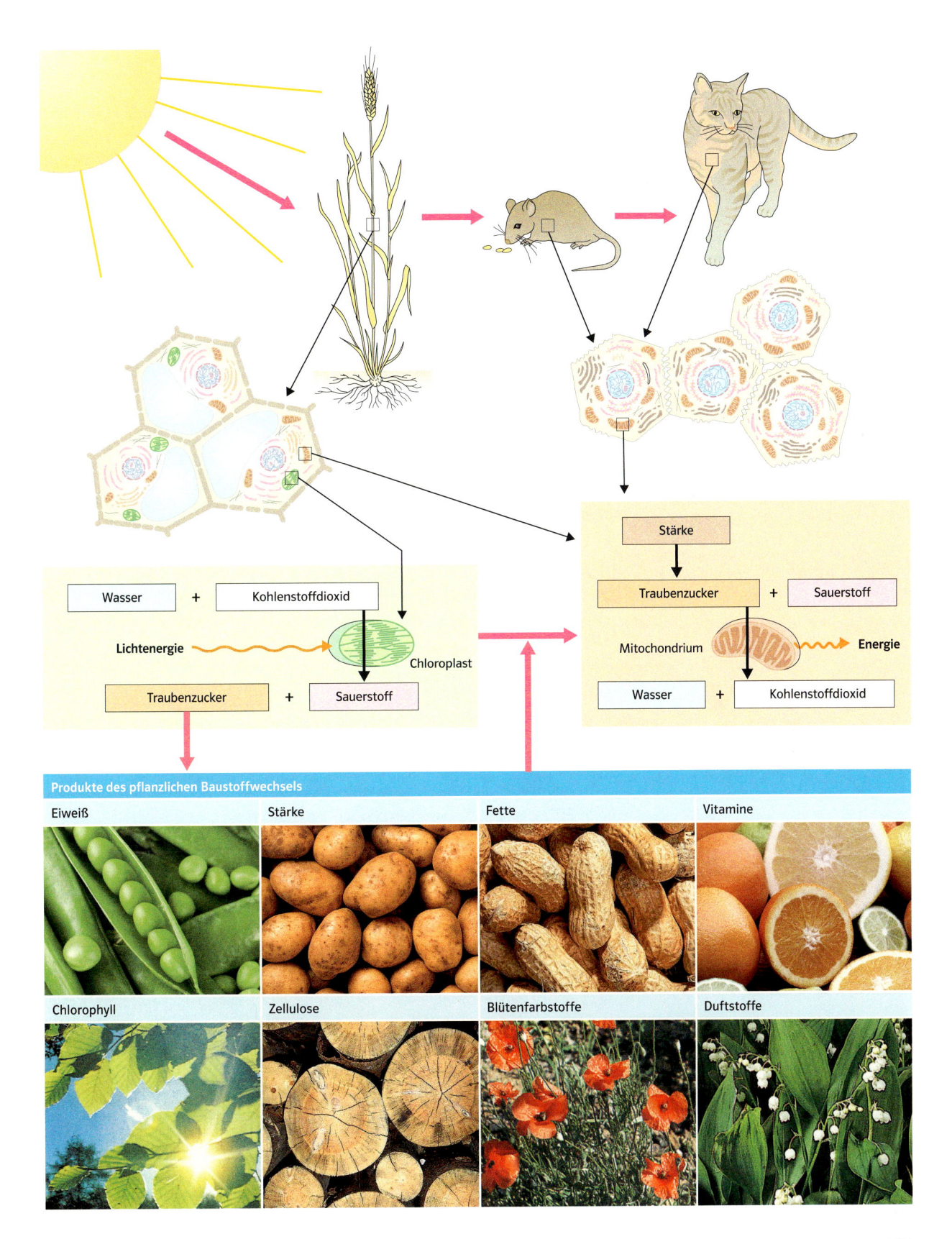

Wasser + Kohlenstoffdioxid		Stärke
Lichtenergie → Chloroplast		Traubenzucker + Sauerstoff
Traubenzucker + Sauerstoff		Mitochondrium → Energie
		Wasser + Kohlenstoffdioxid

Produkte des pflanzlichen Baustoffwechsels

Eiweiß	Stärke	Fette	Vitamine
Chlorophyll	Zellulose	Blütenfarbstoffe	Duftstoffe

165

TÜV: Testen — Üben — Vertiefen
Sonne — Motor des Lebens

Auf den vorangegangenen Seiten hast du erfahren, wie Pflanzen wachsen und aufgebaut sind. Ebenso hast du gelernt, was Pflanzen zum Leben benötigen und wie sie die Sonne dazu nutzen können. In dem du versuchst, die folgenden Aufgaben zu lösen, kannst du überprüfen, ob du alles gelernt und verstanden hast.

Keimung und Wachstum

Gärtner müssen ihre gewonnenen Bohnensamen vom Herbst bis zur Aussaat lagern.

A1 Nenne, die Bedingungen, die ein Samen zum Keimen benötigt.

A2 Begründe, welche Lagerungsart geeignet bzw. ungeeignet ist:

- Samen werden im feuchten aber dunklen Keller gelagert.
- Samen werden vakuumverpackt im Abstellraum gelagert.
- Samen werden im Kühlschrank gelagert.
- Samen werden im Heizungskeller gelagert.

A3 In einem Versuch wurden trockene Erbsen und gequollene Erbsen in jeweils ein Isoliergefäß gefüllt. Beide Gefäße wurden mit einem Stopfen verschlossen. Durch den Stopfen wird ein Thermometer eingeführt und die Temperatur nach einiger Zeit gemessen. Die Temperatur im Gefäß mit den gequollenen Erbsen erhöht sich. Erkläre dieses Versuchsergebnis.

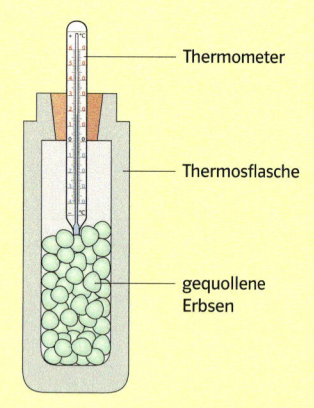

1 Versuchsaufbau zu A3

A4 Beschreibe, wie aus einem Samen eine Pflanze entsteht und wie in einer Pflanze Samen entstehen.

Aufbau und Funktion der Pflanzenorgane

A5 Nenne die Grundorgane der Pflanzen und ihre Hauptaufgaben.

A6 Der Colonius ist einer der höchsten Türme Nordrhein-Westfalens. Er ist 266 m hoch und hat einen Durchmesser von 14,9 m. Ein Weizenhalm ist 950 mm hoch und hat einen Durchmesser von 5 mm.
Berechne, wie breit ein Weizenhalm wäre, wenn er genauso hoch wie der Colonius wäre.

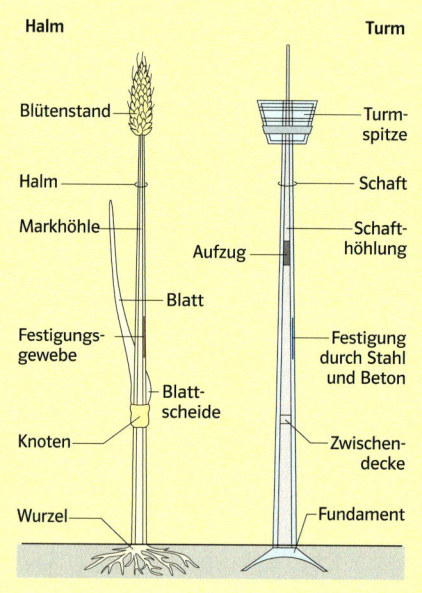

2 Vergleich des Aufbaus von Halm und Turm

A7 Nenne die Gewebe, aus denen die Blattspreite eines Laubblattes besteht.

A8 In einem Versuch wurden zwei Geranien, einmal die gesamte Pflanze mitsamt dem Topf und das andere Mal nur der Topf, mit einer Plastikfolie umschlossen. Begründe, welcher Topf leichter wird.

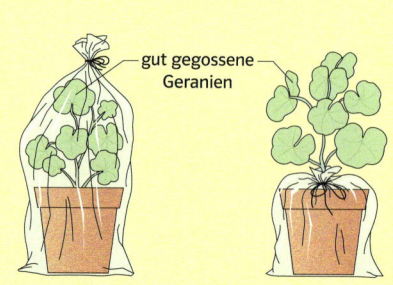

3 Versuchsaufbau zu A8

Zelle — Gewebe — Organismus

A9 Erstelle eine Tabelle nach folgendem Muster:

Zellbestandteil	Pflanzenzelle	Tierzelle
…	…	…
…	…	…

A10 Begründe, welche der folgenden Aussagen richtig oder falsch sind.

- Alle Lebewesen besitzen Gewebe und Organe.
- Eine Zelle ohne Chloroplasten ist eine Tierzelle.
- Organe bestehen aus verschiedenen Zellen.
- Jede Pflanzenzelle besitzt Mitochondrien.

A11 Im Folgenden ist die Zelle mit einem Unternehmen verglichen. Finde heraus, welcher Zellbestandteil gemeint ist.
- Lagerraum
- Chefetage
- Kraftwerk
- Schutzzaun
- Solaranlage

A12 Erkläre, weshalb Zellen als Grundbausteine des Lebens bezeichnet werden.

A13 Sortiere diese Strukturen nach ihrer Größe, beginne mit der kleinsten. Zellkern, Gartenbohne, Zelle, Palisadengewebe, Mitochondrium, Wurzel, Spaltöffnung.

A14 Erläutere, ob es sich im Folgenden um einen Zellbestandteil, eine Zelle, ein Gewebe, ein Organ oder einen Organismus handelt: Herz, Chloroplast, Blattepidermis, Mundschleimhaut, Keimling.

Zellatmung — Fotosynthese

A15 In der rechts stehenden Zeichnung sind zwei Stoffwechselprozesse dargestellt.
Übertrage die Schemazeichnung in dein Heft. Ergänze dann die Zeichnung, indem du die Stoffwechselprozesse und die fehlenden Stoffe benennst.

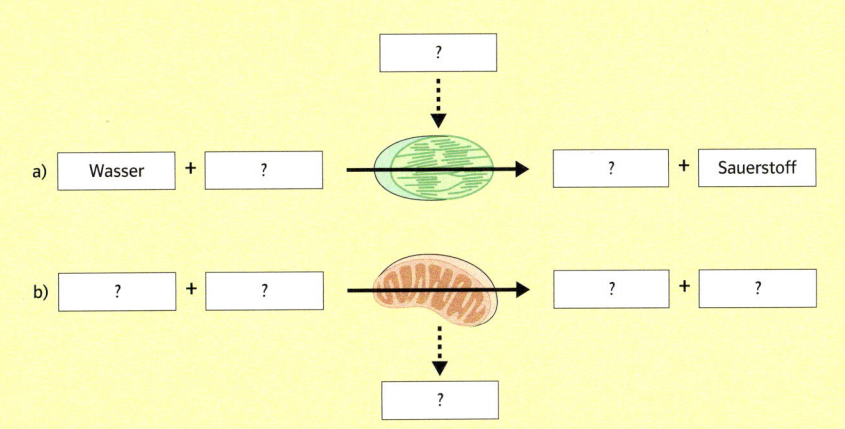

a) Wasser + ? → ? + Sauerstoff

b) ? + ? → ? + ?

4 Welche Stoffwechselvorgänge sind das?

A16 Um den Gasstoffwechsel einer Pflanze zu messen, benutzt man folgende Versuchsanordnung:
In eine geschlossene, mit einer Glasscheibe versehene Kammer, eine sog. *Messkammer*, werden einige grüne Pflanzen gebracht. In diese Kammer wird auf einer Seite normale Atmosphärenluft eingeleitet. Die Luft, die die Kammer auf der anderen Seite verlässt, wird mit einem Gasmessgerät auf ihren Kohlenstoffdioxid-Gehalt (CO_2-Gehalt) hin untersucht. In einem Zeitraum von 24 Stunden ergeben sich unterschiedliche Konzentrationen des Kohlenstoffdioxid-Gehalts (CO_2-Gehalt). Die nebenstehende Abbildung zeigt die Ergebnisse zu drei verschiedenen Messzeitpunkten. Erkläre die Messergebnisse des Versuches.

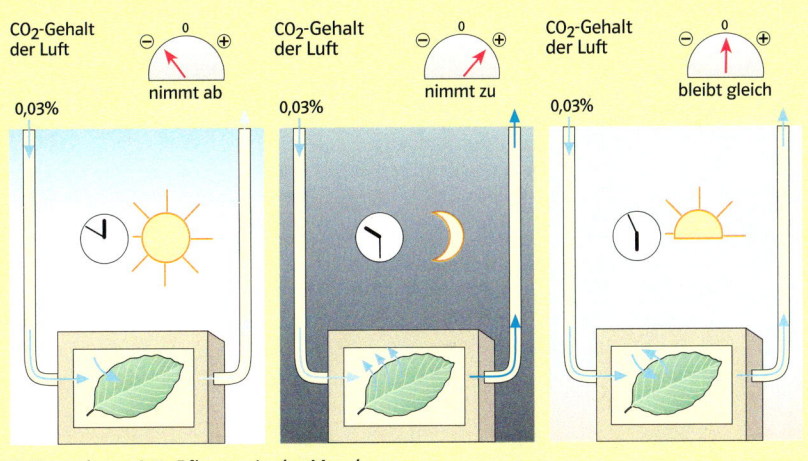

CO_2-Gehalt der Luft 0,03% nimmt ab
CO_2-Gehalt der Luft 0,03% nimmt zu
CO_2-Gehalt der Luft 0,03% bleibt gleich

5 Versuche zu A16: Pflanzen in der Messkammer

A17 In einem Versuch werden Kressesamen in zwei Blumentöpfen ausgesät. Sobald die Samen keimen, wird jeder Blumentopf unter eine Glasglocke gestellt. In eine der beiden Glasglocken wird durch Natronlauge das Kohlenstoffdioxid aus der Luft entzogen. Begründe, ob die Pflanzen mit Natronlauge besser, schlechter oder gleich gut gewachsen sind.

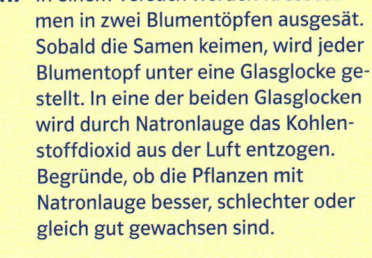

Natronlauge

6 Versuch zu A17: Kresse ohne und mit Natronlauge

A18 Weshalb könnten Menschen ohne Fotosynthese nicht leben? Begründe.

3.2 Leben mit den Jahreszeiten
Frühblüher leben vom Vorrat

Am Ende des Winters sind die Wachstumsbedingungen für die Pflanzen draußen noch nicht ideal. Und doch gibt es zahlreiche Arten, die schon im zeitigen Frühjahr blühen. Warum können sich diese *Frühblüher* so zeitig im Jahr entfalten?

A1 Wiederhole, welche Grundorgane eine Pflanze besitzt, und gib an, welche Aufgaben sie normalerweise haben.

A2 Die Abbildungen zeigen vier Frühblüher und die Organe, mit denen sie überwintern. Gib an, um welche Organe es sich handelt, und beschreibe ihr Aussehen.

A3 Ein wichtiger Speicherstoff bei Pflanzen ist die Stärke. Du kannst sie mit Iod-Kaliumiodid-Lösung nachweisen. Gib ein bis zwei Tropfen auf die Schnittstelle einer Tulpenzwiebel. Deute das Versuchsergebnis im Zusammenhang mit der Überschrift.

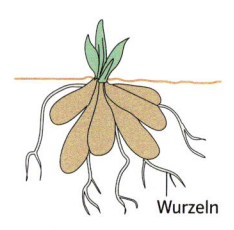

Die meisten Frühblüher besitzen unterirdische *Speicherorgane*. Darin sind Nährstoffe enthalten, die der Pflanze nach der Winterpause zur Verfügung stehen. Nach dem Blühen speichert die Pflanze sofort wieder Vorräte für das nächste Frühjahr. Das Speicherorgan, das dem Veilchen das zeitige Blühen ermöglicht, ist ein unterirdischer Stängel. Er wird *Erdspross* genannt und wächst waagerecht im Boden. Dieser Erdspross besitzt winzige schuppenförmige Blättchen. Er ist verdickt und enthält viele *Reservestoffe*. Aus seiner Unterseite wachsen dünne Wurzeln heraus.

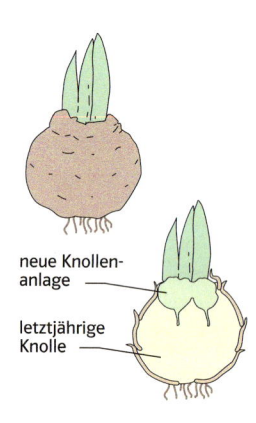

Bei anderen Frühblühern befinden sich die Reservestoffe in rundlich verdickten Pflanzenteilen, den *Knollen*. Beim Scharbockskraut sind es Wurzeln, die so als Speicherorgane genutzt werden. Man spricht deshalb von *Wurzelknollen*. Aus jeder Wurzelknolle kann eine neue Pflanze entstehen. Der Krokus dagegen speichert Nährstoffvorräte in einem Stängelabschnitt, einer *Sprossknolle*. Solche Sprossknollen besitzen oft Schuppenblättchen und sind dadurch von Wurzelknollen zu unterscheiden.

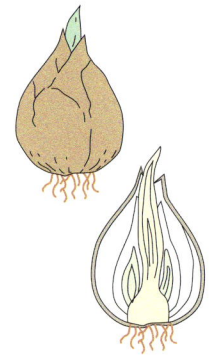

Das Speicherorgan von Schneeglöckchen, Tulpe und Märzenbecher ist eine *Zwiebel*. Ihren Bau und ihre Veränderungen im Jahresverlauf kannst du am Beispiel der Tulpenzwiebel erkunden. [Stoffwechsel und Energieumwandlung S. 262]

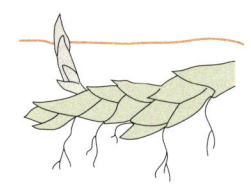

Erdspross des Veilchens

Wurzeln
Wurzelknollen des Scharbockskrauts

neue Knollenanlage
letztjährige Knolle
Sprossknolle des Krokus

Zwiebel vom Märzenbecher

1 *Wohlriechendes Veilchen*
Standorte: Waldränder, Gebüsche, Gärten
Blütezeit: März bis April
Höhe: 5 bis 10 cm

2 *Scharbockskraut*
Standorte: Laubwaldränder, Hecken
Blütezeit: Mitte März bis Ende Mai
Höhe: 10 bis 20 cm

3 *Krokus*
Standorte: Wiesen, Parkanlagen, Gärten
Blütezeit: März bis April
Höhe: 10 (im Garten bis 15) cm

4 *Frühlingsknotenblume, Märzenbecher*
Standorte: Laubwälder, feuchte Wiesen
Blütezeit: Februar bis April
Höhe: bis 30 cm

Die Tulpe — Blütenpracht aus einer Zwiebel

Wer im Frühling blühende Tulpen im Garten haben möchte, muss im Herbst *Tulpenzwiebeln* setzen. Aber wie kommt es, dass so zeitig im Frühjahr und innerhalb kurzer Zeit eine ansehnliche Pflanze entsteht? Außerdem, was ist eigentlich eine Zwiebel?

A1 Besorge dir eine Tulpenzwiebel und schneide sie längs durch. Zeichne, was du erkennst. Vergleiche deine Zeichnung mit Abbildung 2 und beschrifte sie entsprechend. Du kannst für diese Untersuchungen auch eine Küchenzwiebel nehmen.

A2 Beschreibe anhand von Abbildung 1, wie sich das Aussehen einer Tulpenzwiebel im Verlauf eines Jahres ändert.

A3 Äußere Vermutungen, welche Bedeutung Ersatz- bzw. Brutzwiebeln für die Vermehrung einer Tulpe haben.

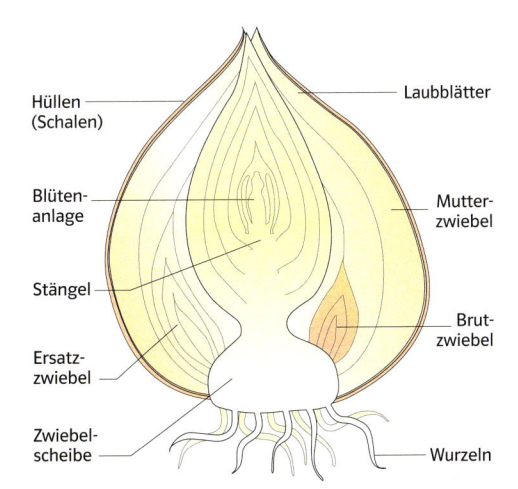

2 *Längsschnitt durch eine Tulpenzwiebel (Schema)*

Beschriftungen: Hüllen (Schalen), Blütenanlage, Stängel, Ersatzzwiebel, Zwiebelscheibe, Laubblätter, Mutterzwiebel, Brutzwiebel, Wurzeln

Blühende Tulpen

Dass Tulpen schon kurz nach der Kälte des Winters ihre Blütenpracht entfalten können, das liegt an der Zwiebel. Sie enthält alles Wichtige für eine schnelle Entwicklung. Im Längsschnitt durch die Tulpenzwiebel ist die junge Pflanze schon zu erkennen. Eine winzige *Blütenknospe* sitzt auf dem kurzen *Stängel*. Er verbreitet sich nach unten hin zur *Zwiebelscheibe*. Daraus wachsen bald nach dem Einpflanzen kleine Wurzeln heraus.

Im Frühjahr benötigt die Pflanze beim Austreiben und Blühen viele Nährstoffe. Diese befinden sich in den saftigen *Zwiebelschalen*. Das sind verdickte Blätter, in denen die Reservestoffe aus dem Vorjahr gespeichert sind. Sie werden jetzt aufgebraucht und die Zwiebelschalen werden dabei immer dünner.

Wenn die Laubblätter entwickelt sind, wächst die *Ersatzzwiebel* heran. Sie wird mit neuen Reservestoffen gefüllt und ersetzt die alte Zwiebel an der gleichen Stelle. Eine oder mehrere *Brutzwiebeln* verdicken sich ebenfalls und liegen dann neben der Ersatzzwiebel. Auch aus ihnen kann eine neue Tulpe herauswachsen. Neben den Samen dienen die Brutzwiebeln der *Vermehrung*. Zwiebeln sind fertige Pflanzen in Kugelform. [Fortpflanzung und Entwicklung S. 266]

A4 Tulpen blühen in vielen Farben und Formen. Sammelt aus Blumenkatalogen Abbildungen von verschiedenen Tulpensorten und klebt die Bilder zu einem Poster zusammen.

A5 Die meisten Tulpenzwiebeln, die man bei uns kaufen kann, werden in Holland gezüchtet. Starte eine Recherche zur Heimat der Tulpe und zur Tulpenzucht. Berichte vor der Klasse. Beziehe das Poster in deine Darstellungen ein.

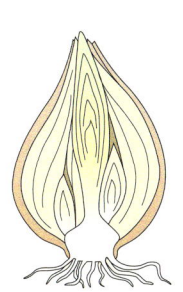

Zeit:	Februar / März	April / Mai	Ende Mai	Sommer / Herbst
Tulpe:	vor dem Austrieb	blühend	verblüht	verwelkt

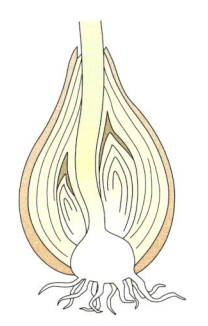

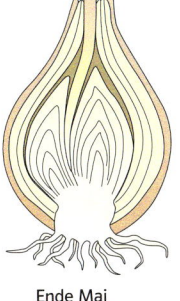

1 *Veränderungen einer Tulpenzwiebel im Verlauf des Jahres*

Material
Frühblüher

Auch das *Buschwindröschen* ist ein Frühblüher. Seine weißen Blütensterne bedecken im März den Waldboden wie ein Teppich. Man kann gar nicht erkennen, wo die eine Pflanze aufhört und wo die nächste beginnt. Das liegt an einer Besonderheit des Wachstums.

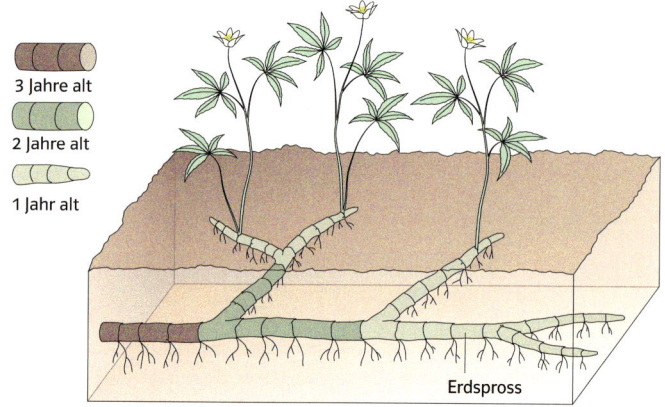

1 Buschwindröschen bedecken den Waldboden

2 Erdspross des Buschwindröschens

A1 Beschreibe die Abbildung 2.

A2 Das Buschwindröschen kann sich ohne Samenbildung vermehren. Gib anhand von Abbildung 2 an, wie das geschieht, und erkläre das in vielen Wäldern massenhafte Auftreten.

A3 Übertrage die Tabelle 3 in dein Heft und ergänze sie für Buschwindröschen, Scharbockskraut, Wohlriechendes Veilchen, Krokus und Märzenbecher.

A4 Viele Frühblüher stehen unter Naturschutz. Nenne Gründe dafür. Warum ist in der Regel das Ausgraben verboten?

A5 Welche Vorteile bietet es, dass Reservestoffe unterirdisch gelagert werden? Erläutere.

A6 Beschreibe die Abbildung 4 zu den Lichtverhältnissen am Waldboden.

A7 Übertrage die Kurve der Lichtwerte im Jahresverlauf in dein Heft und markiere darin die Blühzeiten der Pflanzen aus der Tabelle.

A8 Erläutere den Zusammenhang zwischen Blütezeit der Pflanzen und den Lichtverhältnissen.

A9 Begründe, weshalb die Frühblüher häufig an Hecken und in Laubwäldern vorkommen.

A10 Sauerklee kommt mit dem hundertsten Teil des normalen Tageslichts aus. Erkläre, wie das mit dem Standort (feuchter Laub- und Nadelwald) und der Blütezeit (Mai bis Juni) zusammenhängt.

Pflanzenart	Blütezeit	Vorkommen	Speicherorgan
Duftende Schlüsselblume	März – Mai	trockene Wiesen	Erdspross
Blaustern	März – Mai	Laubwaldränder, Hecken	Zwiebel
Schneeglöckchen	Februar – März	Laubwälder, Gärten und Parks	Zwiebel

3 Frühblüher

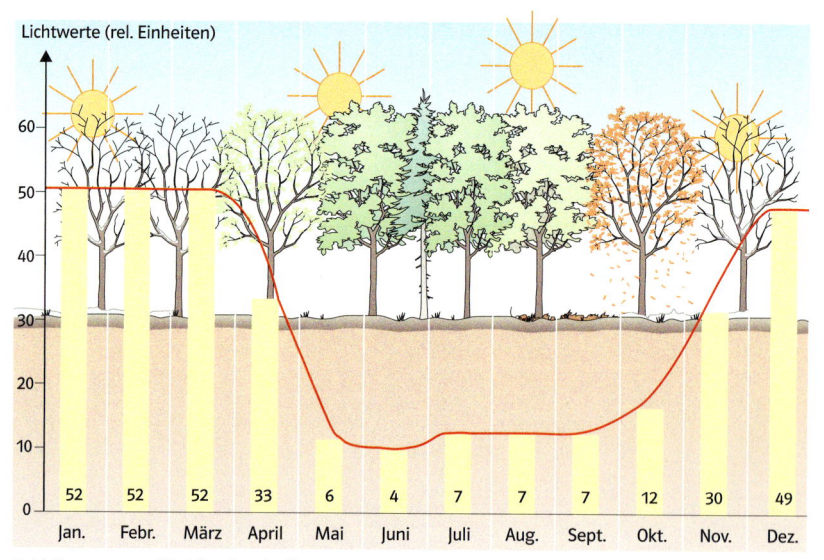

4 Lichtwerte am Waldboden (volles Tageslicht = 100)

Pflanzen und Tiere im Jahreslauf

Zitronenfalter sind Frühlingsboten

1 Zitronenfalter auf blühendem Huflattich

Wenn im Frühling die ersten Pflanzen ihre Blüten öffnen, kann man schon die ersten *Zitronenfalter* entdecken. Selbst wenn noch Schnee liegt, sieht man, wie der Schmetterling mit seinem langen Saugrüssel an den verschiedenen Blüten nach Nektar sucht.

Ein Schmetterling entsteht
Schon im April paaren sich die Zitronenfalter. Danach legt das weißliche Weibchen an bestimmten Heckensträuchern, nämlich Faulbaum oder Kreuzdorn, etwa 100 *Eier* einzeln ab. Aus den Eiern schlüpfen grasgrüne *Raupen*, die sich von den Blättern ihrer Futterpflanze ernähren. So wachsen sie schnell heran. Weil ihnen dabei die Haut zu eng wird, streifen sie die alte Hülle ab und bekommen eine neue. Man sagt, dass sich die Raupen *häuten*. Das geschieht mehrmals. Die Larven sind nicht fortpflanzungsfähig. Nach einigen Wochen verändert sich die letzte Raupe: Sie wird bräunlich und heftet sich mit einem Faden wie mit einem Gürtel an einen Zweig und fällt in ein Ruhestadium. Die Raupe hat sich *verpuppt*. Aus dieser *Gürtelpuppe* schlüpft im Juli der Schmetterling, das geschlechtsreife Insekt.

Wie geht es weiter?
Der Falter fliegt nur wenige Tage. Dann setzt er sich an einen geschützten Platz und fällt in *Sommerstarre*. So übersteht er die heißen Sommertage. Im September wird er wieder lebhaft und sucht bis in den Oktober hinein vor allem an blauvioletten Blüten nach Nahrung. Wird es kälter, setzt er sich ins Laub am Boden oder in eine Baumspalte und bleibt dort unbeweglich sitzen: Er fällt in die *Winterstarre*, bis die Frühlingssonne ihn weckt.

Nicht alle Schmetterlingsarten überstehen den Winter als Falter. Andere überwintern entweder als Ei oder als Raupe oder aber im Puppenstadium.

Die Entwicklung anderer Insekten
Viele Insekten entwickeln sich ähnlich wie der Zitronenfalter. Aus dem *befruchteten Ei* schlüpft eine *Larve*. Das ist ein Entwicklungsstadium, das sich im Aussehen von dem geschlechtsreifen Tier unterscheidet. Diese Larve häutet sich mehrmals. Dann verpuppt sie sich. Erst nach längerer Ruhezeit schlüpft aus der *Puppe* das geschlechtsreife Insekt, die *Imago*. Also:
Ei – Larven mit Häutungen – Puppe – Imago.
Der Fachbegriff für diese Entwicklung heißt *vollständige Verwandlung (vollständige Metamorphose)*. Allerdings geht es auch anders (siehe Aufgabe 1 und 2). [Fortpflanzung und Entwicklung S. 266]

A1 In der Randspalte ist die Entwicklung einer Heuschrecke dargestellt. Vergleiche diese Entwicklung mit der von Schmetterlingen. Lege dazu eine Tabelle an.

A2 Man bezeichnet die Heuschreckenentwicklung als „unvollständige Verwandlung". Begründe.

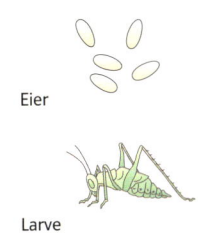

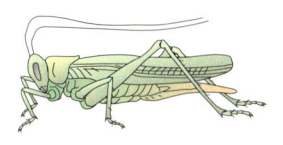

Eier

Larve

Larve

Larve

Larve

Imago

Die Entwicklung der Laubheuschrecke

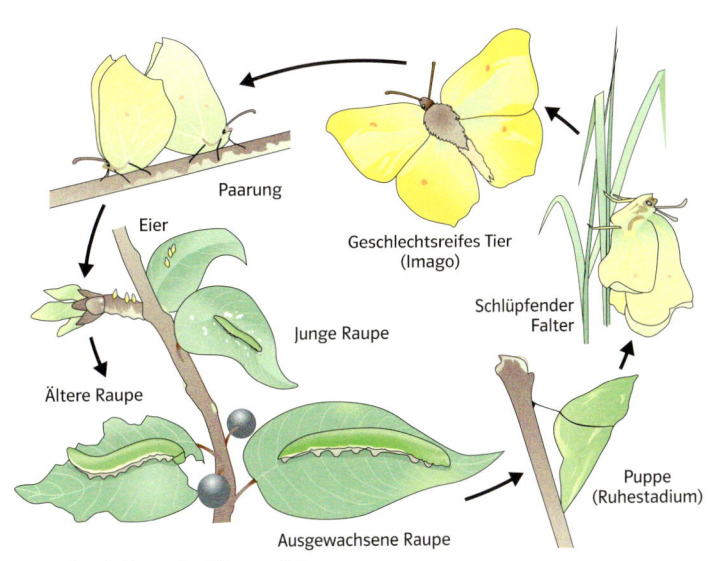

2 Die Entwicklung des Zitronenfalters

Paarung — Eier — Junge Raupe — Ältere Raupe — Ausgewachsene Raupe — Puppe (Ruhestadium) — Schlüpfender Falter — Geschlechtsreifes Tier (Imago)

Kirsche, Hasel und Salweide — Frühblüher mit verschiedenen Blüten

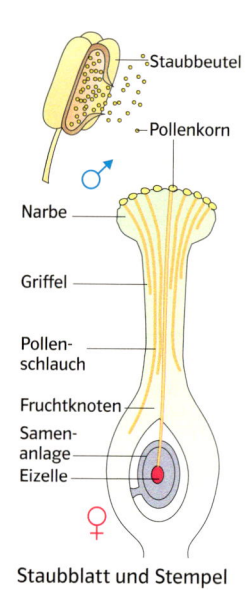

Staubblatt und Stempel (Randabbildung: Staubbeutel, Pollenkorn, Narbe, Griffel, Pollenschlauch, Fruchtknoten, Samenanlage, Eizelle)

Kirsche, Hasel und Salweide blühen zeitig im Frühjahr. Ihre Blüten enthalten die Staubblätter mit Staubbeuteln und Pollenkörnern als männliche und den Stempel mit Samenanlage und Eizelle als weibliche *Fortpflanzungsorgane*. Aber man findet sie auf den drei Pflanzen an sehr unterschiedlichen Orten.

A1 Erkläre anhand der Randabbildung die Vorgänge bei Bestäubung und Befruchtung.

A2 Erläutere die Begriffe zwittrig, getrenntgeschlechtig, einhäusig und zweihäusig (Abb. 1).

In der Regel besitzt jede Blüte sowohl Stempel als auch Staubblätter. Solche Blüten heißen *zwittrig*. Bei manchen Pflanzen aber findet man entweder nur Staubblätter (männliche Blüten) oder nur Stempel (weibliche Blüten). Das nennt man *getrenntgeschlechtig*. Dabei lassen sich zwei Fälle unterscheiden: Beim *Haselstrauch* sind die langen, dünnen *Kätzchen* männliche Blüten. Sie geben den gelben Blütenstaub ab. Die weiblichen Blüten, die nur an den roten, klebrigen Narbenzipfeln zu erkennen sind, finden wir zwar am gleichen Strauch, aber an anderer Stelle. Der Haselstrauch ist also getrenntgeschlechtig. Da sich beide Geschlechter aber auf der gleichen Pflanze befinden, also sozusagen in „einem Haus wohnen", nennt man die Hasel *einhäusig*. Die Pollenkörner werden vom Wind übertragen.

Auch die unscheinbaren Blüten der *Salweide* sind zu einem Blütenstand, dem *Kätzchen*, vereinigt. Es gibt gelb blühende männliche und grüne weibliche Kätzchen. Die Blüten der Salweide sind also auch getrenntgeschlechtig. Bei ihr sitzen die beiden Geschlechter aber auf zwei verschiedenen Sträuchern; jede Pflanze ist also entweder nur männlich oder nur weiblich. Die Salweide heißt deshalb *zweihäusig*. Im Frühjahr kann man die Sträucher von weitem an ihren gelblichen bzw. grünlichen Kätzchen unterscheiden. Bienen sorgen für die Bestäubung.

A3 Erkläre, welches der Geschlechtsverhältnisse in Abb. 1 dem der Säugetiere entspricht.

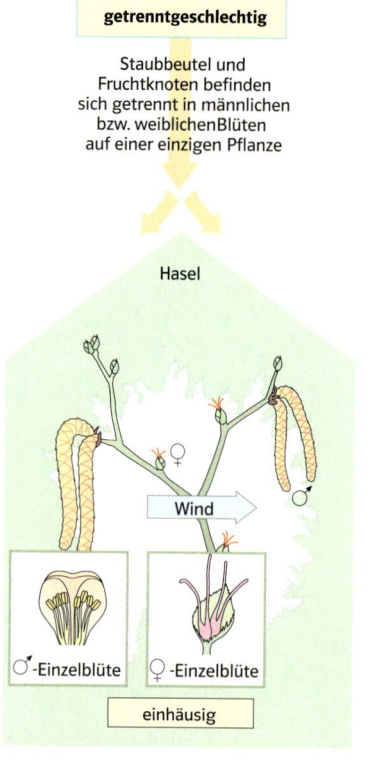

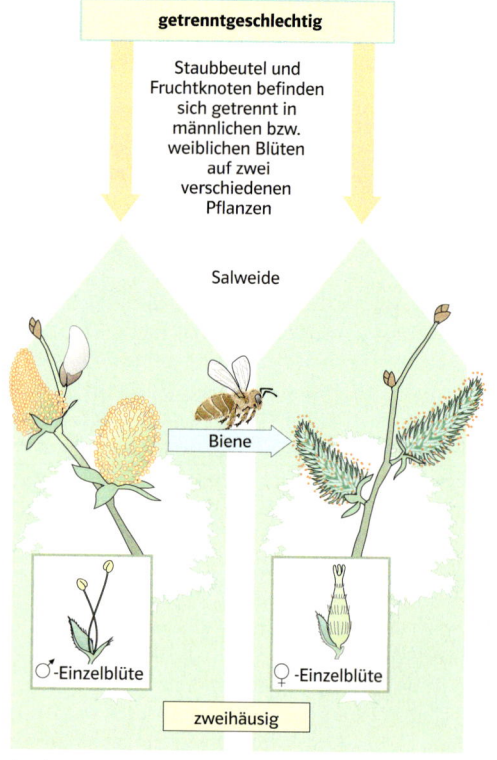

zwittrig	getrenntgeschlechtig	getrenntgeschlechtig
Staubbeutel und Fruchtknoten befinden sich gemeinsam in einer Blüte auf einer Pflanze	Staubbeutel und Fruchtknoten befinden sich getrennt in männlichen bzw. weiblichen Blüten auf einer einzigen Pflanze	Staubbeutel und Fruchtknoten befinden sich getrennt in männlichen bzw. weiblichen Blüten auf zwei verschiedenen Pflanzen
Kirsche (Biene) — einhäusig	Hasel (Wind) — einhäusig	Salweide (Biene) — zweihäusig

1 Verteilung der männlichen und weiblichen Fortpflanzungsorgane bei Kirsche, Hasel und Salweide

Wer bestäubt die Blüten?

Aus einer Blüte entwickelt sich nur dann eine Frucht, wenn sie vorher bestäubt wurde. Wenn Pollen auf eine Narbe der eigenen Pflanze fällt, spricht man von *Selbstbestäubung*. Aber meistens führt das nicht zur Befruchtung und Samenbildung. Es ist in der Regel Pollen einer anderen Pflanze, also *Fremdbestäubung* nötig. Deshalb müssen die unbeweglichen Pollenkörner von einer Pflanze zur anderen transportiert werden. Es nützt jedoch nichts, wenn Pollen einer Taubnessel auf der Narbe einer Tulpe landet oder umgekehrt. Jede Pflanzenart hat nämlich ihre eigenen Pollenkörner. Befruchtung ist also nur innerhalb einer Pflanzenart möglich. Wie wird das erreicht?

Insekten werden bei der Nahrungssuche durch auffällig geformte oder gefärbte Blüten, Duft und Nektar angelockt. Käfer fressen den Pollen, Bienen, Hummeln und Schmetterlinge saugen den Nektar. Dabei bleibt Pollen an dem jeweiligen Blütenbesucher hängen. Diese Pollenkörner können dann an der Narbe anderer Blüten abgestreift werden. Viele Insekten sind nur an bestimmten Pflanzenarten anzutreffen. Sie sind *blütenstet*. Offenbar besteht eine gegenseitige Angepasstheit von Blüte und Tier, die eine erfolgreiche Bestäubung ermöglicht.

A1 Erläutere anhand der Randspaltenabbildung, weshalb eine Fliege weder Karthäusernelken noch Goldnesseln bestäuben kann. Beachte die Saugrüssel.

A2 Beobachtet an blühenden Pflanzen, welche Insekten sie besuchen. Erstellt eine Liste und ordnet die Pflanzen nach Falter-, Hummel-, Fliegen- oder Bienenblüten.

Die *Karthäusernelke* wird von verschiedenen Tagfaltern besucht. Die Blütenröhre ist sehr lang gestreckt und durch den engen, von Staubblättern und Stempel ausgefüllten Innenraum kann nur der lange und dünne Saugrüssel eines Schmetterlings bis zum Nektar vordringen.

Die *Goldnessel* bietet durch die Form ihrer Lippenblüte einen guten Landeplatz für eine Hummel. Während das Insekt mit seinem langen Rüssel in der Tiefe der Blütenröhre nach Nektar sucht, streift es mit seinem pelzigen Rücken den Pollen von den Staubblättern und nimmt ihn zur nächsten Blüte mit.

Die *Schlehe* besitzt, wie die Kirsche, eine Blüte, die besonders Bienen anlockt. Sie können auf der radförmig ausgebreiteten Blütenhülle landen. Mit ihrem kurzen Rüssel erreichen sie den am flachen Blütenboden gebildeten Nektar. Die vielen Staubblätter werden dabei zur Seite gebogen und Pollen bleibt am haarigen Körper der Insekten haften. Damit können sie die Narbe der nächsten Schlehenblüte bestäuben.

Der *Bärenklau* lockt durch den aasähnlichen Geruch seiner Blüten vor allem Fliegen und Käfer an. Sie können mit ihren kurzen Mundwerkzeugen den leicht zugänglich auf der Oberfläche liegenden Nektar erreichen. [Variabilität und Angepasstheit S. 260]

A3 Es gibt auch Vogel- und Fledermausblumen. Suche nach einem Beispiel und trage vor, welche Angepasstheiten zwischen diesen Blüten und ihren Bestäuber bestehen.

Falterblüte

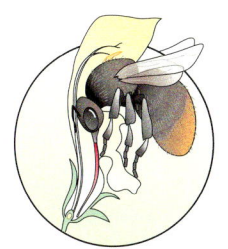

Hummelblüte

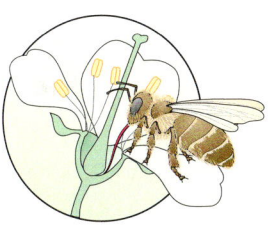

Bienenblüte

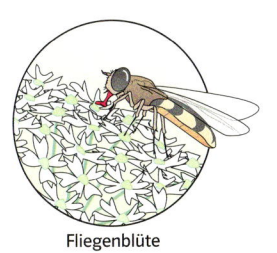

Fliegenblüte

Insekten bestäuben unterschiedliche Blüten

1 *Karthäusernelke, Falterblüte*    **2** *Goldnessel, Hummelblüte*    **3** *Schlehdorn, Bienenblüte*    **4** *Bärenklau, Fliegenblüte*

Lexikon
Bestäubungstricks

Blüten müssen bestäubt werden, damit Samen entstehen können. Diese dienen der Erhaltung und Verbreitung der Pflanzenart. Damit sie nicht ausstirbt, muss die Bestäubung gesichert sein. Kein Wunder, dass man erstaunliche Bestäubungstricks findet.

Der Schlagbaum des Wiesensalbeis

Beim **Wiesensalbei** sind die Blütenblätter, die in einem fünfzipfeligen Kelch sitzen, miteinander verwachsen. Sie erinnern in ihrer Form an zwei Lippen. Man spricht deshalb von einer *Lippenblüte*. Bei einer jungen Blüte ragt nur das Griffelende mit der zweizipfeligen Narbe unter der Oberlippe hervor. Auf der Unterlippe landen häufig Bienen oder Hummeln. Um an den Nektar zu gelangen, drängen sie ihren Kopf ins Innere der Blütenblattröhre. Wie von Zauberhand bewegt, schlagen plötzlich die beiden Staubblätter, die bisher unter der helmförmigen Oberlippe verborgen waren, wie ein Schlagbaum auf den Rücken des Insekts und pudern es mit Pollen ein.

Für den Beobachter unsichtbar, geschieht im Innern der Blüte Folgendes: Der Saugrüssel des Insekts kann nicht ungehindert zum Nektar gelangen. Er muss links und rechts eine Platte, die leicht beweglich am Staubfaden befestigt ist, nach hinten wegdrücken. Der Staubbeutel sitzt am oberen Ende eines langen Hebels und ist so mit der Platte verbunden. Die Bewegungen des Insekts übertragen sich auf den Hebel und setzen so den *Schlagbaummechanismus* in Bewegung.

Ältere Blüten stäuben nicht mehr. Bei ihnen ist der Griffel in die Länge gewachsen und ragt weit aus der Oberlippe heraus. Die beiden Narbenenden haben sich gespreizt. Erst in diesem Zustand kann die Narbe bestäubt werden, eine Selbstbestäubung wird vermieden.

Die Gleitfalle des Aronstabs

Beim **Aronstab** riecht der Kolben wie Kot oder Aas und lockt dadurch Fliegen und Käfer an. Das Hüllblatt und der Kolben sind glattwandig. Insekten, die darauf zu landen versuchen, gleiten ab und rutschen in den Kessel. Hier befinden sich, getrennt übereinander angeordnet, männliche und weibliche Blütenstände. Anfangs, wenn der Kolben besonders stinkt, sind nur die weiblichen Blüten reif. Hineinfallende Fliegen können mitgebrachten Pollen auf den weißlichen Narben abladen. Ein schleimiger Saft, der am Grund der Blüten abgeschieden wird, dient den Insekten als Nahrung. Das ist nötig, denn die glatten Wände und eine Vielzahl von *Sperrborsten* halten die Tiere einige Zeit gefangen.

Ein bis zwei Tage später trocknen die Narben und die Sperrborsten welken. Gleichzeitig öffnen sich die Staubbeutel und die Fliegen und Käfer werden mit Pollen eingestäubt. Jetzt wird auch die glatte Wand des Kessels für die eingesperrten Insekten wieder begehbar und sie können entweichen. In der Nähe lockt dann oft schon die nächste Gleitfalle zur Bestäubung.

Die Pollenpumpe der Lupine

Von den fünf Blütenblättern sind bei der **Lupine** zwei schiffchenförmig miteinander verwachsen. An ihrer Spitze befindet sich eine kleine Öffnung, an der die Staubbeutel ihren Pollen entleeren. Wenn eine Hummel beim Blütenbesuch darauf drückt, pressen die kolbenförmig verdickten Staubfäden den Blütenstaub gegen den Bauch des Tieres. Wenn der gesamte Pollen abgeholt ist, wächst der Griffel aus der Öffnung und kann mit fremdem Pollen bestäubt werden.

Haselpollen — vom Winde verweht

In den leicht beweglichen männlichen Kätzchen des **Haselstrauches** werden Millionen von Pollenkörnern gebildet. Die Staubbeutel befinden sich unter Schuppenblättchen, die wie Dächer einer Pagode übereinander liegen. Sie schützen den Pollen bei Regen. Bei Windstille können die Pollenkörner nicht zu Boden fallen, sondern bleiben auf der darunter liegenden Schuppe wie auf einem Tisch liegen. Erst bei Wind werden sie kilometerweit davongetragen und landen auf den großen und klebrigen Narbenzipfeln der weiblichen Blüten. Die Hasel blüht übrigens im zeitigen Frühjahr, noch bevor sich die Blätter entwickeln. Kannst du das erklären?

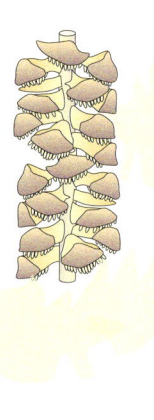

Wie Pflanzen ihren Nachwuchs sichern

Im Verlauf eines Jahres werden viele Pflanzen von Tieren gefressen und verschwinden. Der Bestand der Art ist nur gesichert, wenn auf Dauer genügend Nachkommen erzeugt werden. Bei Nutzpflanzen sorgt der Mensch dafür, dass ihr Bestand erhalten bleibt. Bei Wildpflanzen sieht das anders aus.

Der Transport von Pollen
Damit eine Pflanze Früchte bilden kann, müssen ihre Pollen auf die Reise gehen. Die *Hasel* stellt auf jedem Strauch Millionen Pollenkörner her. Nur so wird die Bestäubung gesichert, denn bei der Windverbreitung geht sehr viel Pollen verloren.

Pflanzen, die Tiere als Bestäubungshelfer haben, kommen mit weniger Pollen aus. Die *Fliegenragwurz*, eine Orchidee, ähnelt z. B. genau einem Fliegenweibchen und duftet auch so. Fliegenmännchen versuchen die Blüte zu begatten, nehmen dabei den Pollen auf und bringen ihn zur nächsten Blüte. Bestäuber und Pflanze passen genau zueinander. So wird die Bestäubung mit wenig Pollen sicher erreicht.

Anzahl der Samen
Ein *Birke* bildet z. B. jährlich einige tausend Blütenkätzchen. In jedem werden bis zu hundert winzige, geflügelte Samen gebildet und durch den Wind verbreitet. Jeder Samen ist leicht und enthält nur wenige Nährstoffe. Die Birke ist auf hohe Verluste eingestellt. Würde sich jeder ihrer Samen zu einem Baum entwickeln, wäre die Welt voller Birken.

Anders ist es beim *Haselstrauch*. Hier entsteht aus jeder Blüte nur eine Frucht mit einem Samen. Dieser ist gut durch eine harte Schale geschützt und sehr nährstoffreich. Der Haselstrauch bringt wesentlich weniger Samen zur Reife. Jeder enthält aber viele Nährstoffe und hat eine Chance zu keimen, wenn er nicht vorher verspeist wird.

Hilfe bei der Keimung
Auch beim *Kirschbaum* entwickelt sich aus jeder Blüte nur eine Frucht. Das rote, nährstoffreiche Fruchtfleisch hilft dem Samen aber nicht beim Keimen, sondern dient Tieren als Nahrung. Sie verschlucken dabei den im Kirschkern geschützten Samen und scheiden ihn, gut gedüngt, an anderer Stelle wieder aus.

Beim *Rispengras* ist die Arterhaltung wieder anders gesichert: Die Samen keimen schon im Blütenstand. Die Keimpflänzchen wachsen also auf der Mutterpflanze heran. Erst später fallen sie ab und verwurzeln sich im Boden. Man bezeichnet die Pflanze als „lebendgebärend".

Es gilt offensichtlich folgende Regel: Je geringer die Vorsorge für den Nachwuchs ist, desto mehr Nachkommen erzeugt ein einzelnes Lebewesen. Und: Je weniger Nachkommen ein Lebewesen hat, desto besser werden sie versorgt. [Fortpflanzung und Entwicklung S. 266]

A1 Nenne Beispiele aus dem Tierreich, die die genannte Regel bestätigen.

Fliegenragwurz

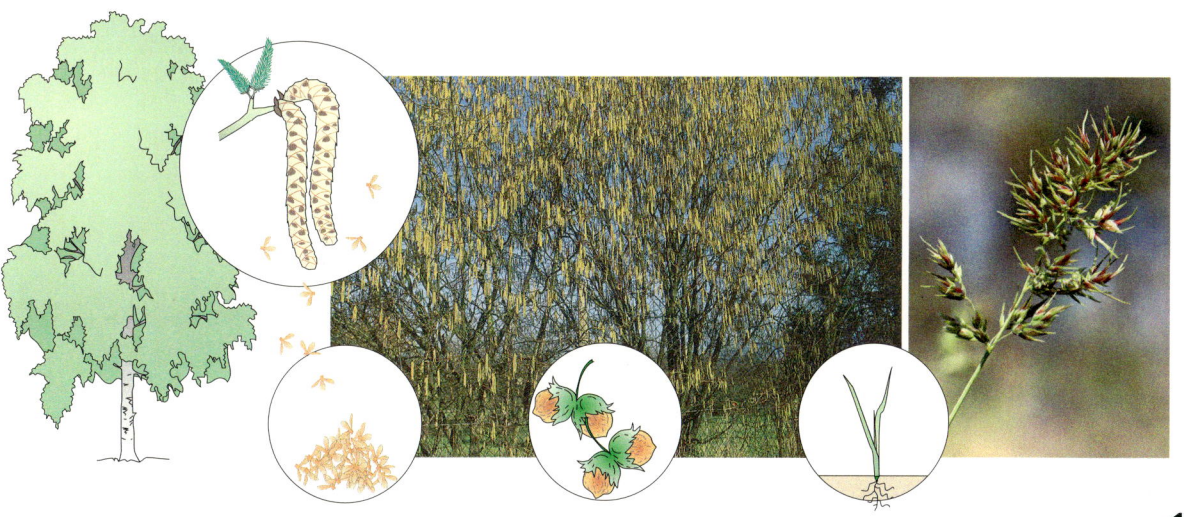

Material
Früchte- und Samenverbreitung

Es gibt eine Vielzahl von Möglichkeiten, wie Früchte und Samen verbreitet werden. Auf dieser Seite kannst du einige Beispiele erarbeiten.

Besiedlung einer neuen Insel

Die Vogelinsel Memmert liegt vor der ostfriesischen Küste zwischen Juist und Borkum. Sie wird nur von einem Vogelwärter bewohnt. Im 19. Jahrhundert war diese Insel noch eine öde Sandbank. Zu Beginn des 20. Jahrhunderts war es gelungen, durch das Anpflanzen von Strandhafer die Dünen zu befestigen. Seit 1888 beobachtete und zählte man die Pflanzenarten, die sich nach und nach ohne Eingriff des Menschen auf der Insel ansiedelten. Die folgende Tabelle zeigt einige Werte.

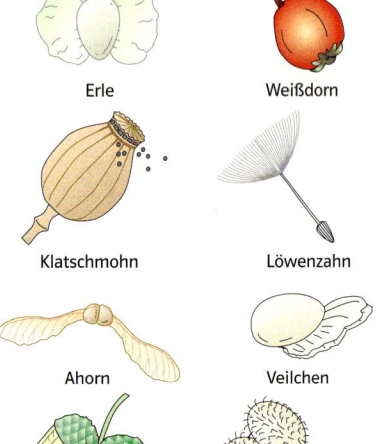

Jahr	Artenzahl
1888	6
1890	16
1891	32
1895	79
1900	100
1910	190
1920	284
1955	360

1 Samen und Früchte (Erle, Weißdorn, Klatschmohn, Löwenzahn, Ahorn, Veilchen, Eiche, Klebkraut, Pappel, Springkraut)

Pflanzenart Ahorn	Fallzeit		Driftstrecke	
	ganze Frucht	Samen allein	ganze Frucht	Samen allein
bei Windstille	5,8 s	1,1 s	2,30 m	0,06 m
bei starkem Wind	11,1 s	1,9 s	15,30 m	1,05 m

2 Fallzeit und Driftstrecke von Samen bei unterschiedlichen Windverhältnisssen

A1 Gib an, welche Aussagen man anhand der Tabelle links machen kann.

A2 Memmert liegt 13 km vom Festland entfernt. Nenne Möglichkeiten, wie die Pflanzenarten auf die Insel gelangt sein könnten.

Formen der Verbreitung

Abbildung 1 zeigt einige Früchte, die du sicher schon einmal gesehen hast.

A3 Beschreibe das Aussehen der Früchte und äußere begründet Vermutungen über die Art ihrer Verbreitung. Nenne den zugehörigen Fachbegriff. Lies dazu auf Seite 177 nach.

A4 Fertige dann eine Tabelle nach folgendem Muster an:

	Form der Verbreitung	Art der Frucht
Linde	Windverbreitung	Schraubenflieger
Eiche		
Pappel		

A5 Samen hoher Bäume und Wiesenpflanzen werden häufig durch den Wind verbreitet, dagegen sind bei Sträuchern und niedrigen Bäumen eher Lockfrüchte anzutreffen. Gib an, welche Gründe das haben könnte.

Fliegen mit dem Wind

Ahornfrüchte werden zunächst unversehrt aus einer Höhe von 5 Metern fallengelassen. Die Fallzeit und die waagerechte Entfernung vom Startpunkt bis zum Auftreffen auf dem Boden (Driftstrecke) werden gemessen. Danach werden die Flugeinrichtungen der Samen entfernt und das Experiment wird wiederholt. Beides wird einmal bei Windstille und einmal bei kräftigem Wind durchgeführt.

A6 Beschreibe mit Tabelle 2 das Ergebnis der Versuche und begründe die Unterschiede. Plane ähnliche Versuche.

Verbreitungsart und Masse

Abbildung 3 gibt an, wieviele Samen einer Pflanzenart ein Gramm wiegen. Beachte, dass nur die Masse des Samens und nicht die der ganzen Frucht gemeint ist.

A7 Erkläre, ob ein Zusammenhang zwischen der Masse eines Samens und der Verbreitungsart erkennbar ist.

A8 Berechne, welche Masse 1000 Samen der genannten Pflanzenarten haben. Man bezeichnet diesen Wert als das Tausendkorn-Gewicht.

A9 Eine Bohnenhülse enthält ca. zehn Samen, die Frucht einer Orchidee dagegen fast eine Million. Nenne einen möglichen Grund für diesen Unterschied.

Bohne	Ahorn	Linde	Springkraut	Erle	Löwenzahn	Orchideen
2	10	25	125	500	1000	125 000

3 Zahl der Samen pro Gramm

Verbreitung von Samen und Früchten

Im Schulgarten ärgert ihr euch sicher manchmal, dass in den Beeten Pflanzen keimen, die niemand gesät hat. Wo kommen ihre Samen her? Einige habt ihr selbst mitgebracht, ohne es zu wissen. Der Vogelknöterich zum Beispiel besitzt *Haftfrüchte*. Sie sind bei Nässe klebrig, bleiben an den Schuhen hängen und werden so verschleppt. Aber es gibt noch andere Möglichkeiten.

A1 Lies den folgenden Text genau durch und nenne Beispiele dafür, dass auch bei der Verbreitung von Früchten das Prinzip der Variabilität und Angepasstheit gilt.

A2 Sammle Früchte und Samen und ordne sie nach der Art ihrer Verbreitung.

Verbreitung durch Tiere

Manche Pflanzen besitzen auffällig gefärbte Früchte. Diese *Lockfrüchte* werden vor allem von Vögeln gefressen. Die unverdaulichen Samen werden später mit dem Kot wieder ausgeschieden und können – weit entfernt von der Mutterpflanze und gut gedüngt durch den Vogelkot – keimen. Schneeball, Holunder und Eberesche besitzen solche Lockfrüchte. Bucheckern, Eicheln, Kastanien und Haselnüsse sind *Trockenfrüchte*. Sie dienen z. B. Eichhörnchen und Siebenschläfer als Nahrung. Beim Sammeln verlieren diese einige davon und verbreiten so die Samen. Schöllkraut, Veilchen und Taubnessel besitzen *Ameisenfrüchte*. Ein fetthaltiges Samenanhängsel dient Ameisen als Nahrung. Dabei werden die Samen verschleppt. Die *Klettfrüchte* des Labkrauts und der Klette besitzen hakenförmige Fortsätze, die sich im Fell von Säugetieren verfangen. So reisen die Früchte als „blinde Passagiere" mit.

Verbreitung durch den Wind

Viele Samen oder Früchte haben gute Flugeigenschaften. Die Samen des Klatschmohns sind *Körnchenflieger*. In der reifen Frucht liegen sie wie in einem Salzstreuer. Bei trockenem Wetter bläst der Wind die Samen aus der schwankenden Kapsel heraus. Besonders leicht sind die Samen einiger Orchideen, die deshalb als *Staubflieger* bezeichnet werden. Die Früchte von Ulme und Birke sind kleinen fliegenden Untertassen vergleichbar. Wegen ihrer Form heißen sie *Scheibenflieger*. Bei den *Schraubenfliegern* von Ahorn, Hainbuche, Linde oder Kiefer bewegen sich die Früchte wie Propeller durch die Luft und legen so größere Strecken zurück. Die Samen der mit unserem Kürbis verwandten tropischen Pflanze Zanonia besitzen bis zu 30 cm große, flügelförmige Tragflächen, die sie zu *Gleitfliegern* machen. Auch haarähnliche Fortsätze ermöglichen vielen Früchten ein langes Schweben in der Luft. Die Früchte der Waldrebe sind *Federschweifflieger*. Weide und Pappel besitzen *Schopfflieger*. Bei ihnen sind die Früchte wie von einem Haarschopf umgeben. Die „Pusteblume" des Löwenzahns ist jedem bekannt. Diese *Schirmflieger* sind die Fallschirmspringer unter den Früchten.

1 *Eine Singdrossel frisst die Lockfrüchte der Eberesche*

Selbstverbreitung von Früchten

Aus den gelben Blüten des Springkrautes werden *Schleuderfrüchte*. Berührt man eine reife Kapsel, rollen sich die fünf Fruchtblätter so schnell ein, dass die Samen drei bis fünf Meter weit weggeschleudert werden. Bei Ginster und Hornklee platzen die Hülsen manchmal mit einem hörbaren Knall auf und schleudern die Samen aus.

Verbreitung durch Wasser

Wasser- bzw. Uferpflanzen wie Seerose und Erle besitzen Schwimmsamen. Luftgefüllte Hohlräume verhindern das Untergehen. Durch die Strömung werden sie verbreitet. So ist die Kokospalme dank ihrer *Schwimmfrüchte* auf den entlegendsten Inseln der Südsee anzutreffen.

Die Rosskastanie — ein Baum im Jahresgang

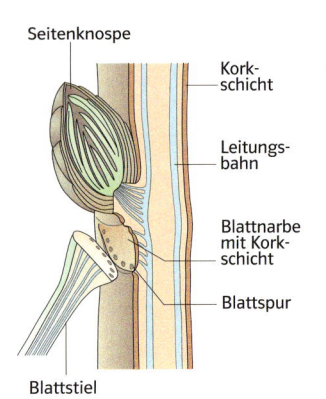

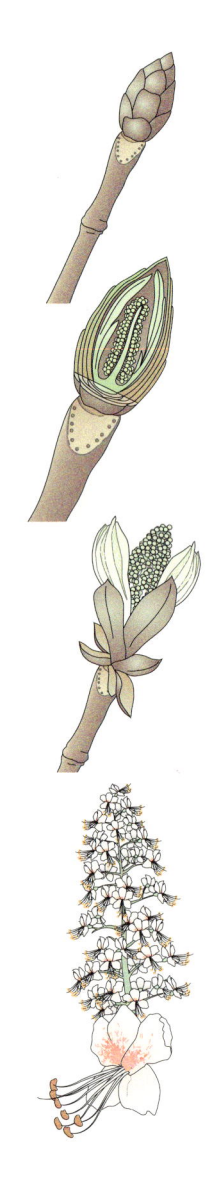

Die *Rosskastanie* ist ein häufiger Park- und Alleebaum. An ihren Blättern und Früchten ist sie gut zu erkennen. Sicher hast du schon einmal ihre Früchte gesammelt und zum Basteln verwendet.

A1 Beschreibe anhand der vier Fotos, wie sich das Aussehen der Rosskastanie im Verlauf des Jahres ändert und nenne mögliche Gründe für die Veränderungen.

A2 Schreibe auf, welche besonderen Gefahren dem Baum im Winter drohen.

Die Rosskastanie sieht zu jeder Jahreszeit anders aus. Besonders der Winter bringt mit Kälte und Schnee mehrere Probleme für den Baum mit sich:
- Die niedrigen Lufttemperaturen können dazu führen, dass das Wasser in einzelnen Pflanzenteilen gefriert. Der Kältetod wäre dann die Folge.
- Belaubte Pflanzen verdunsten ständig Wasser. Da der Frost das Wasser auch im Boden gefrieren lässt, können die Wurzeln kein Wasser aufnehmen. Die Pflanze könnte vertrocknen.
- Wenn sich Schnee in größeren Mengen auf den Blättern anhäuft, können Zweige und Äste abbrechen. Dadurch würde die Pflanze geschwächt.

Der Herbst
Im Herbst verfärben sich die Blätter als erstes Anzeichen des bevorstehenden Laubabwurfs. Der *Laubfall* ist eine Angepasstheit unserer heimischen Laubbäume an den Winter. Der wertvolle grüne Blattfarbstoff, das Chlorophyll, wird abgebaut. Seine Bestandteile werden durch die Leitbündel aus den Blättern abtransportiert und in den Zweigen gespeichert. Rote und gelbe Farbstoffe, die vorher auch schon im Blatt waren, aber vom Blattgrün überdeckt wurden, bestimmen die Färbung. Später, wenn die Blätter absterben und abfallen, sind sie ganz braun und trocken. Sie bilden auf dem Erdboden eine schützende Schicht, die das Austrocknen des Bodens verhindert. Die Luft zwischen den Blättern schützt vor Frost.

Am Grunde des Blattstiels bildet sich eine Korkschicht. Diese ermöglicht den Laubwurf und bleibt, wenn das Blatt abgefallen ist, als *Blattnarbe* an den kahlen Zweigen deutlich sichtbar. Die ehemaligen Austrittsstellen der Leitbündel sind noch zu erkennen. Sie bilden eine halbkreisförmige Punktreihe, die *Blattspur*.

In den Zweigen ist nun kaum noch Wasser vorhanden. Dadurch ist die Gefahr des Erfrierens weitgehend gebannt. Ohne Blätter verdunstet der Baum auch fast kein Wasser mehr. Die Wurzeln müssen nicht für Nachschub aus dem eisigen Boden sorgen und Schnee ist für die kahlen Äste nur eine geringe Belastung.

Der Winter
Im Winter wirkt die Rosskastanie mit ihren kahlen Zweigen wie abgestorben. Das sieht aber nur so aus. In Wirklichkeit befindet sie sich in einem *Ruhezustand*, nachdem die Vorbereitungen für das Austreiben im folgenden Frühjahr schon im Herbst abgeschlossen wurden.

An den Zweigen der Rosskastanie befindet sich oberhalb jeder Blattnarbe eine *Seitenknospe*. An der Zweigspitze sitzt eine besonders große *Endknospe*. Im Frühjahr entwickeln sich daraus beblätterte Triebe und Blüten. An der Endknospe fallen zunächst die harten, schuppenförmigen Hüllblätter auf, die *Knospenschuppen*. Sie liegen wie Dachziegel übereinander und sind durch eine Harzschicht miteinander verklebt. Das Innere ist dadurch gegen eindringende Nässe ebenso gut geschützt wie gegen Austrocknung. Da die harzige Masse schlecht schmeckt, ist sie auch ein

1 *Rosskastanie im Herbst*

Schema des Laubfalls

2 *Rosskastanie im Winter* **3** *... im Frühjahr* **4** *... im Sommer*

Schutz gegen Tierfraß. Im Längsschnitt durch eine solche Knospe erkennt man dazu einen wichtigen Kälteschutz. Eine dicke Schicht aus filzigen Haaren umgibt die winzigen Laubblätter und schützt die ebenfalls behaarte Blütenanlage.

Der Frühling
Im Frühling wird die Bedeutung der Knospen deutlich. In ihnen befindet sich die winzige, aber vollständige Anlage eines neuen Triebes. Wenn die Wurzeln den Baum wieder mit Wasser versorgen, treiben die Knospen aus. Die Seitenknospen entfalten sich meist zu vier Laubblättern. Aus den Endknospen entwickelt sich zusätzlich der Blütenstand. An diesen „Blütenkerzen" ist die Rosskastanie im Frühling von weitem zu erkennen.

Der Sommer
Im Sommer entwickeln sich aus den befruchteten Blüten die Rosskastanien. Die Tage sind im Sommer wesentlich länger und die somit höhere Sonneneinstrahlung nutzt der Baum aus. Unter Einwirkung des Sonnenlichts produziert der Baum mithilfe seiner Laubblätter, dem dort enthaltenen Chlorophyll, dem Kohlenstoffdioxid aus der Luft sowie Wasser und Mineralstoffen aus dem Boden seine lebensnotwendigen Nährstoffe. Diese Nährstoffe verwendet der Baum zum weiteren Wachstum des Stammes, seines Laubdaches und natürlich auch zur Entwicklung der Rosskastanien. Viele Tiere nutzen die Kastanien auch als Energiequelle. Sobald die ersten Blätter fallen, schließt sich der Jahreskreis.

Info-Box: Einjährig — zweijährig — mehrjährig

Bäume und Sträucher tragen *Erneuerungsknospen*, aus denen jedes Jahr neue Triebe hervorbrechen. Andere Pflanzen sterben nach der Fruchtreife vollkommen ab. Sie erneuern sich nur aus *Samen*. Die Zeit, die zwischen der Keimung und der Bildung neuer Samen vergeht, kann unterschiedlich lang sein. Bei *einjährigen Sommerpflanzen* (Ackersenf, Gartenbohne) verläuft die Entwicklung innerhalb eines Sommers. Andere Einjährige überwintern als kleine Pflanzen unter dem Schnee, da ihre Samen schon im Herbst keimen (Wintergetreide). *Zweijährige Pflanzen* entwickeln sich im 1. Jahr bereits kräftig und bilden häufig Speicherorgane (Zuckerrübe). Sie blühen jedoch erst im 2. Jahr und sterben danach ab.

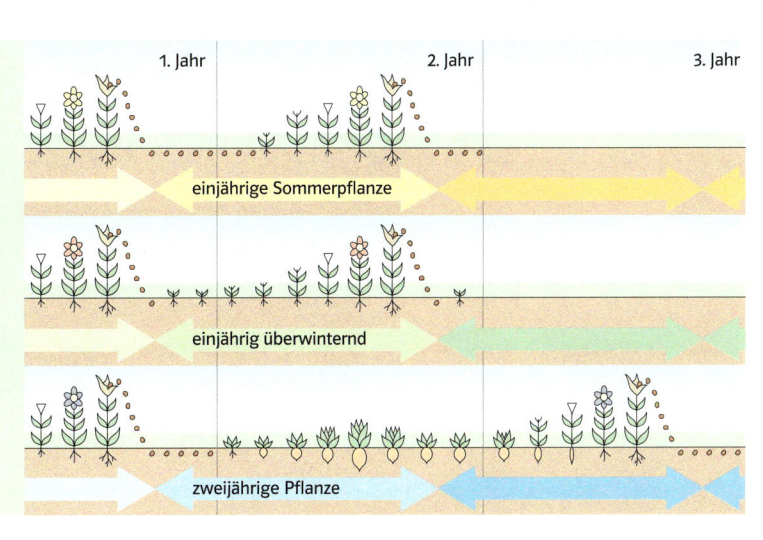

Impulse
Winter

Es ist für uns ganz selbstverständlich, dass es im Winter kälter wird. Aber manchmal sind wir doch verdutzt, wenn zu Weihnachten plötzlich jemand sagt: „Und in Neuseeland ist jetzt Sommer."

Jahreszeiten

Im Winter werden die Tage kürzer. Weniger Licht und weniger Wärme für die Tier- und Pflanzenwelt sind die Folge. Wie kommt es eigentlich dazu, dass die Sonne nicht mehr mit der gleichen Kraft wie im Sommer scheint?
Die Erde dreht sich innerhalb eines Jahres einmal um die Sonne. Da die Erdachse schräg steht, wird die nördliche Halbkugel im Winter nicht so stark von der Sonne beschienen.

- Um das zu verstehen, müsste man eigentlich ein entsprechendes Modell basteln. Suche nach geeigneten Möglichkeiten.

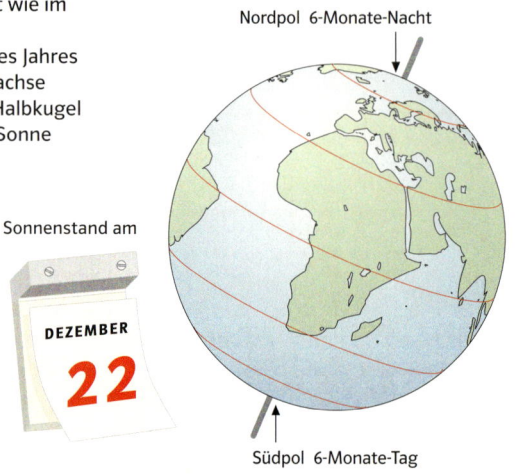

1 *So ist die Stellung der Erde am 21. Juni (Sommeranfang). Ist das nicht genauso wie zum Winteranfang?*

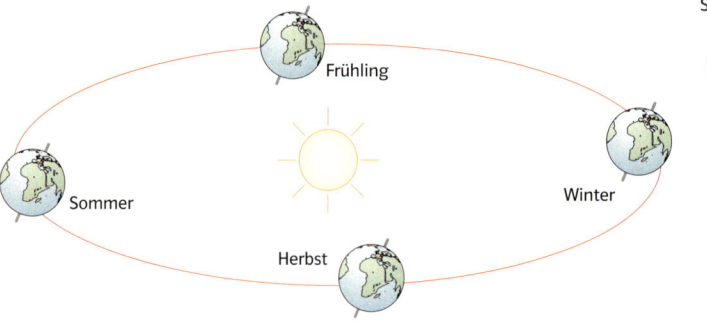

Laubfall

Schon im Herbst stellt sich die Natur auf den herannahenden Winter ein. Besonders auffällig ist die Verfärbung der Blätter bei unseren Laubbäumen. Gelbe, rote und braune Farbtöne beherrschen dann die Landschaft.

- Welche Aufgabe haben die grünen Blätter im Sommer?
- Hast du schon einmal überlegt, woher die gelben, roten und braunen Farbtöne im Herbst kommen?
- Und noch etwas zum Thema Farben: Versuche doch einmal herauszufinden, woher die weiße Farbe beim Schnee und bei manchen Pflanzen kommt, zum Beispiel in den Blütenblättern von Schneeglöckchen.
- Lege eine Sammlung herbstlich gefärbter Blätter an. Presse die Blätter zwischen Zeitungspapier und ordne sie nach Baumart und Färbung. Notiere Fundort und Datum.
- Wie kannst du den Verlauf der Blattadern möglichst genau in dein Biologieheft zeichnen?
- Legt an einer Wand eures Klassenraums ein großes Poster von herbstlichen Blättern an, zum Beispiel in Form eines Baumes.

In den Tropen gibt es keine Jahreszeiten. Aber auch hier werfen die Bäume ihr Laub im Abstand von einem bis zu zehn Jahren ab. Das geschieht allerdings nicht gleichzeitig. Deshalb erscheinen diese Bäume immergrün.

- Aus unseren Breiten wurden Laub abwerfende Bäume in Äquatornähe gebracht und dort wieder eingepflanzt. Äußere Vermutungen, ob und wann sie nun ihr Laub abwerfen.

180 Pflanzen und Tiere im Jahreslauf

Kälteschutz

Viele Nadelbäume, aber auch Laubbäume wie zum Beispiel die *Stechpalme*, sind immergrün. Wenn das wesentliche Problem bei der Überwinterung der Wassermangel ist, dann müssten diese Pflanzen ähnliche Anpassungen besitzen, wie sie bei Pflanzen an trockenen Standorten anzutreffen sind.

- Vergleiche und berichte darüber.
- Auf Autobahnen wird bei Schneefall und Eisglätte Salz gestreut. Überlege dir einen Versuch, mit dem du zeigen kannst, dass Salz wie ein Frostschutzmittel wirkt. Stelle einen Bezug zu den Pflanzensäften im Winter her.

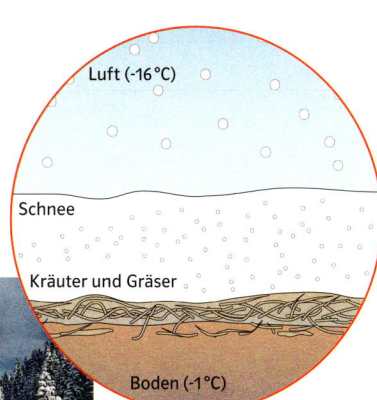

2 *Eine Schneedecke schützt die darunter liegenden Pflanzen vor eisiger Kälte. Kann das sein?*

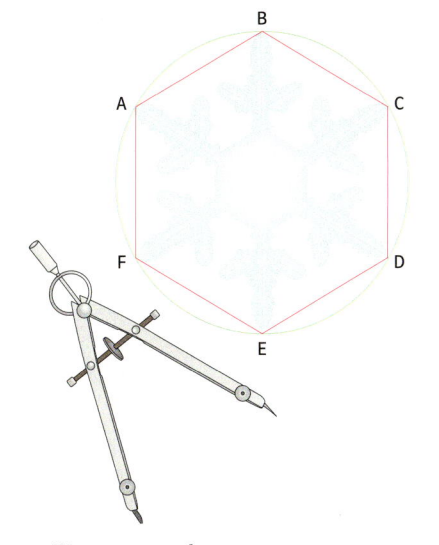

Schneeflocken

Wenn stehendes Wasser langsam unter den Gefrierpunkt abkühlt, dann entsteht Eis. Ein Eiszapfen ist ebenso durchsichtig und fast so klar wie Wasser. Auch Schnee ist gefrorenes Wasser, sieht aber ganz anders aus. Bei einer Schneeflocke schließen die *Eiskristalle*, die immer in Form eines Sechsecks wachsen, sehr viel Luft ein. Dadurch entsteht das weiße Aussehen.

Schnee enthält also gar keine Farbe. Oder hast du schon einmal weiße Hände bekommen, wenn du einen Schneemann gebaut hast? Die eingeschlossene Luft hat eine wichtige Bedeutung für den Kälteschutz.

- Zeichne eine Phantasie-Schneeflocke. Denke daran, dass sie genau sechseckig sein soll. Weißt du, wie man ein Sechseck mit dem Zirkel oder dem Geo-Dreieck zeichnet? Probiere es einmal aus!

Wassermangel

Im Winter fallen die Temperaturen häufig weit unter den Gefrierpunkt. Dann steht den Pflanzen kein Wasser mehr zur Verfügung. Außerdem kann das Wasser in den Pflanzenzellen gefrieren. Dann sterben sie ab. Es gibt einige Schutzeinrichtungen, mit denen die Pflanzen dieser Gefahr entgehen.

Wie du bei der Rosskastanie gesehen hast, werden wasserhaltige Pflanzenteile beim Laubfall abgeworfen.
Der Wasseranteil in den Zellen wird sehr stark vermindert (bei trockenen Samen). Wenn im Frühjahr wieder genügend Wasser zur Verfügung steht, dann können sich wieder neue Blätter oder ganze Pflanzen entwickeln. Es lohnt sich, diese Vorgänge einmal genauer zu beobachten und zu protokollieren. Das geht besonders gut bei Knospen.

- Beobachte und beschreibe die Veränderungen an einer Knospe. Beginne im zeitigen Frühjahr mit dem Protokoll.

Datum	Beschreibung	Skizze
15.02.	Knospe mit rotem Faden markiert.	
18.02.	Noch keine Veränderung markiert.	
22.02.	....	

3 *Protokoll zur Knospenentwicklung*

Der Winter — für viele Tiere kein Problem

Nahrungsnot und Kälte bedrohen in unseren Breiten fast alle wild lebenden Tiere. Abgesehen von den Zugvögeln, bleiben sie trotzdem in den Lebensräumen, die sie im Sommer bewohnen. Wie werden sie mit den Problemen des Winters fertig?

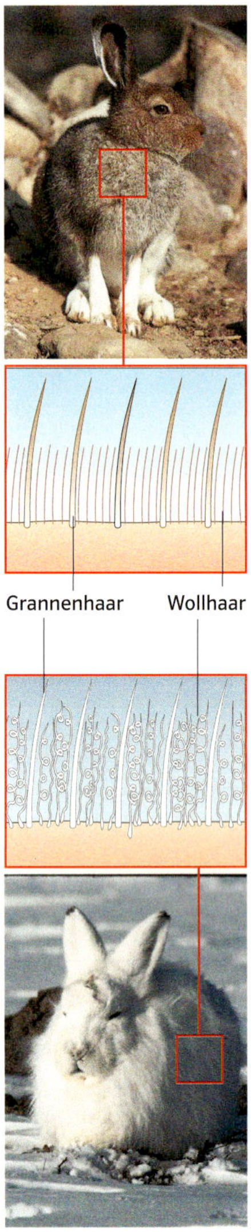

A1 Die Randabbildungen zeigen den Schneehasen mit seinem Sommer- bzw. Winterfell. Beschreibe das Aussehen anhand der Fotos und der Grafik. Nenne Unterschiede.

A2 Gib an, welche Bedeutung die beiden Fellformen für das Überleben des Schneehasen haben. Achte auch auf die Fellfarbe!

A3 Im folgenden Text sind vier verschiedene Möglichkeiten beschrieben, wie Tiere den Winter überstehen.
 a) Nenne die zugehörigen Fachbegriffe.
 b) Erkläre die Unterschiede mit eigenen Worten und gib jeweils drei Beispiele an.

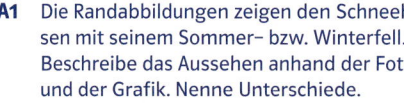

Viele Tiere sind auch im Winter aktiv

Trotz ungünstiger Lebensbedingungen sind die meisten Säugetiere auch im Winter täglich auf der Suche nach Nahrung. Diese Tiere, zu denen z. B. Fuchs, Reh und Hase gehören, sind *winteraktiv*. Sie sind im Winter durch ein dichteres Haarkleid geschützt. Der Vergleich von Sommer- und Winterfell zeigt, dass die gekräuselten *Wollhaare* im Winter besonders dicht und zahlreich sind. Sie liegen unmittelbar über der Haut und schließen eine Luftschicht ein. Diese verhindert eine rasche Wärmeabgabe des Körpers. Bei Vögeln, die wie die Säugetiere eine konstante Körpertemperatur haben, schließen die *Daunenfedern* eine isolierende Luftschicht ein.

Vorsorge treffen für den Winter

Viele Tiere legen im Herbst *Vorräte* an. So können sie den Winter mit Frost, Schnee und Nahrungsmangel besser überstehen. Zum Beispiel vergraben *Eichhörnchen* schon im Herbst Eicheln und Nüsse an verschiedenen Stellen des Reviers. Außerdem fressen sie in dieser Zeit mehr als sonst und legen sich so ein Fettpolster als *Energievorrat* zu. Davon zehren sie dann in der kalten Jahreszeit. Manchmal sucht das Eichhörnchen nach vergrabenen Nüssen, aber oft ruht es tagelang in seinem Nest, dem *Kobel*. Zum Schutz gegen Abkühlung rollt es sich kugelig zusammen. So wird der Wärmeverlust über die Oberfläche verringert. Das Eichhörnchen hält *Winterruhe*. Säugetiere, die sich ebenso verhalten, nennt man *Winterruher*. Dazu gehören auch Dachs und Braunbär.

Einfach den Winter verschlafen

Winterruher darf man nicht mit den *Winterschläfern* verwechseln. Beim *Winterschlaf* verbringt das Tier mehrere Monate in seinem Bau oder einem frostgeschützten Versteck. Die Tiere leben nur von ihren angefressenen Energiereserven und verschlafen den Winter. Atmung und der Stoffwechsel werden herabgesetzt. Dabei sinkt auch die Körpertemperatur. Fällt die Umgebungstemperatur im Winternest aber unter den Gefrierpunkt, werden die Tiere durch einen Weckmechanismus wieder aktiv. Sie zittern sich warm und suchen ein neues Versteck. Das darf einem Winterschläfer nicht oft passieren, denn beim Aufwachen wird viel von seinem Energievorrat verbraucht. Dann besteht die Gefahr, dass er verhungert. Beispiele für Winterschläfer bei uns sind Igel, Fledermaus, Siebenschläfer und Haselmaus.

Man kann auch vor Kälte erstarren

Eidechsen können ihre Körpertemperatur nicht konstant halten, sie sind *wechselwarme Tiere*. Bei ihnen wechselt die Körpertemperatur genau so, wie sich die Umgebungstemperatur ändert. Im Herbst suchen *Zauneidechsen* ein möglichst frostfreies Versteck auf. Wird es noch kälter, fallen sie in *Kältestarre*. Wenn das Versteck nicht gut gewählt ist und die Temperatur deutlich unter 0 °C fällt, erfrieren sie. Extrem kalte Winter können für alle wechselwarmen Tiere tödlich sein, z. B. für Schildkröten, Schlangen oder Insekten. [Variabilität und Angepasstheit S. 260]

Grannenhaar Wollhaar

1 *Eidechsen in Kältestarre*

Praktikum
Schutz vor Kälte

Wenn es kalt wird, ziehen wir einen dicken Anorak an und setzen eine Kapuze auf. Dann frieren wir weniger. Wie kommt das? Und wie sind Tiere vor Wärmeverlust geschützt? Einige Versuche können helfen, das zu verstehen.

Luft isoliert

Bereite folgenden Versuchsaufbau vor: Fülle zwei Bechergläser (1 Liter Fassungsvermögen) gut zur Hälfte mit kaltem Leitungswasser und miss dessen Temperatur. Erwärme außerdem Wasser auf ca. 45 °C und fülle damit zwei große Reagenzgläser. Verschließe sie mit einem Wattebausch, durch den ein Thermometer gesteckt ist. Bringe eines der Reagenzgläser in ein hohes Glas und fülle den Zwischenraum mit Daunenfedern aus. Setze nun beide Gläser gleichzeitig in die Bechergläser, wie die Abbildung es zeigt.

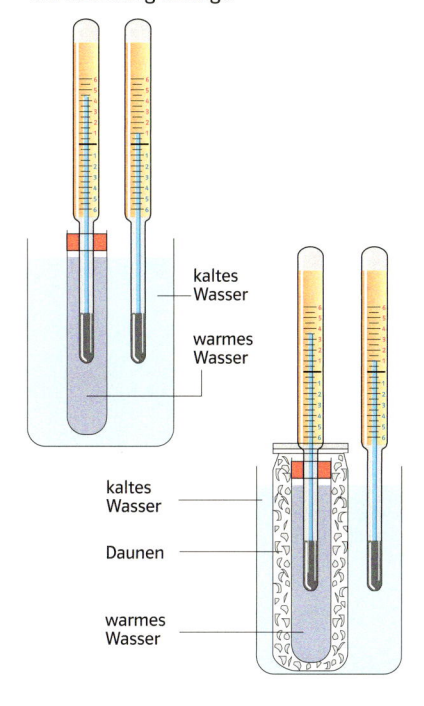

A1 Notiere im Abstand von einer Minute (10 Minuten lang) die Temperatur in den beiden Reagenzgläsern. Deute das Ergebnis.

A2 Ersetze die Daunen durch Wolle, Styropor bzw. nur Luft und führe den Versuch entsprechend mit diesen Materialien durch. Deute auch hier das Ergebnis und beziehe die Abbildungen von Mensch und Vogel ein.

A3 Menschen möchten, dass es auch im Haus angenehm warm bleibt. Nenne Beispiele dafür, dass Luft zum Isolieren benutzt wird.

A4 Eine Schneedecke schützt die darunter liegenden Pflanzen vor eisiger Kälte (siehe Seite 181). Plane einen Versuch, mit dem sich zeigen lässt, dass auch Schnee eine isolierende Luftschicht einschließt.

Frieren in der Gemeinschaft

Manche Tiere suchen im Winter die Gemeinschaft von Artgenossen und kuscheln sich eng zusammen. *Kaiserpinguine* und ihre Jungen stehen in der Kälte der Antarktis kreisförmig zusammen, den Rücken nach außen gekehrt. Manchmal wechseln Tiere von innen mit außen stehenden den Platz. Vermutlich sind Tiere, die in einer Gruppe eng zusammen stehen, besser gegen Wärmeverlust geschützt als einzeln stehende.

A5 Plane einen Versuch, der geeignet ist, diese Vermutung zu überprüfen. Benutze dazu, wie in Experiment 1, jeweils ein Reagenzglas als Modell für ein Einzeltier. Überlege, wie die Reagenzgläser angeordnet sein müssen, an welchen Stellen die Temperatur gemessen werden muss und wo sich warmes bzw. kaltes Wasser befinden muss.

A6 Auch Eidechsen und Marienkäfer findet man im Winter oft in größeren Ansammlungen. Gib an, inwiefern das mit den Verhältnissen bei den Pinguinen zu vergleichen ist.

Frostschutzmittel

Zitronenfalter können im Winter Temperaturen bis -20 °C unbeschadet überstehen, weil sie ein körpereigenes Frostschutzmittel, das *Glycerin*, besitzen. Außerdem geben sie im Herbst viel Wasser aus ihren Zellen ab. Dadurch gefriert der Zellsaft erst bei starker Kälte. Das kann folgender Versuch belegen.

Beschrifte drei kleine, leere Joghurtbecher mit A, B und C und fülle in
A: 40 ml Wasser (Leitungswasser),
B: 30 ml Wasser und 10 ml Glycerin,
C: 20 ml Wasser und 20 ml Glycerin.
Rühre bei B und C gut um. Verschließe die drei Becher mit Folie und stelle sie über Nacht in ein Gefrierfach.

A7 Beschreibe und deute das Ergebnis.

A8 Becher A und B werden bei Zimmertemperatur beobachtet. Gib an, in welchem Becher der Inhalt schneller aufgetaut ist. Erläutere das Ergebnis.

Material
Igel überwintern

Igel leben in Gärten, Hecken, kleinen Gehölzen mit Unterwuchs und an Waldrändern. Hier bauen sie ihre gut versteckten Behausungen, die mit Laub und Gras ausgepolstert sind. Man sieht sie selten, denn sie gehen erst in der Dämmerung und nachts auf die Jagd.

Der Winterschlaf

Wenn im Herbst die mittlere Tagestemperatur weniger als 10 Grad Celsius beträgt, richtet sich der Igel auf den *Winterschlaf* ein. Er baut sich ein Winterquartier, das ihn vor Schnee und Eiseskälte schützt. Dazu wühlt er sich in Laubhaufen oder sehr dichtes Untergehölz ein, kugelt sich zusammen und beginnt seinen Winterschlaf.

Bei diesem Schlaf, der mehrere Monate dauert, laufen alle Stoffwechselvorgänge viel langsamer ab als im Wachzustand. Die Zahl der Atemzüge und Herzschläge je Minute ist beträchtlich vermindert und die Körpertemperatur sinkt stark ab. Im Winterschlaf braucht der Igel keine Nahrung. Er zehrt von seinem Fettvorrat, den er sich im Herbst angefressen hat.

	Igel wach	Igel im Winterschlaf
Atemzüge je Minute	20	5
Herzschläge je Minute	280–320	18–22
Körpertemperatur	25–37 °C	sinkt bis etwa 5 °C

1 *Atmung und Herzschlag bei den Igeln*

Im Frühjahr, wenn die Tagestemperaturen wieder ansteigen, erwacht er aus dem Winterschlaf. Er ist jetzt stark abgemagert und beginnt mit der Nahrungssuche.

A1 Abbildung 1 gibt die Zahl der Atemzüge und der Herzschläge sowie die Körpertemperatur für wache und winterschlafende Igel an.
a) Stelle die Tabellenwerte in einem Säulendiagramm nebeneinander dar.
b) Erkläre, wie diese drei Messwerte zusammenhängen. Erläutere, weshalb sich beim Übergang zum Winterschlaf die Werte aller drei Merkmale verringern.

A2 Vergleiche die Umgebungs- und Körpertemperatur des Igels in Abbildung 2 für jeden Monat miteinander. Erkläre die Veränderung der Werte.

Überwinterungshilfe

Viele Gartenbesitzer entfernen im Herbst aus ihren Gärten, in denen vereinzelt Bäume und Büsche stehen, das gefallene Laub. Sie möchten nicht, dass der Rasen durch faulendes Laub geschädigt wird.

A3 Gib an, welche Auswirkung dies für den Igel hat. Mache einen Vorschlag, um den Rasen zu schützen und gleichzeitig den Igeln zu helfen.

Nur wenn ein Igel einen genügend großen Fettvorrat hat, kann er die kalte Jahreszeit im Winterschlaf überstehen. Als Faustregel gilt, dass sein Vorrat ausreicht, wenn das Körpergewicht 500 Gramm erreicht hat oder überschreitet.

Oft erreichen mutterlose Jungtiere dieses Gewicht bis zum Beginn der Winterschlafzeit nicht. Manchmal sind Igel auch mit

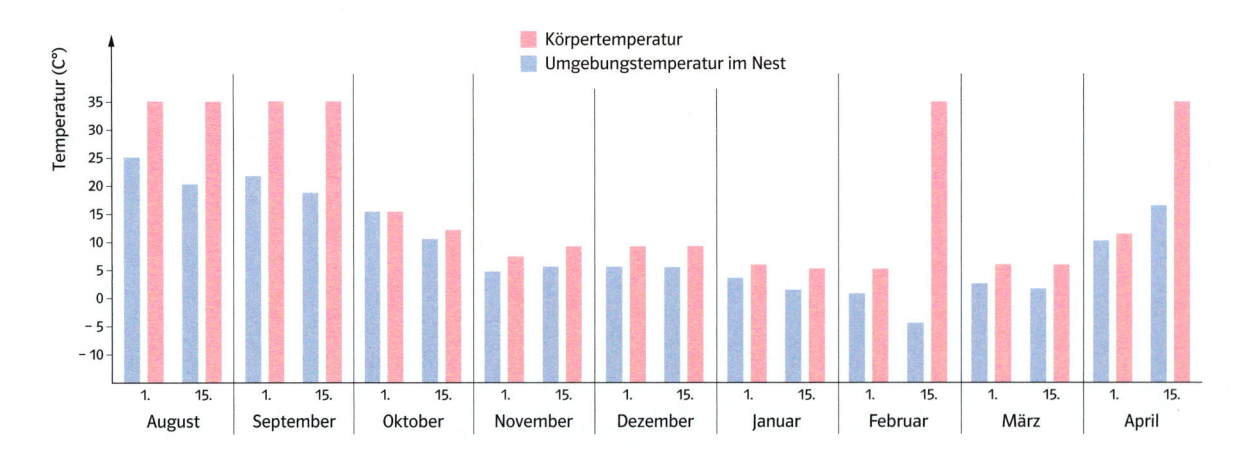

2 *Körpertemperatur eines Igels und Umgebungstemperatur in einigen Monaten des Jahres*

Pflanzen und Tiere im Jahreslauf

Nahrungsmittel	Verfütterte Menge	Energiegehalt (kJ pro 100 g)
Katzenfutter	4,4 kg	650
Haferflocken	0,4 kg	1700
Karottenpüree	0,3 kg	180
Bananen	1,4 kg	400
Rührei	1,5 kg	350
Rosinen	0,2 kg	1200
Nüsse	0,4 kg	2900

5 *Futter für die Igel*

Würmern infiziert. Dann nimmt ihr Körpergewicht nicht mehr zu, sondern sogar ab, obwohl sie Nahrung zu sich nehmen. Solche Igel, die Ende September noch weit unterhalb der Gewichtsgrenze von 500 Gramm liegen, sind ohne menschliche Hilfe verloren. In einer *Igelstation* hat man bei Herbstbeginn zwei solche Jungtiere (wir nennen sie A und B) in Obhut genommen und aufgezogen. Als ihr Gewicht über 500 Gramm lag, wurden sie zur Überwinterung wieder ausgesetzt.

Während des Aufenthalts in der Igelstation wurden die Igel alle zwei Tage gewogen. Über das Körpergewicht und über die Futtergaben hat man ein genaues Protokoll geführt. Diese Daten sind für Igel A in einem Diagramm und für Igel B als Tabelle zusammengestellt. Daraus lässt sich die Entwicklung des Körpergewichts der beiden Igel mit unterschiedlicher Anschaulichkeit entnehmen.

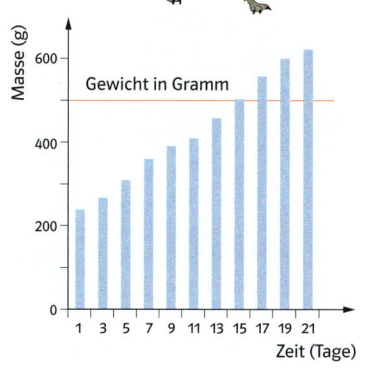

A4 Erstelle mithilfe der Abbildung 4 ein Säulendiagramm für die Entwicklung der Masse des Igels B. Dabei entsprechen jeweils 100 g einer Säulenhöhe von 1 cm.

A5 Vergleiche die Diagramme von Igel A und B miteinander. Benenne Auffälligkeiten. Nenne Gründe dafür, dass Igel B viel länger in der Station geblieben ist als die Igel A.

A6 Bestimme für jeden Igel, wieviel Körpergewicht er während des Aufenthalts in der Igelstation zugenommen hat.

A7 An die Igel wurden die in Abb. 5 angeführten Nahrungsmittel verfüttert.
a) Berechne, wieviel Kilojoule (kJ) Energie die gesamte Nahrung der Igel enthalten hat.
b) Wie viel Kilojoule waren für 1 Gramm Gewichtszunahme pro Igel nötig?

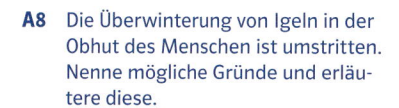

A8 Die Überwinterung von Igeln in der Obhut des Menschen ist umstritten. Nenne mögliche Gründe und erläutere diese.

Tag	Masse (g)	Tag	Masse (g)	Tag	Masse (g)
1	110	21	270	41	295
3	130	23	225	43	320
5	150	25	230	45	350
7	180	27	250	47	400
9	200	29	230	49	420
11	220	31	240	51	435
13	260	33	265	53	460
15	280	35	250	55	475
17	280	37	240	57	500
19	275	39	265	59	525

3 *Masse von Igel A (Säulendiagramm)*

4 *Masse von Igel B (Tabelle)*

Zugvögel — Wanderer im Wechsel der Jahreszeiten

1 *Mauersegler*   **2** *Mehlschwalbe*   **3** *Rauchschwalbe*

Im Winter finden einige Vogelarten, z.B. Mauersegler, Rauch- und Mehlschwalben, bei uns keine Nahrung mehr. Sie sammeln sich ab August und ziehen nach Afrika. Im April oder Mai kehren sie nach Mitteleuropa zurück. Solche jährlich wandernden Vögel werden als *Zugvögel* bezeichnet. Woher wissen wir eigentlich, wohin diese Zugvögel ziehen?

A1 Entnimm dem Vogelzugkalender aus Abbildung 4, wie lange sich die einzelnen Arten in ihrem Brutgebiet in Mitteleuropa aufhalten. Stelle die Zeiten in einer Tabelle zusammen.

A2 Beschreibe die Zugwege der in Abbildung 4 genannten Arten. Nimm einen Atlas zuhilfe.

A3 Gib an, wie sich Schwalben und Mauersegler im Flugbild unterscheiden. Kontrolliere, welche Art in der Nähe deiner Schule vorkommt.

A4 Sicher habt ihr Ideen, wie man den Vogelzug erforschen könnte. Schreibt eure Vorschläge auf. Diskutiert anschließend in der Klasse darüber.

So wird der Vogelzug erforscht

Seit 1899 gibt es die Methode der *Vogelberingung*. Mitarbeiter von Vogelwarten legen Jungvögeln im Nest oder gefangenen Vögeln passende Aluminiumringe an. Sie notieren in einer Liste die Vogelart, das Geschlecht, den Zeitpunkt und Ort der Beringung mit der Ringnummer, die der Vogel erhalten hat. Die Beringungsliste wird an die *Vogelwarte* geschickt, für die der Beringer arbeitet. Diese Methode wird heute noch angewandt. Zusätzlich sammeln viele Vogelfreunde Ankunfts- und Abreisedaten von heimischen Zugvögeln.

Von einhundert beringten Vögeln erhalten die Vogelwarten allerdings nur etwa fünf Rückmeldungen. Falls du also einen toten, beringten Vogel finden solltest, dann schicke den Ring an eine der drei deutschen Vogelwarten (Helgoland, Hiddensee oder Radolfzell am Bodensee). Du gibst dazu Fundort, Datum, Fundumstände, Name und Adresse des Finders an.

Eine andere Methode der Vogelzugforschung ist die *Radarbeobachtung*. Damit können nachts ziehende Vögel überwacht werden. Über große Entfernungen sammelt man Daten von Vögeln, die auf ihrem Rücken kleine Sender tragen. Deren Funksignale werden von einem Satelliten

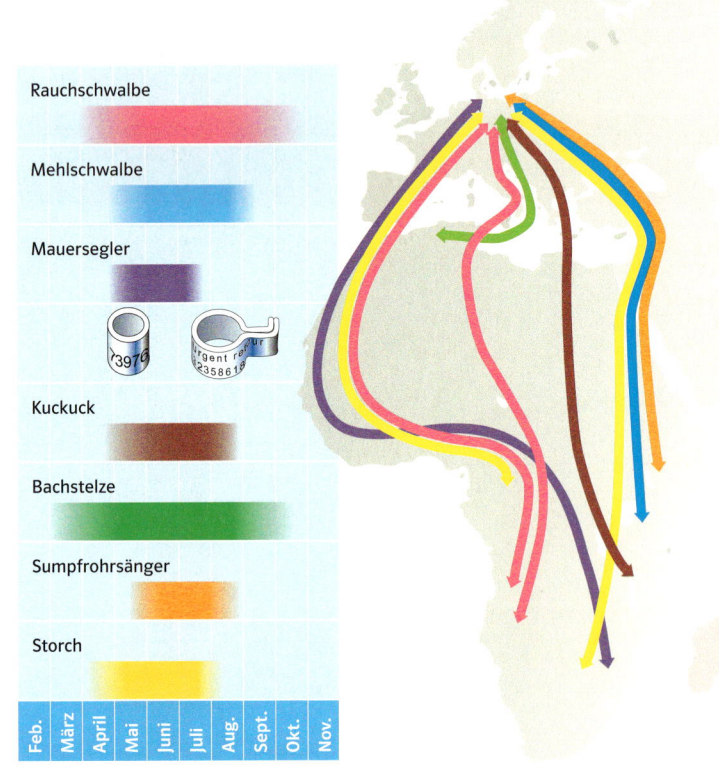

4 *Aufenthaltsdauer und Zugwege von heimischen Zugvögeln*

Pflanzen und Tiere im Jahreslauf

empfangen und an die Vogelwarte gemeldet. Aus allen Rückmeldungen erstellen die Wissenschaftler dann Zugkarten für die einzelnen Vogelarten. Diese Karten lassen das Brutgebiet, den Zugweg und die Überwinterungsgebiete erkennen.

Welche Faktoren lösen den Vogelzug aus?
Man kann sich leicht denken, dass der Zug durch Nahrungsverknappung und schlechtes Wetter ausgelöst wird. Aber Schwalben, Mauersegler und Störche ziehen schon nach Süden, bevor Nahrungsmangel oder Wetter sie dazu zwingen. Um zum Beispiel herauszufinden, ob das *Zugverhalten* der Vögel von der Tageslänge abhängt, hat man im Labor Tiere bei unterschiedlich langer Sonnenscheindauer gehalten. Alle Versuchstiere zeigten aber erst dann *Zugunruhe*, wenn ihre frei lebenden Artgenossen nach Süden zogen. Bei diesen Vogelarten wird der Wegzug also durch eine *innere Uhr* gesteuert.

Wie orientieren sich ziehende Vögel?
Am Tage ziehende Vogelarten versuchen auch im Labor, zur Zugzeit im Herbst immer wieder nach Südwesten abzufliegen. Dies entspricht der natürlichen Zugrichtung. Auch junge Kuckucke, die nachts und alleine ziehen, erreichen sicher ihr Überwinterungsgebiet in Afrika. Aus solchen Beobachtungen folgt, dass die Zugrichtung *angeboren* sein muss.

Am Tage ziehende Vögel richten sich nach der Sonne. Sie orientieren sich zusätzlich an auffälligen Erdstrukturen, wie Küsten, Gebirge und Flüsse. Bei nachts ziehenden Grasmücken fand man im Planetarium heraus, dass sie ihre Zugrichtung mithilfe der Sterne finden. An Rotkehlchen konnte man in Versuchen zeigen, dass sie sich auch nach dem *Erdmagnetfeld* richten, wenn man die Orientierung nach der Sonne und den Sternen verhinderte.

Nicht alle Vögel sind Zugvögel
Zu den Zugvögeln gehören viele bei uns heimische Arten, wie z. B. Bachstelze, Kuckuck und Weißstorch. Aber nicht alle Vögel ziehen weg. Solche Vögel, die das ganze Jahr an ihrem Standort bleiben, wie Haussperling und Amsel, nennt man *Standvögel*. Andere, die nur für kurze Zeit ungünstigen Lebensbedingungen ausweichen, gehören zu den *Strichvögeln*. Beispiele für diese Gruppe sind Kohlmeise, Blaumeise, Buchfink und Star. Nur wenn in strengen Wintern in Nordeuropa die Beerennahrung knapp wird, kommen Bergfinken plötzlich in großer Zahl zu uns. Solche Vögel, die in Schwärmen, aber nicht in jedem Winter zu uns kommen, werden *Invasionsvögel* genannt.

A5 Erstellt in eure Klasse für möglichst viele einheimische Vögel (auch für die unten abgebildeten) einen Steckbrief.

A6 Ordnet die Vögel wie in einem Lexikon nach Stand-, Strich- und Zugvögeln.

A7 Viele Zugvögel kommen nicht aus ihrem Winterquartier zurück. Nennt Gefahren, die den ziehenden Vögeln drohen.

1 *Bergfink*
2 *Blaumeise*
3 *Haussperling*
4 *Bachstelze*
5 *Mönchsgrasmücke*
6 *Star*
7 *Kuckuck*

Nahrungsnot bei Vögeln im Winter

1 *Vögel an winterlichen Futterstellen*

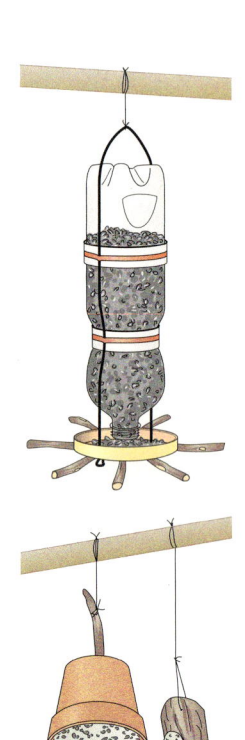

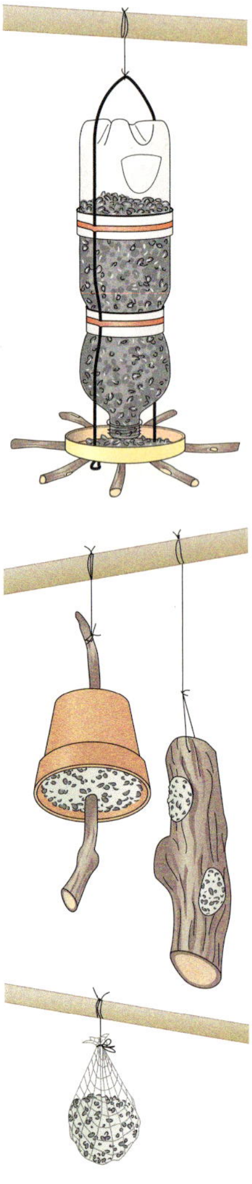

Futterflasche, -glocke, -holz, -nüsse

Soll man Vögel im Winter füttern?
Solange kein Frost auftritt und kein Schnee liegt, können die gesunden und kräftigen *Standvögel* den Winter selbst überstehen. Erst bei geschlossener Schneedecke ist die Nahrung (Samen, Früchte und überwinternde Insekten) für die Vögel unerreichbar. Deshalb werden sie – vor allem in Städten – von vielen Menschen gefüttert. Aus welchen Gründen geschieht das und ist das sinnvoll?

A1 Lies die folgenden drei Aussagen genau durch und schreibe auf, welche Gründe für bzw. gegen die Winterfütterung genannt werden.

A2 Ergänze die Liste durch eigene Gesichtspunkte zur Winterfütterung.

A3 Diskutiert anschließend in der Klasse das Für und Wider bezüglich der Winterfütterung von Vögeln.

„Vogelfütterung ist Unsinn! Die Vögel, die man in der Stadt füttert, sind gar nicht vom Aussterben bedroht. Meistens kommen ja doch nur Amseln und Meisen. Das viele Geld, das man für Futter ausgibt, könnte man sinnvoller für die Erhaltung bedrohter Tierarten spenden. Außerdem lockt man nur Katzen an."

„Ich fange im Herbst an, Vogelfutter im Garten auszulegen. Dann bin ich sicher, dass im Winter viele Vögel kommen. Es macht mir Spaß, mit einfachen Mitteln verschiedene Futtermöglichkeiten zu basteln. So kann ich viele Vogelarten beobachten."

„Die Winterfütterung ist ein wichtiger Teil des Vogelschutzes und damit auch des Umweltschutzes. Man muss es nur richtig anfangen. Dazu muss man aber die Nahrungsansprüche und Verhaltensweisen der einzelnen Vogelarten genau kennen."

Beobachtungen am Futterhäuschen
Wenn man sich entschließt, Vögel im Winter zu füttern, dann sollte man einige wichtige Regeln kennen und befolgen.

A4 Erkundige dich in einem Fachgeschäft nach geeignetem Futter für die Winterfütterung.

A5 Stellt gemeinsam Regeln für eine vernünftige Winterfütterung auf. Anregungen dazu gibt auch der folgende Text.

A6 Bastelt im Herbst Futterglocken, Futterhölzer oder ein Futterhäuschen.

Für die verschiedenen Vogelarten sollte unterschiedliches Futter an mehreren Stellen ausgebracht werden. Schon bald wirst du am Futterhaus Kohl- und Blaumeisen beobachten können. Sie holen bevorzugt Sonnenblumenkerne, die sie regelrecht aufmeißeln, um den fetthaltigen Samen herausholen zu können. Buchfinken und Grünlinge besitzen dicke, kegelförmige Schnäbel, mit denen sie hartschalige Samen aufschneiden oder quetschen können. Man bezeichnet sie als *Körnerfresser*. Buchfinken suchen fast ausschließlich am Boden nach Körnern. Wenn Grünlinge zu mehreren auftauchen, dann vertreiben sie die meisten anderen Vögel, sogar Sperlinge, vom Futterplatz.

Rotkehlchen, Heckenbraunellen und Zaunkönige suchen meistens einzeln nach Nahrung. Sie bevorzugen Insekten und Spinnen. Für diese *Weichfutterfresser* eignen sich getrocknete Beeren und Fettfutter an mehreren geschützten Bodenfutterstellen.

Wenn die Winterfütterung mit einsetzendem Frost begonnen wird, muss sie auch durchgehalten werden. Auf keinen Fall gehören auf Vogelfutterstellen gesalzene, menschliche Nahrungsmittel. Alle Futterplätze müssen regelmäßig gereinigt werden, damit durch den Vogelkot keine Krankheitskeime auf das Futter gelangen.

188 Pflanzen und Tiere im Jahreslauf

Die Jahreszeiten bestimmen den Lebensrhythmus der Amsel

Wie das Leben von Tieren durch die Jahreszeiten beeinflusst wird, ist bei den Zugvögeln deutlich zu erkennen. Aber auch Standvögel, z. B. die Amsel, verhalten sich im Herbst völlig anders als im Frühling.

A1 Beschreibe anhand der Abbildung 1, welche Verhaltensweisen bei einem Amselpaar im Verlauf eines Jahres zu beobachten sind. Unterscheide zwischen dem schwarzen Amselmännchen und dem braunen Weibchen. Gib an, welche Verhaltensweisen deiner Meinung nach nur bei einem Geschlecht auftreten. Vergleiche mit dem folgenden Text.

Im Herbst kann man in Parks und Gärten oft Amseln beobachten, wie sie friedlich nebeneinander im Laub und Gras nach Würmern oder Insekten stochern. Auch im Winter finden sie sich gesellig am Futterhäuschen ein. In dieser Zeit fressen sie vor allem Sämereien oder Früchte.

Im zeitigen Frühjahr ändert sich das Verhalten. Nun sucht jeder Amselhahn für sich allein nach Nahrung, z. B. Regenwürmer. Er hält sich immer an den gleichen Stellen auf und verteidigt diese gegen andere Amselmännchen. Von März an singt der Amselhahn. Er sitzt auf bestimmten Bäumen oder auf einem Hausdach, seinen *Singwarten*. Oft schon vor Sonnenaufgang und abends singt er anhaltend und behauptet dadurch sein *Revier* gegen Artgenossen. Dringt ein anderer Amselhahn ein, dann stürzt sich der Revierinhaber auf den Eindringling und vertreibt ihn.

Amselweibchen werden durch den Gesang angelockt. Sie besichtigen das Revier und schließlich bleibt eines da. An einer geschützten Stelle innerhalb des Reviers beginnt das Amselweibchen mit dem Nestbau. Es sammelt feine Zweige, Grashalme, Moos, und Blätter und schichtet alles am *Nistplatz* auf. Bis zu vierzigmal am Tag transportiert es Nistmaterial heran. Während sein Weibchen baut, sitzt der Amselhahn auf der Singwarte und beobachtet aufmerksam das Revier. Zum Sammeln des Nistmaterials begleitet er das Weibchen. Dabei umwirbt und *begattet* er es. Nun legt das Weibchen drei bis fünf befruchtete Eier, jedes im Abstand von einem Tag.

Schon wenn zwei Eier gelegt sind, beginnt das Weibchen zu brüten, während der Hahn auf der nächsten Singwarte sitzt und singt. Am Brüten beteiligt er sich nicht oder nur gelegentlich. Nach 13 bis 15 Tagen schlüpfen die federlosen und blinden *Nesthocker*. Beide Amseleltern sind nun unermüdlich auf Futtersuche. Vor allem Würmer und Insektenlarven stopfen sie den Jungen in den aufgesperrten Rachen. Nach etwa 14 Tagen verlassen sie das Nest und haben nach weiteren zwei Wochen ihre Selbstständigkeit erreicht. Bei den Amseleltern kommt es im Sommer meist zu einer zweiten Brut.

Im Spätsommer *mausern* sich die Amseln. Sie verteidigen ihr Revier nicht mehr, nur gelegentlich ist der leise Herbstgesang der Amselmännchen zu hören. Die Einzelgänger werden wieder gesellig und suchen gemeinsam mit den Jungen nach Nahrung.

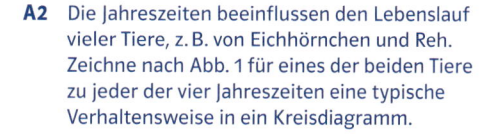

A2 Die Jahreszeiten beeinflussen den Lebenslauf vieler Tiere, z. B. von Eichhörnchen und Reh. Zeichne nach Abb. 1 für eines der beiden Tiere zu jeder der vier Jahreszeiten eine typische Verhaltensweise in ein Kreisdiagramm.

Amselmännchen

Amselweibchen mit Jungen

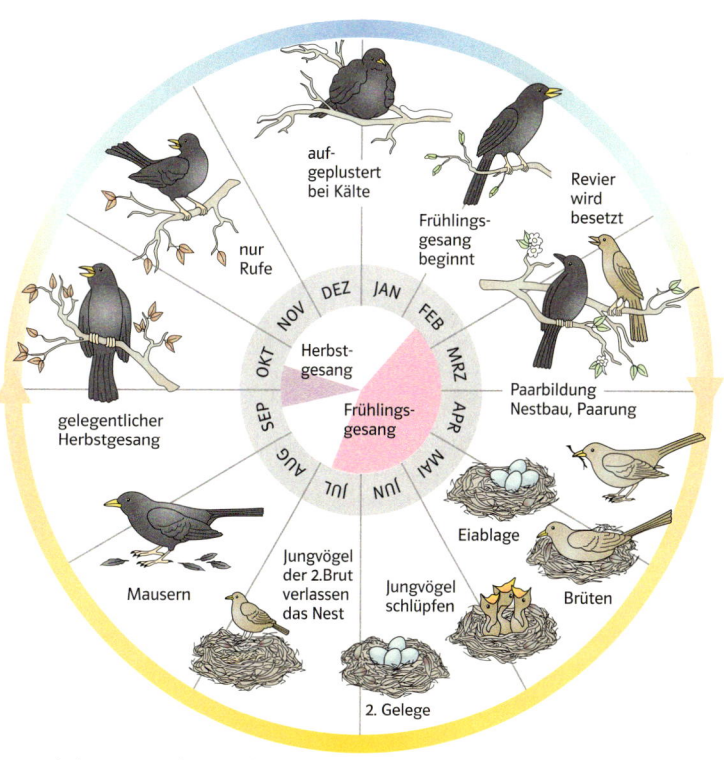

1 *Verhaltensweise der Amsel im Jahresgang*

Fortpflanzung und Entwicklung bei wechselwarmen Tieren

Die Jahreszeiten bestimmen in unseren Breiten den Rhythmus von Fortpflanzung und Entwicklung vieler Lebewesen. Das gilt auch für viele wechselwarme Tiere.

A1 Fortpflanzung und Entwicklung von Säugetieren bzw. Vögeln hast du am Beispiel von Haustieren kennengelernt (Haushund bzw. Haushuhn). Wiederhole beides und berichte ausführlich vor der Klasse. Nenne Unterschiede zu den Verhältnissen bei Wildtieren.

A2 Nenne jahreszeitliche Faktoren, die die Entwicklung wechselwarmer Tiere beeinflussen könnten.

Die Bachforelle

Im Winterhalbjahr, in der die Laichzeit der Bachforelle liegt, wandern die fortpflanzungsfähigen Tiere stromauf zu ihren Laichplätzen im Oberlauf des Baches. Dort ist das Wasser noch sauerstoffreich. Vor dem Ablaichen heben die Weibchen eine muldenförmige *Laichgrube* im kiesigen Untergrund aus, indem sie mit kräftigen Schlägen der Schwanzflosse Sand und Kies zur Seite fegen. Die Männchen beteiligen sich nicht daran, sondern warten in der Nähe. Dabei fechten sie untereinander Rivalenkämpfe aus. Der Sieger kommt schließlich zur Fortpflanzung, indem er seine Spermienflüssigkeit über die vom Weibchen in die Laichgrube abgelegten Eier abgibt. Die Eier werden also außerhalb des Körpers befruchtet *(äußere Befruchtung)*. Das Weibchen bedeckt anschließend die Laichgrube mit Kies und verlässt diese. Zwei bis drei weitere Laichgruben mit bis zu 1500 Eiern können angelegt werden.

Die aus den Eiern im April bis Mai schlüpfenden *Fischlarven* ernähren sich zunächst vom Nährstoffvorrat des *Dottersackes*. Nach dessen Verbrauch verlassen die ca. 2,5 cm großen Jungfische die Lücken zwischen den Kieseln. Sie gehen jetzt allein auf die Jagd und wachsen heran.

1 *Vom Wasser zum Land*

Der Grasfrosch

Den Winter verbringt der Grasfrosch in einem Erdversteck oder im Schlamm auf dem Grund von Gewässern. Wenn im Frühjahr die Außentemperaturen steigen, wandert er zur *Paarung* in das Gewässer, in dem er aufgewachsen ist.

Die Männchen treffen zuerst am Tümpel ein. Dort warten sie dann quakend auf die Weibchen, die aber bis zu einer Woche später eintreffen. Ist ein Weibchen nah genug gekommen, klettert das Männchen auf dessen Rücken und klammert sich fest. So wird das Männchen einige Tage herumgetragen, bis die Eier des Weibchens herangereift sind. An flachen Stellen mit Pflanzenbewuchs presst das Froschweibchen bis zu 4000 Eier, den *Laich*, ins Wasser. Das Männchen gibt seine milchige Spermienflüssigkeit dazu. Man spricht von *äußerer Befruchtung*, da die Spermien außerhalb des Körpers in die Eizellen eindringen. Die das Ei umgebende *Gallerthülle* quillt zu einer dicken Schutzschicht auf. Das Ei darin dreht sich mit der dunklen Seite nach oben. Der schwarze Farbstoff nimmt die Sonnenwärme auf und schützt vor der gefährlichen UV-Strahlung.

Etwa drei Wochen nach der Befruchtung schlüpft die *Froschlarve* aus der Eihülle. Sie heftet sich zunächst an Pflanzen oder Steinen fest und zehrt von ihrem *Eidottervorrat* am Bauch. Sie atmet über büschelige *Außenkiemen* am Kopf. Nach 10 Tagen hat die Larve die typische Gestalt einer *Kaulquappe*. Die Kiemen sind nun von einer Hautfalte überwachsen *(Innenkiemen)*. Der Schwanz mit dem breiten Flossensaum ermöglicht das Schwimmen. Mit Hornleisten am Mund weidet die Kaulquappe die Algen von Steinen und Wasserpflanzen ab. Sie ist ein reiner *Pflanzenfresser*.

Ende Mai, Anfang Juni schwimmt das Tier immer häufiger zur Oberfläche und schluckt Luft. Es hat sich eine einfache *Lunge* gebildet. Schließlich verlässt ein kleiner Frosch das Wasser. Er hat noch einen kurzen Stummelschwanz, der aber nach kurzer Zeit verschwindet. Jetzt ernährt sich der Frosch nur noch von Fliegen, Mücken, Würmern und anderen Kleintieren. Er ist zum *Fleischfresser* geworden.

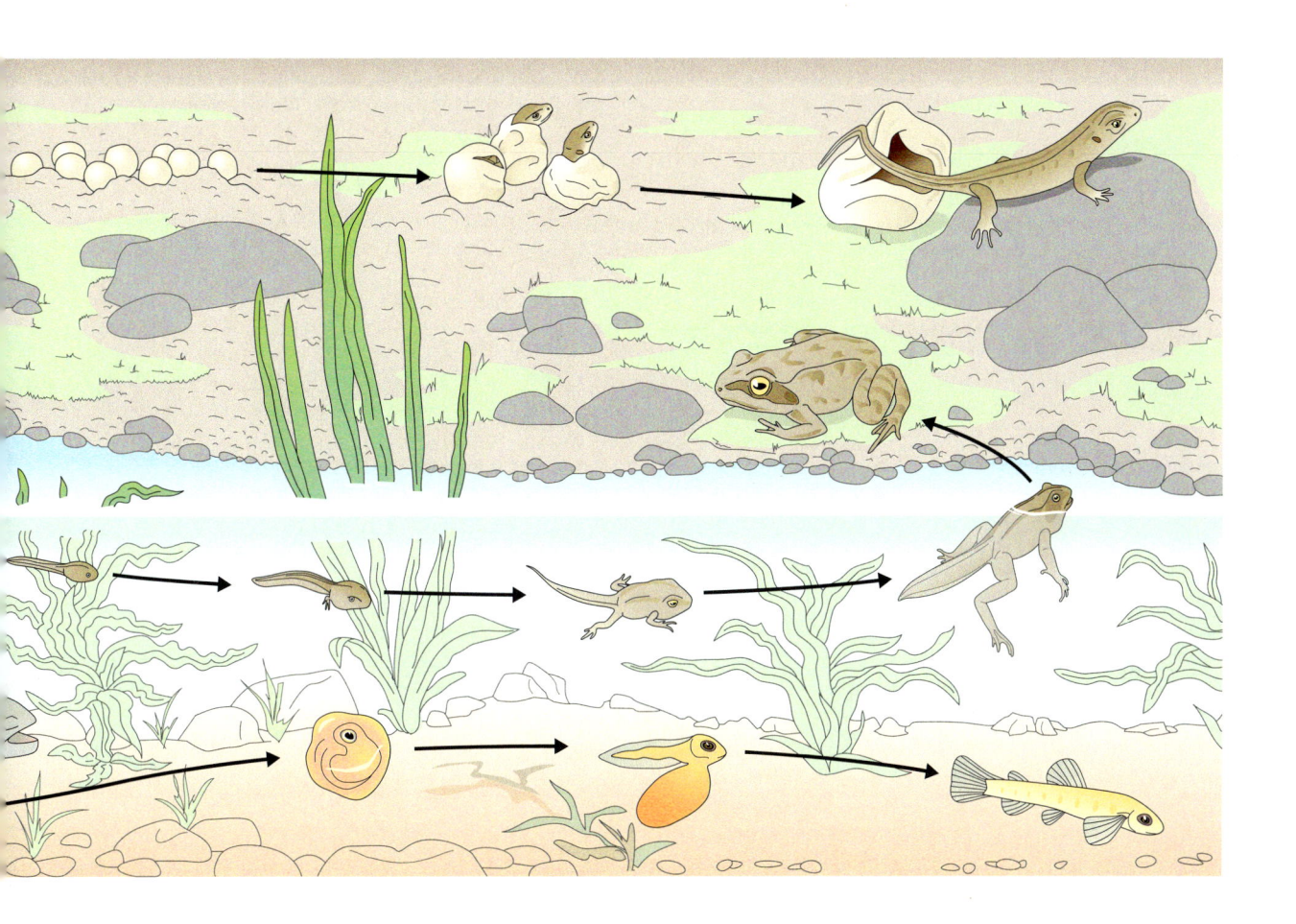

Wenn es im Herbst dauerhaft kühler wird, sucht der junge Grasfrosch ein frostfreies Versteck auf. Noch zwei weitere Jahre vergehen, bis der Frosch zur Paarung wieder in sein Geburtsgewässer zurückkehrt.

Kennzeichnend für die gesamte Tierklasse der *Amphibien* ist, dass die Larven im Wasser leben und mit Kiemen atmen. Bei der Entwicklung der Larven zum erwachsenen Lurch vollzieht sich ein Gestaltwandel, die *Metamorphose*. [Fortpflanzung und Entwicklung S. 266]

A3 Der wissenschaftliche Name der Amphibien leitet sich aus dem Griechischen ab, nämlich *amphi* = beide, zwei und *bios* = Leben. Begründe, weshalb der Name zutrifft.

Die Zauneidechse

Wenn es im Frühjahr wärmer wird, kommen die Eidechsen aus ihrem Winterquartier, einer frostgeschützten Höhle. Die Männchen der Zauneidechse sind zu dieser Zeit an den Seiten auffällig grün gefärbt. Während sie normalerweise einzeln leben und keine Artgenossen in ihrem Revier dulden, beginnt nun die Werbung um ein Weibchen.

Nach einer Reihe immer gleich ablaufender *Balzhandlungen* erfolgt die *Begattung*. Danach vertreibt das Weibchen das Männchen und beide leben wieder als Einzelgänger. Die Befruchtung findet im Körper des Weibchens statt. Das ist die *innere Befruchtung*.

Die Eier reifen im Bauch des Weibchens und bekommen eine derbe, pergamentartige Hülle. Mitte Juni gräbt das trächtige Tier mit den Krallen der Hinterbeine ein Loch in feuchte Erde und legt 5 bis 15 Eier hinein. Das Gelege wird zugescharrt und verlassen.

Im Schutz der Eihäute entwickeln sich die Jungen. Der große Dottervorrat liefert Nährstoffe und die Sonne die Brutwärme. Nach etwa 6 Wochen ritzen fertig entwickelte kleine Eidechsen mit einem *Eizahn* die Schale auf. Die 5 cm langen Tiere wühlen sich an die Erdoberfläche. Sie sind sofort selbstständig.

A4 Erläutere die Begriffe innere bzw. äußere Befruchtung.

A5 Begründe, weshalb innere Befruchtung in allen Lebensräumen möglich ist, äußere dagegen nicht.

A6 Erläutere die Angepasstheiten der Reptilien an das Landleben.

3.3 Extreme Lebensräume
Pflanzen und Tiere in trockenen Lebensräumen

Die meisten Menschen verbinden mit dem Wort „Wüste" eine Landschaft mit Sanddünen, in der kaum Pflanzen und Tiere leben können. Außer einer solchen *Sandwüste* gibt es aber auch zum Beispiel *Stein-* und *Kältewüsten*. Die größte Kältewüste ist die Antarktis. In den Wüsten unserer Erde können nur wenige Pflanzen- und Tierarten überleben, da die Umweltbedingungen extrem sind. An diese sind die dort lebenden Organismen in spezieller Weise angepasst. Bei Pflanzen und Tieren der Sandwüsten kann man dieses gut untersuchen. [Variabilität und Angepasstheit S. 260]

A1 Suche in deinem Atlas folgende Wüsten: Atacama, Sahara, Gobi, Namib und Sonora. Kopiere aus deinem Atlas eine Weltkarte und schraffiere auf der Kopie die entsprechenden Flächen.

Da *Kakteen* auch als Zimmerpflanzen gepflegt werden, sind sie wahrscheinlich die bekanntesten Wüstenpflanzen. Kakteen kommen natürlicherweise nur in Amerika vor. Der mehr als basketballgroße Igelkaktus gibt über seinen kugelförmigen Stamm und die zu Dornen umgewandelten Blätter nur ganz wenig Wasser an seine Umgebung ab. Er kann dadurch lang andauernde Trockenzeiten überleben. In seinem Stamm speichert er das Wasser, das er nach den seltenen Regenfällen in kurzer Zeit aufnimmt.

Andere Pflanzen überdauern die Trockenheit nur als Samen. Wenn es dann einmal regnet, keimen diese. In ganz kurzer Zeit wachsen die Pflanzen heran und bilden Blüten: Die Wüste blüht. In wenigen Wochen ist dieses Schauspiel vorbei. Die in der Zwischenzeit neu gebildeten Samen überdauern dann die nächste Trockenperiode. Zwei Hände voll Wüstensand können über Tausend Pflanzensamen enthalten.

Die Tiere der Wüsten fallen weniger auf als die Pflanzen. Häufig führen sie ein Leben im Verborgenen, wie zum Beispiel der *Wüstenfuchs* oder *Fennek*. Er lebt in der Sahara und den angrenzenden Gebieten. In der Nacht ist er aktiv und sucht nach Beute, zum Beispiel Heuschrecken und Eidechsen. Die in der Nahrung enthaltene Feuchtigkeit reicht aus, um seinen Wasserbedarf zu decken. Den Tag verbringt er in seinem Bau.

Auch andere Tierarten weichen der Mittagshitze aus, durch die der Sand an der Oberfläche bis 70 °C heiß sein kann. Sie graben sich dann ein, wie z. B. in der Wüste lebenden Eidechsen und Schlangen.

Der Nebel oder Tau am Morgen reicht für manche Organismen als alleinige Wasserquelle aus. *Dünenkäfer* der Namibwüste betätigen sich morgens als „Nebelmelker": Sie stellen ihren Hinterkörper hoch und lassen das an ihm gebildete Tauwasser über eine Rinne zum Mund laufen.

A2 Suche zum Beispiel mithilfe von Lexika nach interessanten Pflanzen und Tieren der Wüste. Stelle dar, in welcher Weise sie an das Leben in der Wüste angepasst sind.

A3 Die in der Randspalte abgebildete Eidechse steht nur auf zwei Beinen. In kurzen Abständen springt sie jeweils auf die beiden anderen um. Erkläre dieses Verhalten.

A4 Beschreibe mithilfe des Klimadiagramms und den Informationen aus dem Text, weshalb die Klimabedingungen in Wüsten extrem sind.

Die Niederschlagsmenge und die durchschnittlichen Temperaturen in den 12 Monaten des Jahres werden häufig in einem Diagramm dargestellt. Das abgebildete *Klimadiagramm* zeigt die Bedingungen in der Sahara. Aus diesen Werten kann man Rückschlüsse auf die Lebensbedingungen für Pflanzen und Tiere ziehen.

A5 Suche in einem Erdkundebuch oder dem Internet das Klimadiagramm für Köln oder einen anderen Ort in Nordrhein-Westfalen, drucke dieses aus und vergleiche es mit dem für die Sahara.

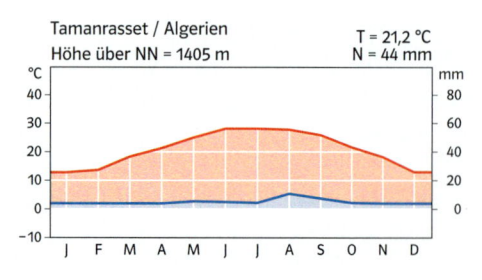

1 *Klimadiagramm der Sahara*
(Tamanrasset / Algerien, Höhe über NN = 1405 m, T = 21,2 °C, N = 44 mm)

Material
Schutz vor Austrocknung

Nicht nur in Lebensräumen, die durch Trockenheit und Hitze gekennzeichnet sind, sind Pflanzen vor Austrocknung geschützt. Bei uns ist es zwar nicht so trocken und heiß wie in der Sahara. Trotzdem können auch bei uns Pflanzen vertrocknen, selbst wenn dieses nicht so schnell geschieht. Deshalb kann man auch bei einheimischen Pflanzen Merkmale finden, die einen zu hohen Wasserverlust verhindern.

Pflanzen verdunsten Wasser

An einem ganz normalen Apfel kann man gut die Merkmale erkennen, die einen zu großen Wasserverlust verhindern. Er soll deswegen als Modell dienen, an dem das genauer untersucht werden soll.

Für die Durchführung der folgenden Versuche wurden zwei Äpfel verwendet, ein etwas größerer und ein etwas kleinerer. Der größere Apfel wurde geschält, der kleinere nicht. Nach dem Schälen waren sie beide gleich schwer.

Danach ließ man die Äpfel in einem Raum mit einer Durchschnittstemperatur von 20 °C liegen. Die Äpfel wurden täglich zur gleichen Uhrzeit eine Woche lang genau abgewogen. Die Messergebnisse sind in der Wertetabelle eingetragen (alle Angaben in Gramm).

Tag	Gewicht ungeschält	Gewicht geschält
1	184	184
2	183	164
3	182	152
4	181	138
5	180	128
6	180	116
7	180	105

A1 Die Darstellung von Versuchsergebnissen in einem Säulendiagramm ist meist besonders anschaulich. In der unten stehenden Abbildung sind die Werte für den ersten und zweiten Tag bereits eingetragen. Zeichne die Abbildung in dein Heft und ergänze die fehlenden Werte.

A2 Werte nun das Diagramm aus und deute das Ergebnis.

A3 Gib aus einer Spritzflasche oder einem Tropfröhrchen jeweils einige Wassertropfen auf den geschälten bzw. ungeschälten Apfel. Warte einige Minuten, notiere deine Beobachtungen und erläutere diese.

A4 Überlege, welche anderen Pflanzen als Äpfel für derartige Versuche in Frage kommen. Führe die Versuche mit einer dieser ausgewählten Pflanzen durch und werte die Ergebnisse entsprechend aus.

A5 Informiere dich über
a) Pflanzen und Tiere, die gut gegen Austrocknung geschützt sind,
b) Pflanzen und Tiere, die leicht austrocknen.
Stelle die Art der Angepasstheit übersichtlich in einer Tabelle dar.

A6 Wasserundurchlässige Materialien sind auch für den Menschen wichtig. Nenne Beispiele dafür.

Wieviel Wasser enthalten Pflanzen?

Um zu überprüfen, wieviel Wasser verschiedene Pflanzenorgane enthalten, muss man zunächst jedes Pflanzenteil für sich möglichst genau abwiegen und die Werte notieren. Danach wird jedes Pflanzenteil 24 Stunden erwärmt. Nun wiegt man die getrockneten Pflanzenteile und notiert die Messergebnisse.

Die folgenden Zahlenwerte zeigen den Wassergehalt von pflanzlichen Organen bezogen auf 100 g des Frischgewichtes:

	Früchte	84–94 g
	Spross krautiger Pflanzen	ca. 88 g
	Laubblätter	ca. 85 g
	Holz von Bäumen	ca. 60 g
	trockene Samen	5–14 g

A7 Notiere Schlussfolgerungen, die man aus diesen Zahlenwerten ziehen kann.

A8 Sammle je ein Pflanzenorgan, von dem du einen besonders hohen bzw. niedrigen Wassergehalt erwartest. Überprüfe experimentell, ob deine Vermutung richtig war. Berichte vor der Klasse.

A9 Vergleiche die verschiedenen Werte und erkläre, warum bestimmte Pflanzenorgane den Winter unbeschadet überleben können, andere aber nicht.

A10 Stelle die Zahlenwerte für den Wassergehalt in einem Säulendiagramm dar.

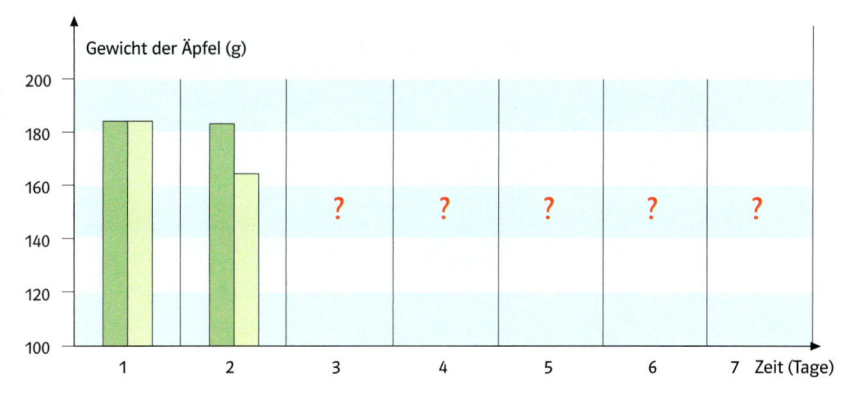

Dromedare — Leben in der Hitzewüste

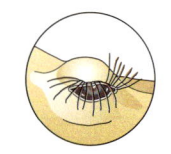

Temperaturen bis zu 50 °C im Schatten, sehr kalte Nächte, kaum Niederschlag, extreme Trockenheit, wenige Wasserstellen, Sandstürme, trockene Gräser und Dornensträucher: das sind Umweltfaktoren, die den Lebensraum der *Sandwüsten* kennzeichnen. Zu den Tieren, die unter diesen lebensfeindlichen Bedingungen überleben können, gehört das einhöckrige *Kamel* oder *Dromedar*, das vor allem in den Wüstengebieten Nordafrikas beheimatet ist. Es kann mehrere Tage ohne Wasser auskommen, erträgt den bis zu 70 °C heißen Wüstensand in der Mittagshitze und kann dabei noch große Strecken pro Tag zurücklegen.

Augen und Ohren können zum Schutz vor Sand sehr fest verschlossen werden.

Auch die Nasenöffnungen sind fest verschließbar und verhindern das Eindringen von Sand (z. B. bei Sandstürmen).

Der Höcker enthält Fettreserven für nahrungsarme Zeiten.

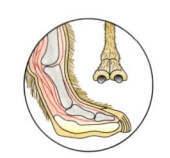

Schwielen unter den Zehen schützen vor dem heißen Wüstensand.

2 *Sandwüste*

A1 Lies den Informationstext sorgfältig und stelle in einer Tabelle zusammen, welche Umweltbedingungen in welcher Stärke auf das Dromedar einwirken.

A2 Entnimm dem Text und den Abbildungen dieser Seite, durch welche Merkmale das Dromedar an die extremen Umweltbedingungen der Wüste angepasst ist. Ergänze deine Tabelle, indem du angibst, welche besonderen Angepasstheiten das Dromedar besitzt und wie diese wirken.

Die *Körpertemperatur* des Dromedars kann im Laufe eines Tages zwischen 34 °C und 40 °C schwanken, ohne dass es schwitzt. So spart es Wasser. Erst wenn die Körpertemperatur auf über 40 °C steigt, beginnt auch das Dromedar zu schwitzen. Durch das *Verdunsten* des Schweißes auf der Körperoberfläche kühlt es ab und ein weiteres Ansteigen der Körpertemperatur wird verhindert. Dromedare schwitzen allerdings nicht so stark wie ein Mensch. Dieser verliert in der Wüste pro Tag 10 bis 15 Liter Wasser, ein ungefähr 500 kg schweres Dromedar höchstens 30 Liter. Es kann sogar über ein Drittel des Körpergewichts an Wasser verlieren, ohne Schaden zu nehmen. Gibt es wieder Wasser, können Dromedare innerhalb von 10 Minuten über 100 Liter trinken.

Im *Höcker* ist Fett als Energiereserve gespeichert. So kommen Dromedare längere Zeit ohne Nahrung aus. Sie sind genügsame Pflanzenfresser, die auch trockene Gräser und dornige Zweige zu sich nehmen. Verschließbare Nasen- und Ohrenöffnungen sowie stark bewimperte Augen schützen ihre Sinnesorgane bei Sandstürmen.

Zusätzlich schützt das dichte Fell, das nicht nur gegen die Kälte in der Nacht, sondern auch gegen die Hitze am Tage isoliert. Auf der Felloberfläche entstehen Temperaturen bis zu 80 °C. Auf der Haut ist die Temperatur niedriger, da das Fell die Hitze zurückhält. *Schwielen* unter den Zehen der paarigen Hufe, an den Knien und in der Brustgegend schützen das Tier sowohl beim Laufen als auch beim Ruhen vor dem heißen Wüstensand. Die spreizbaren *Zehen*, die durch eine Haut miteinander verbunden sind, ergeben eine tellergroße Fläche. Dadurch wird ein Einsinken in den Sand verhindert.

A3 Informiere dich darüber, in welcher Weise Dromedare in ihrer Heimat als Nutztiere verwendet werden. Bereite dazu einen Kurzvortrag vor.

1 *Dromedar in seinem Lebensraum*

Eisbären — Leben in der Kältewüste

Eisbären sind Bewohner der Arktis, z. B. im nördlichen Kanada, und gehören zu den gefährlichsten *Raubtieren*. In ihrem Lebensraum liegen die Temperaturen während des Winters bei unter −40 °C, das Wasser ist eiskalt und über ein Vierteljahr gibt es nur Dämmerlicht. Im Sommer steigen die Temperaturen kaum über 0 °C.

An diese extremen Umweltbedingungen ist der Eisbär jedoch gut angepasst. Er hat ein sehr dichtes Fell und unter der Haut zusätzlich eine dicke Fettschicht, sodass kaum Körperwärme an die kalte Umgebung abgegeben wird. An Land ist das Fell besonders wirksam, im kalten Wasser vor allem die Speckschicht. Die Haare sind innen hohl und können die wenigen Wärmestrahlen einfangen und auf die dunkle Haut weiterleiten. Dunkle Haut nimmt die Wärme besser auf als helle.

A1 Plane ein Experiment, mit dem du zeigen kannst, dass sich eine schwarze Oberfläche stärker aufheizt als eine helle.

Der Eisbär ist ein hervorragender Schwimmer. Durch seine großen Tatzen und die Schwimmhäute zwischen den Zehen ist er an die Fortbewegung im Wasser angepasst. [Variabilität und Angepasstheit S. 260]

Die Hauptnahrung der Eisbären bilden Robben, deren fettreiches Fleisch die für das Leben in der Kälte notwendige Energie liefert. Meist lauert der Eisbär seiner Beute an deren Atemlöchern auf. Selbst durch die Schneedecke hindurch kann er mithilfe seines extrem empfindlichen *Geruchssinnes* seine Beute wahrnehmen. Den lichtlosen Winter überdauern Eisbären in selbst gegrabenen Schneehöhlen. Darin bringen die Weibchen im Dezember meist zwei zunächst hilflose, blinde und taube Junge zur Welt.

A2 Fasse die Angepasstheiten des Eisbären an seinen Lebensraum in einer Tabelle zusammen.

A3 Recherchiere, warum die weltweite Erwärmung des Klimas die Lebensbedingungen für Eisbären verschlechtern und sie dadurch möglicherweise in ihrer Existenz bedroht sind. Fasse deine Ergebnisse schriftlich zusammen.

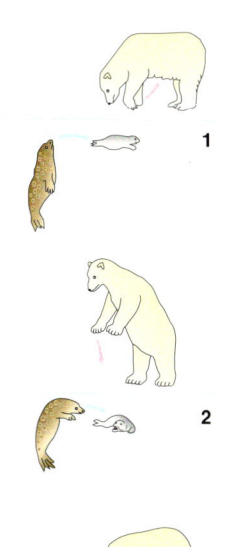

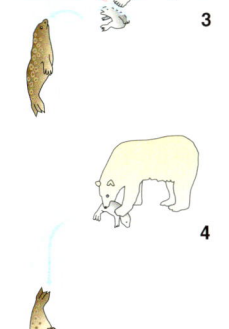

2 Eisbär in seinem Lebensraum

1 Angepasstheiten des Eisbärs an seinen Lebensraum

Info-Box: Iglu

Iglus sind künstliche, aus Schnee und Eisblöcken hergestellte „Schneehöhlen", die früher den *Inuit* wirksamen Schutz vor der Kälte boten. Die Wärme einer Öllampe und die Körperwärme der Menschen reichen aus, um die Luft im Inneren ausreichend zu erwärmen. Durch den tief liegenden Eingang kann die warme Luft nicht entweichen. Iglus sind wie „Gefängnisse für warme Luft".

Impulse
Säugetiere im Zoo

Wahrscheinlich kennst du mehr Säugetiere aus fremden Ländern als aus unserer Heimat. Ein Grund dafür könnte sein, dass einige dieser Säugetiere aufgrund ihrer Größe allein schon sehr beeindruckend sind. Bei einem Besuch im Zoo kannst du viele aus der Nähe sehen. Versuche einmal, beim nächsten Zoobesuch bei einigen Tieren länger zu verweilen und sie genauer zu beobachten. So erfährst du wesentlich mehr über die Tiere. Du kannst zum Beispiel die Unterschiede zwischen ähnlich aussehenden Tieren herausfinden. Oder du kannst dich mit dem Familienleben, zum Beispiel von Schimpansen, beschäftigen.

Zusammenleben und Verständigung

Meist ist gut zu erkennen, wer die Tiergruppe anführt. Das kannst du an bestimmten Merkmalen oder Verhaltensweisen erkennen.

- Besonders Schimpansen zeigen verschiedene Gesichter, mit denen sie ihre Stimmungen ausdrücken. Was könnte sich hinter dem jeweiligen Gesichtsausdruck verbergen? Aber Vorsicht, der Vergleich mit dem Menschen ist manchmal irreführend!

Laufen, Schwimmen, Fliegen

Im Laufe ihrer langen Entwicklung haben die Säugetiere ganz verschiedene Fortbewegungsweisen entwickelt. Die weitaus meisten Arten sind Landbewohner. Einige haben es geschafft, Wasser und Luft als Lebensraum zu erobern.

- Robben gibt es in den meisten Zoos, z. B. Seelöwen, Seebären und Seehunde. Seelöwen und Seebären gehören zu den *Ohrenrobben*, Seehunde zu den *Hundsrobben*. Sie haben unterschiedliche Vorfahren. Deshalb schwimmen sie auch ganz verschieden. Weißt du, wie?

- Wale, Seekühe und Robben besitzen umgewandelte Fortbewegungsorgane, die es ihnen ermöglichen, ohne große Anstrengung zu schwimmen. Vergleiche.

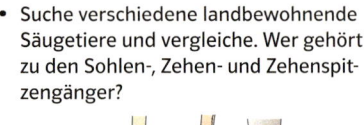

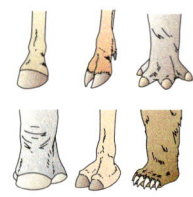

- Suche verschiedene landbewohnende Säugetiere und vergleiche. Wer gehört zu den Sohlen-, Zehen- und Zehenspitzengänger?

- Sieh dir die Hände und Füße verschiedener Affen genau an. Vergleiche mit deinen eigenen Händen und Füßen.

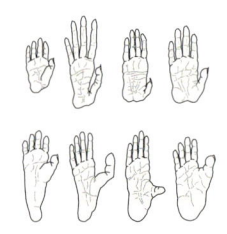

- Viele Säugetiere leben meist in festen Gruppen zusammen, in denen sich die Mitglieder genau kennen. Kannst du erkennen, wie die Tiere untereinander Kontakt aufnehmen?
- Finde heraus, wieviele Mitglieder die Gruppe hat und wie die Gruppe zusammengesetzt ist.

Leben auf Bäumen

- Die meisten Affen verbringen den größten Teil ihres Lebens auf Bäumen. Daran sind sie durch ihren Körperbau besonders angepasst.

- Die kleinen Arten bewegen sich in ihrem Lebensraum in der Regel ganz anders fort als die großen Arten. Wenn du genau beobachtest, wirst du den Unterschied leicht entdecken. Hast du auch eine Erklärung dafür?

Flecken und Streifen

Viele Tiere zeigen in ihrem Fell die unterschiedlichsten Flecken- und auch Streifenmuster.

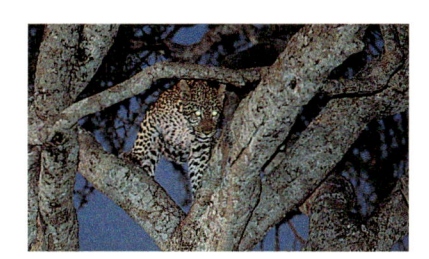

- Kannst du erkennen, wen du vor dir hast?
- Kennst du außer den Katzen andere Säugetiere mit einem Flecken- oder Streifenmuster. Im Zoo kannst du einige finden.

- Die meisten Menschen finden die Fellmuster der Katzen schön. Die Muster haben aber auch eine ganz bestimmte Aufgabe. Kannst du dir vorstellen welche?

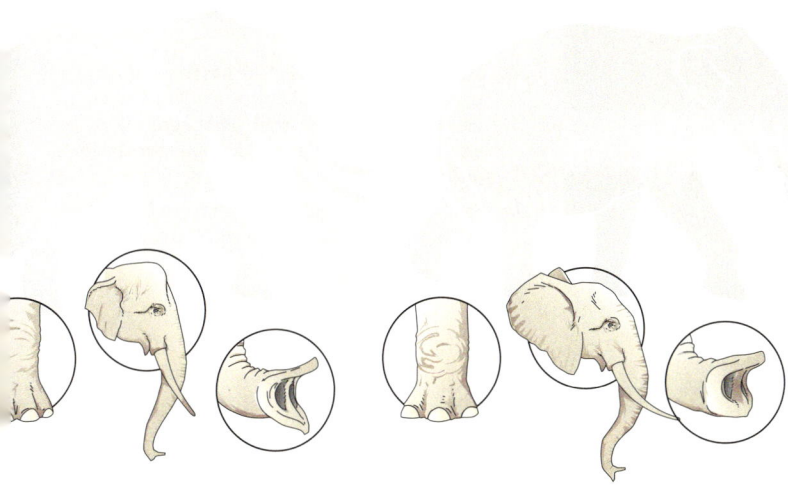

Große Tiere

Elefanten sind mit 5 bis 8 Tonnen Gewicht die größten Landsäugetiere.

- Kennst du die Unterschiede zwischen dem Asiatischen und dem Afrikanischen Elefanten?
- Bei einer der beiden Arten tragen nur die männlichen Elefanten Stoßzähne. Weißt du auch bei welcher? Lies dazu auch die Beschreibung am Gehege.
- Kennst du weitere große Säugetiere?

Der Seehund — Säugetier im Meer und an Land

Wasser stellt für Säugetiere einen extremen Lebensraum dar. Sie atmen mit Lungen und besitzen 4 Gliedmaßen, die in der Regel an die Fortbewegung an Land angepasst sind. *Robben* und *Wale* leben allerdings zu einem großen Teil oder während ihres ganzen Lebens im Wasser. An dieses Leben sind sie durch ihren Körperbau in besonderer Weise angepasst.

Der Seehund ist wegen seines Vorkommens an der Nord- und Ostseeküste auch bei uns eine bekannte Robbenart.

A1 Informiere dich darüber, in welchen Gebieten der Erde der Seehund außerdem vorkommt.

Seehunde leben in *Rudeln* und verbringen einen großen Teil ihres Lebens im Wasser. Dort jagen sie Fische, die fast ausschließlich ihre Nahrung bilden. Zum Ausruhen begeben sie sich auf Sandbänke oder Klippen. Dort bringen die Weibchen von Ende Mai bis Juli die Jungen zur Welt. Diese können bereits bei der nächsten Flut den Müttern ins Wasser folgen. Während der etwa 4 Wochen langen Stillzeit wachsen die Jungen schnell. Die fast zur Hälfte aus Fett bestehenden *Muttermilch* liefert die dafür notwendige Energie. Seehundjunge können deshalb in kurzer Zeit selbstständig werden.

Seehunde sind an ihre Lebensweise auch durch ihren Körperbau angepasst. Der *stromlinienförmige* Körper besitzt ein glattes, wasserdichtes Fell. Die Ohrmuscheln sind zurückgebildet. Das alles verringert den Wasserwiderstand. Die bis zu 5 cm dicke Speckschicht unter der Haut verhindert eine zu große Wärmeabgabe an die Umgebung, auch wenn sich die Seehunde sehr lange im kalten Wasser aufhalten. Die flossenförmigen Hinterbeine ermöglichen zusammen mit der Wirbelsäule eine schlängelnde Fortbewegung (*Beinschwimmer*). Die kurzen Vorderbeine werden dabei zur Steuerung eingesetzt. An Land jedoch benutzen Seehunde ihre Vorderbeine zum „Laufen", da sie ihre Hinterbeine nicht unter den Körper stellen können. Die Folge ist die bekannte robbende Fortbewegung an Land.

Beim Abtauchen verschließen Seehunde ihre Ohr- und Nasenöffnungen. Die normalen Tauchzeiten betragen etwa 5 Minuten. Unter Wasser können sich Seehunde hervorragend orientieren und ihre Beute orten. Die Augen sind so konstruiert, dass sie unter und über Wasser gut sehen. Zudem erzeugen Seehunde *Klicklaute*, die von Gegenständen in ihrer Umgebung zurückgeworfen und von ihrem ausgezeichneten Gehör ausgewertet werden. Mit ihren *Tasthaaren* nehmen Seehunde feinste Schwingungen im Wasser wahr. So können Seehunde sich auch in trübem Wasser oder bei Dunkelheit orientieren.

A2 Informiere dich über *Heuler* — das sind verlassene junge Seehunde —, die man immer wieder an den Stränden findet. Fasse deine Informationen in einem kurzen Bericht zusammen.

A3 Vergleiche mithilfe des Skeletts den Aufbau der Gliedmaßen von Robben mit den Armen und Beinen des Menschen und begründe, weshalb die Gliedmaßen der Seehunde Beine und Arme sind und keine Flossen.

A4 Stelle dar, durch welche besonderen Merkmale der Seehund an das Leben im Wasser angepasst ist.

A5 Recherchiere im Internet oder in Tierlexika über weitere Robbenarten, stelle ihre Verbreitung auf einer aus deinem Atlas kopierten Weltkarte dar und erläutere, weshalb man zwischen Hunds- oder Ohrenrobben unterscheidet.

1 *Seehund an Land und Schema des Skeletts mit Gliedmaßen*

Wale — vom Land unabhängige Säugetiere

Zu den bekanntesten Walen gehören die *Delfine*. Sie leben, wie alle Wale, während ihres ganzen Lebens im Wasser. An Land können sie nicht überleben, da sie dort vom eigenen Körpergewicht erdrückt würden. Die Jungen der Wale werden im Wasser geboren und gesäugt. Die *Zitzen* der Muttertiere liegen unter einer Hautfalte verborgen.

Der Körper der Delfine ist perfekt an das Leben im Wasser angepasst. Er ist *stromlinienförmig* und besitzt keine Haare. Die Haut der Delfine bildet ständig einen Fettfilm. Dadurch wird der Wasserwiderstand so stark verringert, dass Delfine bis zu 60 km/h schnell schwimmen können. Die dicke Speckschicht unter der Haut wirkt im Wasser wie ein warmer Mantel.
[Variabilität und Angepasstheit S. 260]

Delfine leben vor allem von Fischen, die sie mit ihren spitzen Zähnen gut festhalten können. Zur Orientierung und zum Beutefang stoßen die Delfine *Ultraschallschreie* aus, die von Hindernissen und von den Beutetieren als Echo zurückkommen. Delfine können aber auch gut sehen. Untereinander verständigen sie sich mit tieferen, auch für den Menschen hörbaren Lauten.

Die waagrechte Schwanzflosse, die *Fluke*, dient dem Antrieb. Durch die Bewegungen der Wirbelsäule wird die Fluke auf- und abbewegt. Die zu Flossen umgebildeten Vordergliedmaßen, die sogenannten *Flipper*, dienen der Steuerung. Die auf dem Rücken befindliche Finne gibt dem Delfinkörper beim Schwimmen Seitenstabilität. Hintergliedmaßen fehlen den Delfinen.

Die Atemluft wird durch das auf der Kopfoberseite liegende *Nasenloch* in die Lungen eingeatmet, ohne dass sie mit dem ganzen Kopf aus dem Wasser auftauchen müssen.

Die Angepasstheiten der Delfine sind in vergleichbarer Form bei allen Walen zu finden. Die meisten Wale gehören, wie die Delfine, zu den *Zahnwalen*. Der größte von ihnen ist mit maximal 20 Metern Körperlänge der *Pottwal*.

A1 Informiere dich über die Lebensweise und die besonderen Angepasstheiten des Pottwals, der von allen Walen am tiefsten und längsten tauchen kann. Stelle das Ergebnis deiner Nachforschungen in Form eines Steckbriefs dar.

Die größten heute lebenden Säugetiere findet man aber bei den *Bartenwalen*. So wird der *Blauwal* bis zu 30 Meter lang und 120 Tonnen schwer. Die *Buckelwale* sind wegen ihrer Gesänge bekannt. Statt der Zähne tragen Bartenwale nach innen ausgefranste Hornplatten im Oberkiefer, die zusammen mit der riesigen Zunge als Filter eingesetzt werden. Mit weit geöffnetem Maul nehmen Bartenwale Wasser und massenhaft darin enthaltene Krebse (*Krill*) oder Fische auf. Beim Schließen des Mauls drückt die riesige Zunge von unten gegen die Bartenreihen, sodass das Wasser nach außen abfließt und die Tiere auf der Innenseite der *Barten* hängenbleiben.

A2 Begründe mithilfe der Skelettabbildung, weshalb man heute annimmt, dass die Vorfahren der Wale Hintergliedmaßen besessen haben.

A3 Vergleiche die Orientierung der Delfine mit der der Fledermäuse. Stelle Gemeinsamkeiten und Unterschiede heraus.

A4 Vergleiche Robben und Wale und leite begründet ab, weshalb Wale besser an das Leben im Wasser angepasst sind als die Robben.

A5 Bereite einen Vortrag über die Gefährdung und den Schutz der Wale vor.

Delfin

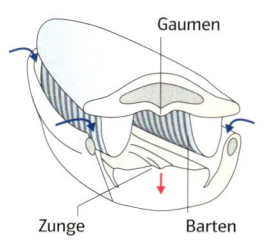

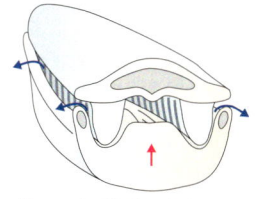

Querschnitt durch den Kopf eines Bartenwals

1 *Bartenwale bei der Nahrungsaufnahme und Schema des Skeletts*

Pinguine — Fliegen unter Wasser

1 Eselspinguine auf dem Weg zum Nest

Deckfeder mit ausgebreitetem Daunenteil

Merkmal	Anpassung an
2 cm dicke Fettschicht	kalte Temperaturen

An Land wirken die Bewegungen der Pinguine schwerfällig und unbeholfen. Watschelnd setzen sie Fuß vor Fuß, um zu ihren Brut- und Mauserplätzen zu gelangen. Im Wasser jedoch bewegen sie sich wendig und schnell wie ein Fisch.

Wenn Pinguine schwimmen, schlagen sie z. B. nur einmal kurz mit den Flügeln und gleiten danach mit hoher Geschwindigkeit durch das Wasser. Das ist deshalb möglich, da der Wasserwiderstand durch ihren stromlinienförmigen Körper stark herabgesetzt wird. Versuche haben dieses bestätigt: Der *Strömungswiderstand* der Pinguine ist fast zehnmal günstiger als der moderner Autos. Deshalb können sie im Wasser bis zu 35 km/h schnell werden. Sie schlagen dabei mit ihren Flügeln bis zu 200-mal pro Minute. Pinguine bewegen dabei ihre Flügel genau so wie Vögel in der Luft. Sie fliegen also im Wasser. Da Wasser im Vergleich zur Luft sehr „zäh" ist, müssen die Flügelflächen aber klein sein. In der Luft können Pinguine deshalb nicht fliegen. [Variabilität und Angepasstheit S. 260]

Beim Schwimmen an der Wasseroberfläche tauchen Pinguine mit dem größten Teil ihres Körpers ins Wasser ein. Das ist ein Hinweis darauf, dass der Auftrieb nur gering ist. Pinguine können deshalb leicht in große Tiefen abtauchen, wo sie ihre Nahrung finden.

A1 Beobachte Enten und andere Wasservögel auf einem nahen Gewässer, zum Beispiel auf dem Stadtteich. Berichte darüber, wie tief diese beim Schwimmen mit ihrem Körper ins Wasser eintauchen. Vergleiche mit den Pinguinen.

Vor den extremen Temperaturen in ihrem Lebensraum sind Pinguine durch die bis zu 2 cm dicke Fettschicht und ein wasserdichtes Gefieder geschützt. Die Federn haben außen die Eigenschaften einer *Deckfeder*, innen die einer *Daunenfeder*. Füße und Flügel werden nur gering durchblutet, sodass nur wenig Wärme an die Umgebung abgegeben wird.

A2 Lies den Informationstext und erstelle mithilfe des Textes und der Abbildungen eine Tabelle (Muster s. Randspalte) über die Angepasstheiten der Pinguine an ihren Lebensraum.

A3 Recherchiere, wo es welche Pinguinarten gibt. Formuliere jeweils einen Kurzsteckbrief und stelle das Ergebnis deiner Recherche in Form einer Plakatpräsentation vor.

A4 „Ist der Pinguin ein Fisch?" Nimm in einem Kurzvortrag Stellung zu dieser Frage.

2 Schwimmbewegung der Pinguine

Pflanzen und Tiere im Jahreslauf

Lexikon
Leben in großen Tiefen

Die meisten der uns bekannten Meerestiere leben an den Küsten oder in den oberen Bereichen des Meeres. Heute weiß man, dass die noch weitgehend unbekannten Tiefen der Meere eine große Vielfalt von Organismen beherbergen. Diese zeigen zum Teil erstaunliche Angepasstheiten. Das liegt in den extremen Umweltbedingung begründet: In der Tiefsee herrscht absolute Dunkelheit, das Wasser ist meist kalt und es gibt nur wenig Nahrung.

Quastenflosser — 1938 wiederentdeckt

Bis 1938 war man der Meinung, dass Quastenflosser vor ca. 65 Mio. Jahren, etwa gleichzeitig mit den Sauriern, ausgestorben seien, bis ein Fischkutter vor der Ostküste Südafrikas einen bisher nicht gesehenen Fisch mitbrachte. Heute weiß man, dass es noch mehrere Exemplare des bis zu 2 Meter langen Quastenflossers im Indischen Ozean in der Nähe Madagaskars gibt. Sie leben dort in Tiefen von 200 bis 500 Metern. Sie erzeugen um sich herum ein elektrisches Feld. Dadurch können sie sich in der absoluten Finsternis orientieren und ihre Beute orten.

Fische und Quallen mit Beleuchtung

Tiefsee-Anglerfische leben bis in Tiefen von 1000 Metern. Ihre leuchtende Angel auf dem Kopf setzen sie als Köder ein und locken damit Beute an, die sie dann durch schnelles Aufreißen des Maules einsaugen und vollständig verschlucken.
Auch bei den leuchtenden *Quallen*, die in der Tiefsee leben, nimmt man an, dass sie durch das selbst erzeugte Licht ihre Beute anlocken.

Nautilus — Schweben in der Tiefe

Der Nautilus — auch *Perlboot* genannt — besitzt eine harte Kalkschale, die aufgerollt ist. In diese kann sich Nautilus bei Gefahr zurückziehen. Die Schale ist im Inneren unterteilt. Das Tier selbst lebt nur in der jeweils letzten Kammer, der *Wohnkammer*. Die übrigen Kammern sind mit Gas gefüllt. Durch Regelung der Gasmenge in den Kammern kann Nautilus in unterschiedlichen Tiefen schweben. Wie auch die Tintenfische, besitzt Nautilus *Tentakel* zum Beutefang. Nautilus und Tintenfische gehören zu den *Kopffüßern*.

Pottwale — Tieftauchspezialisten

Pottwale können bis über 1000 Meter tief und bis zu 90 Minuten lang abtauchen. Der kastenförmige Kopf enthält Organe, die dem Pottwal diese extremen Leistungen ermöglichen. In diesen Tiefen finden sie ihre Beute, zum Beispiel Riesenkraken, die zu den Tintenfischen gehören. Nach jedem Tauchgang müssen sich Pottwale längere Zeit an der Wasseroberfläche erholen. Sie waren deswegen früher leichte Beute der Walfänger.

Leben nahe am Siedepunkt

Dort, wo in über 2000 Meter Tiefe jeweils von Nord nach Süd der Boden des Atlantischen und Pazifischen Ozeans aufbricht, gibt es *heiße Quellen*. Ein Teil davon stößt mit dem bis zu 350 °C heißen Wasser dunkel gefärbte, feste Mineralstoffe aus. In der Nähe dieser **Black Smoker** gibt es ein reichhaltiges Leben. Am auffälligsten sind die bis zu 1 Meter langen *Bartwürmer*. Sie leben in Gemeinschaft mit Bakterien in ihrem Körper. Diese stellen energiereiche Nährstoffe her, von denen auch die Bartwürmer leben können. Bartwürmer nehmen andererseits mit ihren roten Kiemen Sauerstoff aus dem Wasser auf, den auch die Bakterien benötigen.

201

Impulse
Extreme bei Pflanzen und Tieren

In fast allen Lebensräumen findet man Pflanzen und Tiere, die ganz erstaunliche Eigenschaften oder Merkmale besitzen. Dadurch können diese Tiere in ihrem Lebensraum überhaupt existieren. Du hast bereits den Eisbären und das Dromedar kennengelernt, welche an das Leben in der Eiswüste beziehungsweise Hitzewüste angepasst sind.

- Moore, Gebirge, die Savannen Afrikas und Regenwälder sind Beispiele für Lebensräume unserer Erde. Informiere dich über die charakteristischen Lebensbedingungen und schreibe diese stichwortartig auf.

Höher geht's nicht — oder?

In manchen botanischen Gärten kannst du dir auch bei uns *Mammutbäume* anschauen, die zu den höchsten Bäumen der Erde zählen.

- Recherchiere, wo Mammutbäume natürlicherweise vorkommen, welche Höhe sie erreichen und wie alt sie werden können.
- Mammutbäume überstehen Waldbrände unbeschadet. Du wirst sicher herausfinden, woran das liegt.
- Mammutbäume haben, was ihre Höhe betrifft, einen ernsthaften Konkurrenten in einem anderen Erdteil. Dieser besitzt Blätter, die wie Hustenbonbons riechen und Tieren als Nahrung dienen, die dir sicher gut bekannt sind.

Leben mit dem Mangel

Erstaunlich — da gibt es doch Pflanzen, die Insekten fangen und anschließend verdauen. Dazu gehören die *Kannenpflanze* und der *Sonnentau*. Beide leben auf Böden, die nur sehr wenig Mineralstoffe enthalten. Andere Pflanzenarten können dort überleben, wo es kaum regnet, manchmal für mehr als ein halbes Jahr nicht. Beispiele sind die *Kakteen*.

- Du kannst sicher erläutern, welchen Vorteil die „Fleischbeilage" der Kannenpflanze und dem Sonnentau bietet.
- Dem *Saguarokaktus* kann man es eigentlich schon ansehen, wie er den Wassermangel gut überleben kann. Erkläre.

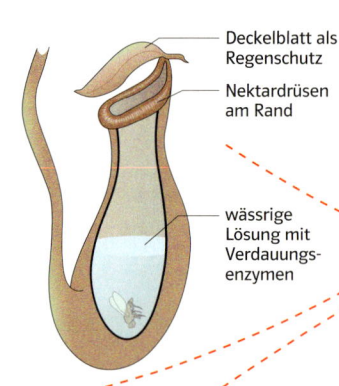

Deckelblatt als Regenschutz
Nektardrüsen am Rand
wässrige Lösung mit Verdauungsenzymen

Leben im Hochgebirge

Die Lebensbedingungen im Hochgebirge sind eine große Herausforderung. Ab einer bestimmten Höhe wachsen keine hohen Bäume mehr. Stattdessen findet man *Weidenarten*, die nur einige Zentimeter hoch werden. *Steinböcke* bewegen sich sicher im steilen Fels, ohne abzustürzen.

- Weshalb könnte der niedrige Wuchs der Weiden ein Überlebensvorteil in großen Höhen sein?
- Wie sollten die Hufe des Steinbocks deiner Meinung nach beschaffen sein? Schlage nach und vergleiche mit deinen eigenen Überlegungen.

Auch Langsamkeit kann ein Vorteil sein

Die Bewegungen eines *Faultiers* wirken wie in Zeitlupe. Es ernährt sich, kopfüber hängend, vor allem von Blättern, die nur wenig Nährstoffe enthalten. Es klettert etwa alle 8 Tage nur zum Absetzen von Kot und Urin auf den Boden herab. Während des ausgiebigen Schlafes kann die Körpertemperatur bis auf 25 °C fallen.

- Du kannst nun sicher begründen, woran Faultiere durch ihre Lebensweise gut angepasst sind.
- Die zu den Insekten gehörenden *Wandelnden Blätter* bewegen sich ebenfalls fast gar nicht. Das hat aber eine andere Ursache als beim Faultier.

Tierstaaten unter der Erde

Termiten leben in selbst hergestellten Bauten, die aus einem oberirdischen und einem unterirdischen Teil bestehen. Sie bilden einen Insektenstaat, in dem die Mitglieder bestimmte Aufgaben haben, ähnlich wie im Bienenstaat.

Erstaunlich ist, dass es sogar eine Säugetierart gibt, den *Nacktmull*, dessen Leben ähnlich wie in einem Bienenstaat organisiert ist. Es gibt nur ein fortpflanzungsfähiges Weibchen, das von zwei bis drei Männchen der Kolonie begattet wird. Eine solche *Nacktmullkolonie* kann bis zu 300 Tiere umfassen, die in einem selbst gegrabenen unterirdischen Höhlen- und Gangsystem leben.

- Finde heraus, in welchen Gebieten Afrikas es Nacktmulle gibt.
- Nacktmulle haben nur sehr kleine Augen und haben kaum Haare, ausgenommen die zahlreichen Tasthaare in der Maulgegend. Ist doch einleuchtend, oder?
- Nacktmulle benutzen aber andere Grabwerkzeuge als zum Beispiel Maulwürfe.
- Vergleiche den Aufbau eines Termitenstaates mit dem eines Bienenstaates. Stelle das Ergebnis deines Vergleiches auf einem Plakat dar.

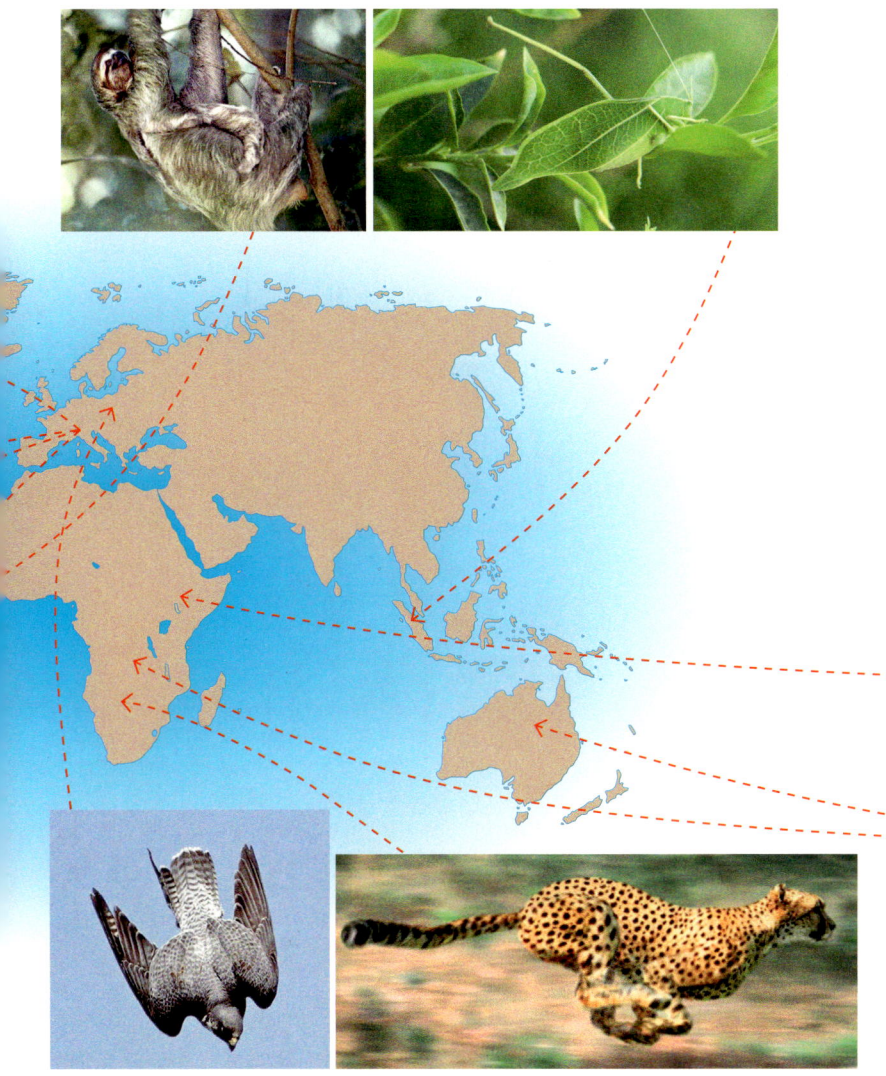

Hochgeschwindigkeitsjäger

Faszinierend ist die Jagd eines *Geparden* in der afrikanischen Savanne. Innerhalb weniger Sekunden beschleunigt das schnellste Säugetier der Erde auf Höchstgeschwindigkeit. Kann er seine Beute innerhalb von einigen Hundert Metern einholen, hat er auch die Chance, diese zu fangen.

Wanderfalken schießen mit fast 300 Kilometern pro Stunde auf ihre Beute herab und greifen diese im Flug. Häufig sind das Tauben.

- Geparden kommen zusammen mit Löwen und Leoparden vor, die ebenfalls Antilogen erbeuten.
- Auch der Wanderfalke hat Nahrungskonkurrenten.
- Wie kommen Gepard und Wanderfalke mit dieser Konkurrenz zurecht?
- Auch im Meer leben Hochgeschwindigkeitsjäger. Suche ein zutreffendes Beispiel und erstelle einen Steckbrief.

203

3.4 Natur- und Artenschutz
Lebensräume verändern sich

Lebensraum Feldflur
Die Grafik oben zeigt einen kleinen Ausschnitt der Artenvielfalt der naturnahen Landschaft, wie sie bis zur Mitte des 18. Jahrhunderts noch oft zu finden war.

Ein Lebensraum ist ein abgrenzbarer Bereich, in dem ein Lebewesen dauerhaft vorkommt. Beispiele dafür sind Wälder, Wiesen oder Feuchtgebiete. Die Tiere und Pflanzen, die gemeinsam einen Lebensraum bewohnen, bilden eine *Lebensgemeinschaft*.

Neben den natürlichen Lebensräumen gibt es solche aus Menschenhand. Dazu gehören seit ca. 4000 Jahren auch die unten abgebildeten *Feldfluren*. Sie entstanden durch den Ackerbau, der für die Menschen am Ende der Steinzeit immer wichtiger für ihre Ernährung wurde.

- Flusskrebs
- Gelbrandkäfer
- Prachtlibelle
- Ackerhummel
- Trauermantel
- Maikäfer
- Goldlaufkäfer
- Bachforelle
- Erdkröte
- Teichfrosch
- Zauneidechse
- Ringelnatter
- Weißstorch
- Rebhuhn
- Ringeltaube
- Waldohreule
- Mäusebussard
- Hamster
- Feldmaus
- Maulwurf
- Dachs
- Hermelin
- Feldhase
- Fuchs
- Reh

1 *Veränderungen der Feldflur vom 18. Jahrhundert bis heute*

204   Pflanzen und Tiere im Jahreslauf

A1 Beschreibe die Veränderungen der Feldflur anhand von Abbildung 1.

A2 Suche Erklärungen, warum die Menschen die Ackerlandschaft so verändert haben. Benutze dazu auch die Abbildung 2.

Ursprünglich waren Feldfluren sehr abwechslungsreich gegliederte und artenreiche Lebensräume. Dazu gehörten Wiesen, Weiden, Äcker und auch angrenzende Hecken. Vor allem in den letzten 50 Jahren sind jedoch Pflanzen wie Korn- und Mohnblume und Tiere wie Rebhuhn und Wachtel selten geworden, einige Tier- und Pflanzenarten sind sogar ganz aus diesem Lebensraum verschwunden.

- ohne Kornblumen
- nur im Randbereich
- vereinzelt

2 Vorkommen der Kornblume auf Äckern in NRW

Veränderungen in der Landwirtschaft sind die Hauptursache für den Rückgang der Artenzahl. Die Zahl der Bauernhöfe hat abgenommen, die Größe einzelner Höfe ist im Durchschnitt gewachsen. Aus Kostengründen legten die Bauern ihre Anbauflächen zu größeren Feldern zusammen. Dort können sie mit großen Maschinen wirtschaftlich arbeiten. Große, einheitlich gegliederte Flächen bieten jedoch nur für wenige Pflanzen- und Tierarten eine geeignete Lebensgrundlage. So geht die Artenzahl noch weiter zurück.

Artenreiche Wiesen mit vielen blühenden *Wildkräutern* gibt es fast nicht mehr. Um den Ertrag zu steigern, werden immer mehr *Herbizide* („Unkraut"-Vernichtungsmittel) eingesetzt. Dies verstärkt den Rückgang der Wildkräuter. Nach heutigem Stand sind von den einstmals 317 Arten der Ackerwildkräuter bereits 104 ausgestorben oder gefährdet und stehen daher auf der „*Roten Liste*" (s. Seite 209).

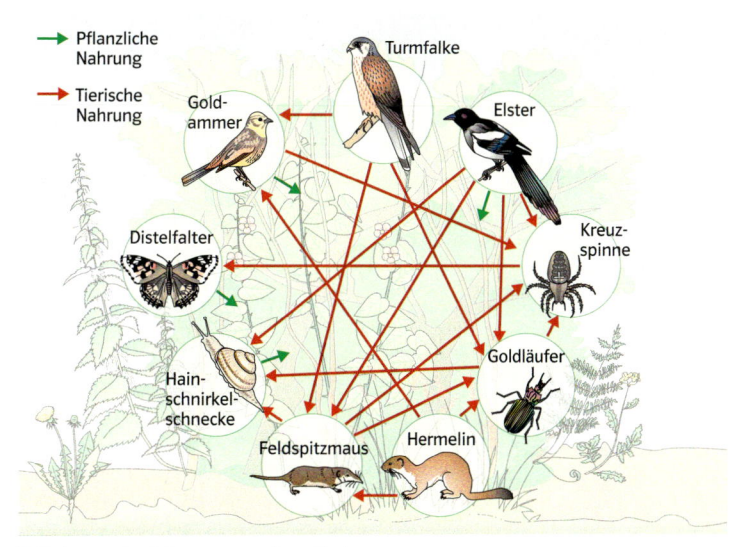

→ Pflanzliche Nahrung
→ Tierische Nahrung

3 Nahrungsbeziehungen an einer Hecke

Hecken als vielfältige Abschnitte der Feldflur

Hecken sind von einem Stück Feld oder Wiese umgebene, ein bis mehrere Meter breite Gehölzstreifen, die regelmäßig zurückgeschnitten werden. So werden die Pflanzen klein gehalten und treiben zudem nach dem Schnitt kräftig aus. Hecken gehören zu den tierartenreichsten Lebensräumen *(Biotopen)* in unserer Landschaft. Auf engstem Raum bieten sie Platz zum Wohnen und Nisten, sind Überwinterungsquartier, Ansitzwarte und Deckungsort.

Zwischen den Bewohnern der Hecke bestehen vielfältige *Nahrungsbeziehungen*. So ernährt sich z. B. die Goldammer von Pflanzensamen und Insekten, der Turmfalke von kleinen Vögeln, Mäusen und Insekten. Auch am Anfang jeder *Nahrungskette* in der Hecke stehen die Pflanzen als *Produzenten*, gefolgt von den Pflanzen- und Fleischfressern als *Konsumenten*. Aus der Verknüpfung der vielen Nahrungsketten entsteht auch in der Hecke ein *Nahrungsnetz* (Abb. 3).

A3 Notiere anhand von Abb. 3, von was sich die Heckenbewohner jeweils ernähren. Erstelle daraus verschiedene Nahrungsketten.

A4 Übertrage die Abbildung aus der Randspalte in dein Heft und ergänze sie an geeigneten Stellen um folgende Begriffe: Wasser, Mineralsalze, Ausscheidungen.

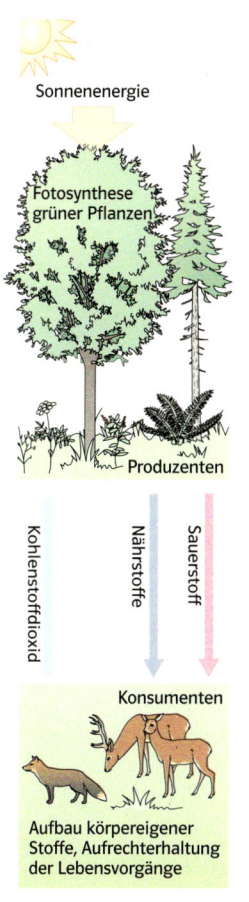

Sonnenenergie
Fotosynthese grüner Pflanzen
Produzenten
Kohlenstoffdioxid | Nährstoffe | Sauerstoff
Konsumenten
Aufbau körpereigener Stoffe, Aufrechterhaltung der Lebensvorgänge

205

Schutzmaßnahmen für Amphibien

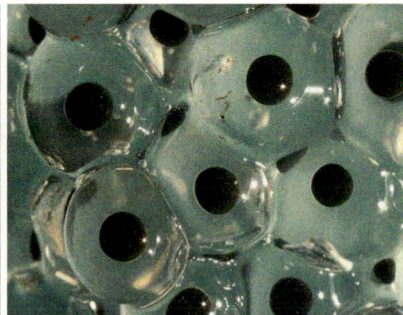

1 *Erdkrötenpaar auf der Laichwanderung*

2 *Kröte im Laich*

3 *Laich*

Wenn man an einem milden Frühjahrsabend in der Nähe eines Gewässers unterwegs ist, kann es vorkommen, dass man unerwartet eine große Menge *Erdkröten* bei ihrer *Frühjahrswanderung* entdeckt.

A1 Erstelle einen Steckbrief für die Erdkröte oder einen anderen einheimischen Froschlurch.

A2 Recherchiere, was man unter den Begriffen wechselwarm und Kältestarre versteht.

Die Frühjahrswanderung der Erdkröten findet meist von Mitte März bis April statt. In Nächten mit milder und feuchter Witterung verlassen sie fast gleichzeitig ihr Winterquartier. Sie wandern nun bis zu zwei Kilometer weit zu dem Gewässer, in dem sie geschlüpft sind, ihrem *Laichgewässer*. Den Winter haben sie in einem feuchten Erdloch im Wald zugebracht.

Die Männchen ziehen meist etwas früher los und warten in der Nähe des Laichgewässers auf die Weibchen. Kommt ein Weibchen vorbei, klammert sich ein Männchen auf dessen Rücken fest. Es lässt sich dann das letzte Stück bis zum Wasser tragen. Die Weibchen legen ihre Eier, die man auch *Laich* nennt, im flachen Wasser am Ufer ab und die Männchen geben ihre Spermien dazu. Beide Geschlechter bleiben noch einige Tage in der Nähe. Dann wandern sie nach und nach in ihre Sommerquartiere in Wiesen, Wäldern, Gebüschen oder Hecken.

A3 Erkläre, warum erwachsene Erdkröten, die man zum Ablaichen in Ersatzgewässer gebracht hatte, im nächsten Jahr zu ihren ursprünglichen Laichgewässern zurückkehrten.

Häufig besteht für die Erdkröten auf dem Weg zu ihren Laichgewässern die Gefahr, überfahren zu werden. Beim Bau von Straßen wurde in der Vergangenheit häufig nicht beachtet, dass der Verkehrsweg den Weg der Amphibien kreuzt. So zerschneiden teilweise stark befahrene Straßen die Lebensräume dieser *Lurche*. Da die meisten Erdkröten nur in ihr Laichgewässer zurückkehren und kaum Ersatzgewässer aufsuchen, kann es vorkommen, dass an einem Tag die Hälfte eines Bestandes getötet wird, weil die Tiere fast alle gleichzeitig wandern. Auch die Art und Weise des Straßenbaus kann für die Tiere gefährlich sein. Oft haben Gullydeckel so große Öffnungen, dass die Tiere in den Kanalschacht fallen und nicht mehr herauskommen.

So wie die Erdkröten sind auch andere Lurche gefährdet. Man kann die *Amphibien* aber nur dauerhaft schützen, wenn man genug über sie weiß.

Biologen fassen Frösche und Kröten unter dem Begriff *Froschlurche* zusammen, Salamander und Molche wegen ihres Schwanzes zu den *Schwanzlurchen*. Äußerlich und im Skelettbau unterscheiden sich beide Gruppen dieser Wirbeltiere deutlich. Froschlurche benutzen bei der Fortbewegung zu Land und Wasser verstärkt die Hinterbeine, Schwanzlurche im Wasser vor allem den Schwanz.

Das wesentliche gemeinsame Merkmal der Amphibien ist, dass sie sowohl im Wasser als auch auf dem Land leben. Ihre Haut ist wasserdurchlässig und dünn,

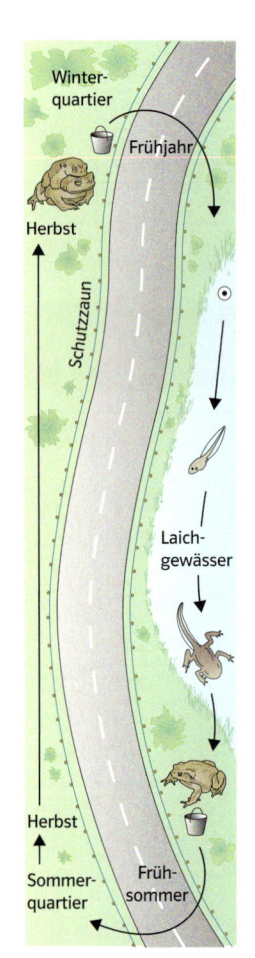

Krötenwanderung

Pflanzen und Tiere im Jahreslauf

4 *Feuersalamander* **5** *Kammmolch* **6** *Krötenschutzzaun*

daher brauchen die Tiere nicht trinken, solange sie im Wasser oder in feuchter Umgebung sind. Sowohl an Land als auch im Wasser können sie über die gut durchblutete und feuchte Haut atmen. Die notwendige Hautfeuchtigkeit wird durch eine Schleimschicht aufrecht erhalten, die die Haut völlig bedeckt.

Das in die Haut eingelagerte *Gift* verhindert die Ansiedlung von Krankheitserregern auf der Haut. Amphibien sind also an das Leben in feuchten Lebensräumen angepasst, ein Schutz vor Austrocknung fehlt ihnen. Das Leben der Lurche beginnt in wässriger Umgebung, auch wenn sie später an Land leben. Nach der *Metamorphose* atmen sie jedoch mit ihrer Lunge.

A4 Beschreibe die Maßnahmen zum Schutz der Amphibien, die auf den Abbildungen dieser Seite gezeigt werden. Beurteile, wie wirkungsvoll diese Maßnahmen sind.

Die Lebensräume vieler Amphibien sind durch Menschen gefährdet oder zerstört worden. Die Folge ist ein starker Rückgang der Anzahl der Lurche. Naturschützer führen daher an vielen Orten *Schutzprojekte* für Erdkröten und andere Amphibien durch. An Straßenabschnitten, an denen Kröten wandern, werden mit Plastikfolie und Stöcken *Fangzäune* errichtet. In regelmäßigen Abständen werden hinter dem Zaun Eimer eingegraben, in die die Tiere dann hineinfallen. Helfer entleeren die Eimer mehrmals täglich und bringen die Tiere auf die andere Straßenseite. Dort können die Tiere dann ungestört weiterwandern. Manchmal sperrt auch die Polizei Straßen während der Frühjahrswanderungen und sorgt so für den Schutz der Tiere.

Was kann man noch für einen dauerhaften Schutz tun? Das Beste wäre, ihren Lebensraum zum *Naturschutzgebiet* zu erklären. Bei der Planung von Straßen, Wohn- und Industriegebieten wird inzwischen geprüft, ob Lebensräume der Amphibien betroffen sind.

In Bereichen, in denen bereits Straßen und Wege durch Krötengebiete gebaut wurden, errichtet man entlang der Wanderwege der Amphibien zunächst behelfsmäßige *Schutzzäune*. Die Menge der Tiere in den Eimern zeigt den Hauptwanderweg. An Kreuzungen mit Straßen werden dann feste Schutzzäune aus Kunststoff aufgebaut. Unter der Straße verlegt man Röhren. Die Zäune leiten die Tiere dorthin, sodass sie gefahrlos die Straße unterqueren können (s. Randabbildung).

Eine andere Schutzmaßnahme ist das Anlegen von neuen Gewässern als *Ersatzlebensraum*. Dies erfolgt für wandernde Lurche auf der Straßenseite der Winterquartiere. In diese neuen Teiche bringt man die Tiere und verhindert mit einem Zaun, dass sie abwandern. Sie laichen dann dort ab. Der Nachwuchs, der in diesem Teich entsteht, wird immer wieder zu seinem Laichgewässer zurückkehren.

A5 Erkundige dich bei Naturschutzverbänden in deiner Umgebung, ob und wenn ja, welche Maßnahmen zum Schutz von Amphibien durchgeführt werden. Berichte in der Klasse.

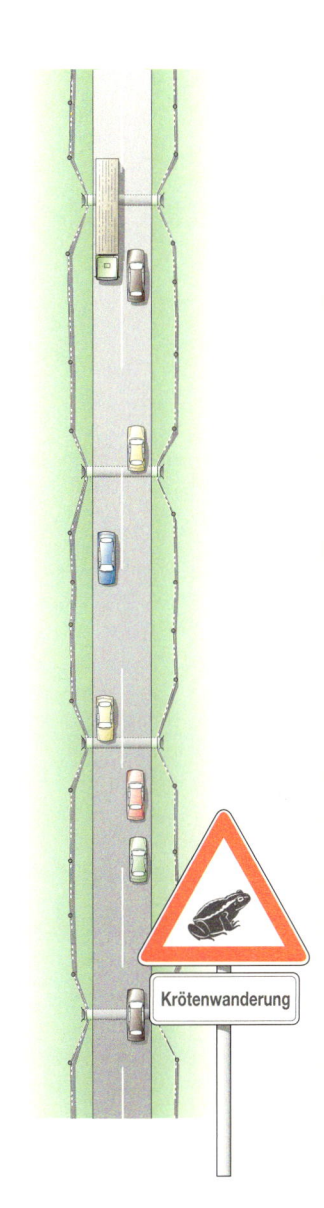

Der Weißstorch braucht Feuchtgebiete

1 Feuchtgebiete als Lebensraum und Weißstorch im Nest mit Jungen

Den Weißstorch kennt eigentlich jeder: Auch wenn du ihn vielleicht noch nicht selbst gesehen hast, hast du bestimmt schon vom Klapperstorch gehört. In Nordrhein-Westfalen war der Weißstorch zwar nie besonders häufig, dennoch hatte man vor ungefähr 100 Jahren viel eher die Gelegenheit ihn zu beobachten als heute. Der Rückgang seiner Bestände lässt sich an den Bestandszahlen in der Tabelle nachvollziehen.

A1 Erstelle anhand der Daten aus der Tabelle je ein Diagramm für die Bestandsentwicklung der Störche in Nordrhein-Westfalen, Niedersachsen und Mecklenburg-Vorpommern.

A2 Vergleiche die Bestandsentwicklung der Störche in den aufgeführten Bundesländern. Benutze die anderen Informationen der Tabelle, um die Unterschiede zu erklären.

Der Weißstorch lebt in Flussniederungen, die regelmäßig überschwemmt werden, und in *Kulturlandschaften* mit nahrungsreichen Kleingewässern. Dort findet er seine Nahrung: Frösche, Reptilien, Mäuse, Insekten und ihre Larven, Regenwürmer und Fische. Der Weißstorch brütet auf Hausdächern, Türmen, Strommasten oder Bäumen. Dabei nimmt er auch Nisthilfen wie Wagenräder aus Holz an. Das *Gelege* enthält meist 3 bis 5 Eier und wird vom Storchenpaar gemeinsam erbrütet. Die Jungtiere schlüpfen nach 32 bis 33 Tagen. Das berühmte Klappern der Störche dient der Revierverteidigung und dem Zusammenhalt des Paares.

Durch landwirtschaftliche Nutzung, Bebauung und Straßenbau sind aber gerade die Feuchtgebiete, die der Storch als Lebensraum benötigt, immer kleiner geworden oder ganz verschwunden. Ebenso ging die Zahl geeigneter Nistplätze zurück. So gab es 1946 am Niederrhein keine Störche mehr. In anderen Teilen Deutschlands verlief die Entwicklung ähnlich.

Naturschützer begannen, sich für den Weißstorch einzusetzen. Es dauerte aber einige Zeit, bis die Aktivitäten Erfolg hatten. Das Land Nordrhein-Westfalen und Naturschutzverbände kauften Acker- und Weideflächen auf, bestimmte Gebiete wurden unter Naturschutz gestellt, es wurden Nistkörbe errichtet. Die gemeinsamen Bemühungen führten dazu, dass die Bestände langsam wuchsen und nun auch am Niederrhein seit 1987 wieder regelmäßig Weißstörche zu beobachten sind, die auch erfolgreich brüten.

Weitere Maßnahmen sind notwendig, um den Bestand der Weißstörche zu schützen. Dazu gehört unter anderem die Verlegung von freien Stromleitungen unter die Erde, durch die jedes Jahr viele Störche verenden.

A3 Suche im Internet nach Informationen über die aktuellen Bestandszahlen des Weißstorchs und bewerte die Entwicklung des Bestandes.

Jahr	Nordrhein-Westfalen	Niedersachsen	Mecklenburg-Vorpommern
1900	?	4503	?
1934	22	1925	2604
1965	12	794	?
1975	7	458	1401
1985	4	266	1014
1995	6	347	1146
2000	10	361	1177
2004	23	411	1142

Jahr 2008	Nordrhein-Westfalen	Niedersachsen	Mecklenburg-Vorpommern
Einwohner	17 996 621	ca. 7 900 000	1 700 000
Fläche	34 082 km²	47 624 km²	30 994 km²
Fläche der Naturschutzgebiete	2500 km²	3048 km²	682 km²

2 Bestandsentwicklung der Weißstorche

Rückzugsräume helfen überwinternden Vögeln

Am unteren Niederrhein kann man in jedem Winter ein besonderes Naturschauspiel beobachten: Tausende von *Wildgänsen* treffen dort zum Überwintern ein. Am häufigsten sieht man *Blessgänse*, weiterhin Grau- und Saatgänse. Schon ab Mitte Oktober sind die ersten keilförmigen Flugformationen der Tiere zu sehen.

A1 Beschreibe, wodurch sich Bless-, Grau- und Saatgänse unterscheiden (s. Rand).
A2 Ermittle mit Abb. 1 und einem Atlas die längste bzw. kürzeste Zugstrecke der Blessgänse.
A3 Informiere dich über die klimatischen Bedingungen im Sommerquartier der Blessgänse.
A4 Recherchiere die Zugwege von Grau- und Saatgans.

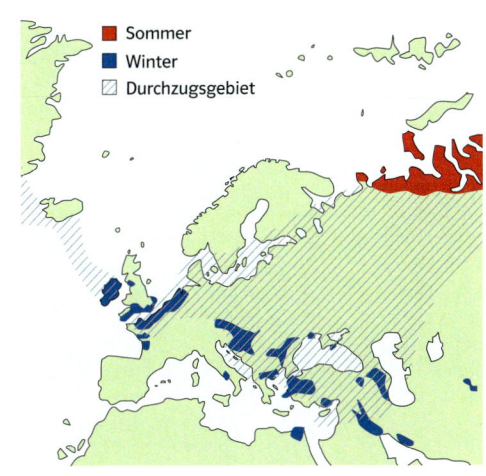

1 Sommer- und Winterverbreitung der Blessgänse

Blessgans

Graugans

Saatgans

Die Brutplätze der Blessgänse liegen in der Arktis, vor allem im nördlichen Sibirien. Dort leben und brüten jeden Sommer ca. eine Million Tiere. Etwa ein Fünftel davon überwintert am Niederrhein oder in den Niederlanden. Noch vor 60 Jahren wurden nur etwa 1000 Wildgänse gezählt. Seitdem hat die Zahl stark zugenommen und liegt seit 25 Jahren auf etwa gleicher Höhe.

Die Vögel benötigen große, freie Wasserflächen zum Schlafen und Trinken. Tagsüber fressen sie sich Fettreserven für den Rückflug in die sibirischen Sommerquartiere an. Damit die Gänse ein hinreichendes Fettpolster aufbauen können, müssen sie in Ruhe fressen. In Deutschland ist zwar die Jagd auf Gänse verboten, aber auch Störungen durch Spaziergänger oder mitgeführte Hunde bringen die Tiere zum Auffliegen. Geschieht das mehrmals am Tag, können sie keine Fettreserven anlegen und haben nicht genug Energie für den Flug nach Sibirien. Es führen also nicht nur Umweltveränderungen oder die Bejagung zur Gefährdung von Tieren. Für die Wildgänse ist es wichtig, dass sie in ihren Überwinterungsquartieren Fress- und Ruheräume vorfinden.

A5 Erstelle ein Plakat zu einer Art der Roten Liste. Nenne Fakten zu Gefährdung und Schutz.

Info-Box: Die Rote Liste

Für die Rote Liste werden in einem bestimmten Gebiet alle vorkommenden Tier- und Pflanzenarten zahlenmäßig erfasst. Es gibt z. B. eine Rote Liste für die Bundesrepublik Deutschland und eine für Nordrhein-Westfalen. Außerdem gibt es regionale Listen, etwa für das Münsterland oder den Niederrhein. So kann man feststellen, welche Arten in diesen Gebieten mit welcher Häufigkeit anzutreffen sind. Die Roten Listen werden regelmäßig neu erstellt. Auf diese Weise kann man Gefährdungen für einzelne Arten leichter erkennen und entsprechend reagieren.

So weiß man zum Beispiel, dass von den 194 in Nordrhein-Westfalen heimischen Vogelarten mehr als die Hälfte gefährdet oder ausgestorben sind. Im Vergleich zu einer Einstufung von 1986 haben sich hier für 23 Arten die Lebensbedingungen verschlechtert, sieben davon sind ganz verschwunden. Es gibt aber auch 16 Arten, die weniger oder nicht mehr gefährdet sind. Ein Beispiel dafür ist der **Kormoran**.

Rote Listen werden seit 1977 geführt und seit 1999 alle 10 Jahre auf den neuesten Stand gebracht. In der Roten Liste sind Tiere bzw. Pflanzen vor allem nach dem Grad ihrer Gefährdung eingetragen. Man unterscheidet dabei mehrere Kategorien:

0: ausgestorben/verschollen
1: vom Aussterben bedroht
2: stark gefährdet
3: gefährdet
R: in bestimmten Gebieten gefährdet

Impulse
Schutz der Natur

Für viele Menschen ist Naturschutz eine Angelegenheit, die sie persönlich wenig betrifft. Sie denken dabei häufig an unberührte Landschaften außerhalb menschlicher Siedlungen und glauben, dass man in der Stadt nicht viel machen kann.

Innerhalb eines Netzes von Lebensräumen stellen Gärten, aber auch Bahndämme, Wegränder und Baumreihen wichtige Bindeglieder zwischen dem Siedlungsraum und den Außenbereichen dar. Hier sollten sich alle Menschen naturverträglich verhalten. Vielleicht möchtest du dich ja auch beteiligen. Diese Seite kann dir Anregungen geben. Handeln musst du selbst.

Ein Teich im Garten

Je unterschiedlicher die Teile eines Gartens gestaltet sind, desto mehr Tierarten lassen sich beobachten. Fast in jedem Garten ist Platz für einen kleinen Teich. Schon die kleinsten Wasserflächen sind eine Bereicherung. Sie dienen Vögeln als Tränke und Badestelle, manchmal auch als Nahrungsquelle. Ist die Fläche etwas größer, siedeln sich nach kurzer Zeit wasserbewohnende Insekten wie Libellen, Wasserläufer und Wasserkäfer an.

- Erkundige dich, worauf man bei der Anlage eines Gartenteiches achten soll.
- Warum sollte ein Gartenteich mindestens 80 bis 100 cm tief sein?
- Erkläre, warum es problematisch sein kann, Fische in den Gartenteich einzusetzen.
- Sucht auf dem Schulgelände nach einer geeigneten Stelle für einen Teich und entwerft einen Plan.

Hilfe für Fledermäuse

Alle einheimischen Fledermausarten stehen unter Naturschutz, fast alle sind in Nordrhein-Westfalen gefährdet. Einige Arten sind bei uns schon ausgestorben. Ursachen dafür sind die Vernichtung von Sommer- und Winterquartieren und die Gefährdung der Nahrungsgrundlage der Tiere.

- Ermittle, was geeignete Sommer- und Winterquartiere für Zwergfledermäuse sind.
- Informiere dich über die Nahrung der einheimischen Fledermausarten.
- Suche nach Informationen, welche weiteren Möglichkeiten des Fledermausschutzes es gibt, und berichte darüber als Kurzvortrag oder lade einen Fachmann von einem Naturschutzverband zu diesem Thema ein.

1 *Gartenteich*
2 *Schulgelände mit Teich*
3 *Zwergfledermaus*
4 *Trockensteinmauer*
5 *Trockensteinmauer*

Eine Trockensteinmauer hilft wärmeliebenden Lebewesen

Mauern und Häuser aus Stein zu bauen haben wir von den Römern gelernt. Sie brachten diese Bauweise vor ungefähr 2000 Jahren zu uns. Trockensteinmauern wurden häufig angelegt, um an Hängen Weinbau zu betreiben. Dort und auch im Garten stellen sie einen besonderen Lebensraum für Pflanzen und Tiere dar.

- Informiere dich, welche Lage im Garten für eine Trockensteinmauer günstig ist.
- Den Erdaushub bei der Erstellung eines Teiches kann man bei der Anlage einer Trockensteinmauer mit verwenden. Welche Pflanzen- und Tierarten werden sich an einer Trockensteinmauer einstellen?
- Erkläre anhand der Abbildungen, warum sich eine vielfältige Tier- und Pflanzenwelt an der Trockensteinmauer einstellt.

„Ohne Bienen keine Ernte im Obstgarten — ohne Wildblumen keine Bienen."

- Erkläre den Zusammenhang. Was ergibt sich daraus für einen gut angelegten Garten?
- Gib an, was das Anlegen einer Trockensteinmauer mit „Schutz der Natur" zu tun hat.

210 Pflanzen und Tiere im Jahreslauf

Schutz einheimischer Reptilien

In Deutschland gibt es nur wenige Reptilienarten. Dies ist zum einen typisch für gemäßigte Klimazonen, zum anderen wurden auch ihre Lebensräume durch die Menschen stark beeinträchtigt oder zerstört. Reptilien führen meist ein Leben im Verborgenen und werden daher von uns oft nicht wahrgenommen.

- Ermittle, welche Reptilien in Deutschland vorkommen. Fertige zu diesem Zweck eine Tabelle an und ordne die Tiere den Eidechsen, Schlangen oder Schildkröten zu. Stelle fest, welche von ihnen auf dieser Seite abgebildet sind.
- Recherchiere, welche der Reptilienarten in Deutschland gefährdet sind und worin ihre Gefährdung besteht.
- Informiere dich über sinnvolle Maßnahmen zum Reptilienschutz. Überlegt in der Klasse, welche Maßnahme ihr als Projekt in der Schule durchführen könntet.

6 *Europäische Sumpfschildkröte*
7 *Zauneidechse*
8 *Kreuzotter*

Richtiges Verhalten in der Natur

Für Naturschutzgebiete gelten besondere Bestimmungen. Sie werden oft unbewusst missachtet, weil die Folgen für die Tier- und Pflanzenwelt nicht unmittelbar erkannt werden.

Die meisten Menschen verhalten sich in der Natur rücksichtsvoll. Einige Regeln sollte man immer beachten. Dazu gehört zum Beispiel:
– keine Abfälle zurücklassen
– unnötigen Lärm vermeiden
– ….

- Gib weitere Verhaltensregeln an!
- Was muss in einem Naturschutzgebiet beachtet werden? Wenn du es nicht weißt, wende dich z. B. an die zuständige Naturschutzbehörde.
- Kennst du den Unterschied zwischen einem Naturschutzgebiet, einem Landschaftsschutzgebiet und einem Naturdenkmal? Welche Schilder gibt es dafür?

Naturschutz braucht Unterstützung

Viele Naturschutzaktivitäten in Deutschland gehen vom Bund, vor allem aber von den Landesregierungen aus. Auf nationaler Ebene ist das Bundesamt für Naturschutz zuständig. Es ist dem Bundesumweltministerium unterstellt und nimmt wichtige Aufgaben im internationalen Artenschutz, Meeresnaturschutz und beim Antarktis-Abkommen wahr.

In Nordrhein-Westfalen ist dem Ministerium für Umwelt und Naturschutz, Landwirtschaft und Verbraucherschutz ein gleichnamiges Landesamt zugeordnet, auf Ebene der Städte und Landkreise werden Naturschutzbelange von Umwelt- oder Landschaftsschutzämtern vertreten.

Doch ohne viele ehrenamtliche Mitarbeiter wäre es um den Naturschutz in Deutschland schlecht bestellt, denn die öffentlichen Mittel sind für viele Projekte bei weitem nicht ausreichend. Die freiwilligen Mitarbeiter haben sich meist in Vereinen oder Naturschutzverbänden organisiert, denn in einer Gemeinschaft kann man mehr erreichen als allein.

Die Logos gehören zu einigen bundesweit vertretenen Naturschutzorganisationen, die meist Ortsgruppen in vielen Städten haben. Daneben gibt es aber auch Umweltschutzgruppen, die nicht den großen Verbänden angeschlossen sind.

- Erkundige dich, welche Naturschutzorganisationen in deiner Stadt aktiv sind und an welchen Projekten sie arbeiten. Erstelle dazu eine Tabelle.
- Recherchiere für drei bundesweit tätige Organisationen, wann und von wem sie gegründet wurden und was ihr Hauptanliegen ist. Diskutiert anschließend in der Klasse, bei welcher Organisation ihr eine Mitarbeit für sinnvoll haltet.

Weltweiter Artenschutz — das Washingtoner Artenschutzabkommen

1 Beschlagnahmte Mitbringsel von Urlaubsreisen

Artenschutz ist Naturschutz

Weltweit unternehmen mehr als 500 Millionen Menschen pro Jahr Urlaubsreisen in andere Länder. Viele dieser Reisen führen sie mit dem Flugzeug in weit entfernte Regionen der Erde. Bei der Rückreise finden Zollbeamte bei ihren Kontrollen allerdings immer wieder Souvenirs im Reisegepäck, die aus geschützten Tieren und Pflanzen oder Teilen von ihnen hergestellt wurden. So wurden im Jahr 2006 vom Deutschen Zoll in 1560 Fällen Tiere, Pflanzen, Produkte oder Teile beschlagnahmt, dabei handelte es sich um fast 44 000 Einzelstücke.

- **A1** Schreibe Gründe auf, die Menschen dazu bringen, solche Souvenirs im Urlaub zu kaufen und mit nach Hause zu nehmen.
- **A2** Notiere anhand von Abbildung 1, welche Souvenirs von Tieren und Pflanzen nicht mit in die Heimat genommen werden dürfen.
- **A3** Ergänze deine Liste aus Aufgabe 1 um Dinge, die du nicht kaufen oder nicht mit aus dem Urlaub nach Hause nehmen würdest.
- **A4** Recherchiert mithilfe des Internets, welche weiteren Dinge nicht eingeführt werden dürfen.

Schon immer verspürten Menschen den Wunsch, die schönen Dinge, die sie in anderen Ländern gesehen oder von denen sie gehört hatten, zu besitzen. Mit aus diesem Grund wurden deshalb Tiere wie Giraffen, Zebras, Gnus oder Löwen in ihrer Heimat gefangen und an hiesige Zoos oder Privatpersonen verkauft. Mit diesem *Tierhandel* ließ sich viel Geld verdienen. Man nahm dabei in Kauf, dass der Bestand der Tiere drastisch zurückging oder einige Arten sogar ganz ausstarben. Tausende Tiere gingen beim Transport elend zugrunde, andere starben durch falsche Haltung oder zeigten schwere Verhaltensstörungen. Andere Tiere, wie Tiger, Robben, Elefanten oder Nashörner, wurden wegen ihres Felles oder bestimmter Teile ihres Körpers bejagt.

Durch die Jagd starben in vielen Ländern Pflanzen und Tiere aus oder nahmen in ihren Bestandszahlen stark ab. Das gefährdete zum einen die Lebewesen, zum anderen aber die Handelsmöglichkeiten. Mit dem 1973 abgeschlossenen *Washingtoner Artenschutzabkommen* wurde eine Möglichkeit geschaffen, bedrohte Arten zu schützen und gleichzeitig einen kontrollierten Handel aufrecht zu erhalten. Es legt fest, welche Pflanzen und Tiere überhaupt nicht gehandelt werden dürfen und für welche Lebewesen ein eingeschränkter Handel möglich ist.

Inzwischen haben sich 171 Länder diesem Abkommen angeschlossen. Regelmäßig wird mithilfe der weltweiten Roten Listen überprüft, ob die Aus- und Einfuhrbestimmungen geändert werden müssen. Bei Verstößen gegen die Regelungen können Geldstrafen bis zu 50 000 Euro und Haftstrafen verhängt werden.

Durch die Handelsbeschränkungen ließ in vielen Fällen die Bejagung von Tieren nach und ihre Bestände konnten sich erholen. So konnte man die Situation in vielen Lebensräumen stabilisieren. Der Artenschutz trug damit zum Naturschutz bei.

- **A5** Erstellt gemeinsam Vorschläge, wie man sich im Urlaub verhalten sollte, um Naturschutzbelange zu unterstützen.

Eingeführte Tiere und Pflanzen bedrohen einheimische Lebensräume

Lebende Pflanzen und Tiere, die aus anderen Ländern eingeführt werden, können unter Umständen großen Schaden anrichten. Denn sobald exotische Pflanzen und Tiere bei uns in die „freie Wildbahn" gelangen oder ausgesetzt werden, bedrohen sie die einheimischen Lebewesen, wie die folgenden Beispiele zeigen.

Ausgesetzte und entsprungene *Ochsenfrösche*, die bis zu 30 cm groß werden, haben sich seit einigen Jahren in Deutschland ausgebreitet und fressen einheimische Amphibien, Fische, Küken von Wasservögeln und sogar andere Ochsenfrösche. Weil sie keine natürlichen Feinde bei uns haben, vermehren sie sich rasch auf Kosten der heimischen Tiere.

Auch Pflanzen aus anderen Ländern konkurrieren mit einheimischen Pflanzen. So auch das *Drüsige Springkraut*, das 1839 aus dem Himalaya als Gartenpflanze nach England eingeführt wurde. Es verdrängt immer mehr heimische Pflanzen.

A6 Ermittle mithilfe des Internets mindestens drei weitere eingeführte Tier- und Pflanzenarten. Wähle eine Art aus und recherchiere ihre Ausbreitungsgeschichte. Berichte darüber in der Klasse.

2 *Drüsiges Springkraut*   **3** *Ochsenfrosch*

Die Rote Liste wird immer länger

Das Washingtoner Artenschutzabkommen hat schon viel bewirkt, kann aber die Gefährdung vieler Tier- und Pflanzenarten durch Zerstörung von Lebensräumen durch den Menschen nicht aufhalten. Nach der Roten Liste von 2008 sind allein ein Viertel aller Säugetiere und jeweils ein Drittel aller Reptilien und Amphibien in ihrem Bestand gefährdet. Ein Verlust so vieler Arten würde eine enorme Verarmung der Vielfalt auf der Erde bedeuten.

A7 Recherchiere die Größe der Gefährdung der abgebildeten Tiere und die Ursache für ihre Bedrohung.

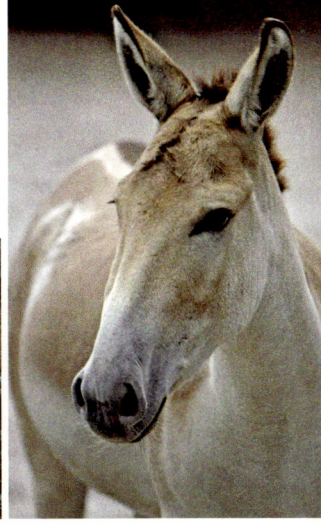

4 *Pottwal*
5 *Karettschildkröte*
6 *Wildesel (Onager)*
7 *Trampeltier*
8 *Beutelteufel*

TÜV: Testen — Üben — Vertiefen
Tiere und Pflanzen in ihren Lebensräumen

Pflanzen und Tiere, die in extremen Klimazonen vorkommen, sind in besonderer Weise angepasst. Wenn sich die Umwelt ändert, sind sie vom Aussterben bedroht. Hier muss der Mensch Verantwortung übernehmen. Auch die Jahreszeiten mit ihren unterschiedlichen Bedingungen können von den Lebewesen nur mit entsprechenden Angepasstheiten gemeistert werden. Auf dieser Seite kannst du testen, was du zu diesem Thema weißt.

Knospe und Zwiebel

Die Endknospe einer Rosskastanie und eine Zwiebel sind Überwinterungsorgane, die verblüffend ähnlich aussehen.

A4 Benenne die mit Buchstaben bzw. Zahlen versehenen Strukturen.

A5 Erläutere, inwiefern man die Zwiebel als unterirdische Knospe bezeichnen kann.

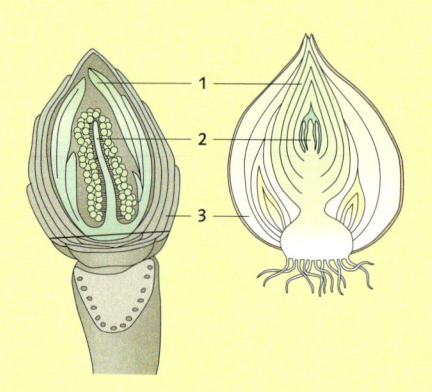

Überwinterungsorgane bei Pflanzen

Die Überwinterungsorgane einer Pflanze speichern häufig Nährstoffe für das nächste Jahr.

A1 Benenne die Speicherorgane bei den rechts abgebildeten Pflanzen. Erstelle eine Tabelle und trage weitere Beispiele ein.

A2 Gib an, welche der Pflanzen ein-, zwei- bzw. mehrjährig sind.

A3 Gib an, mit welchen Organen Bäume überwintern.

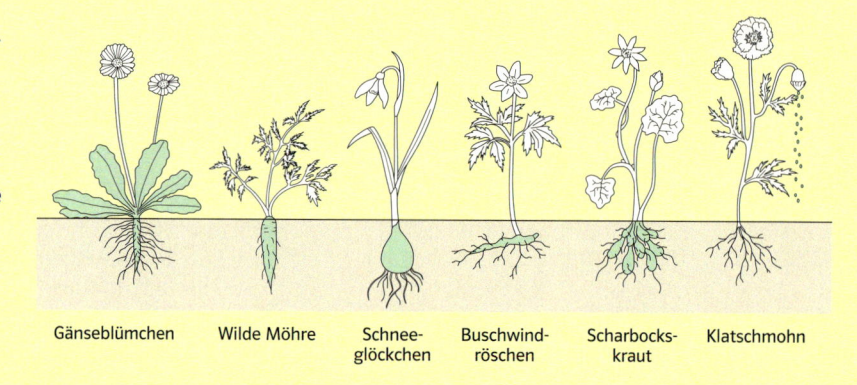

Gänseblümchen | Wilde Möhre | Schneeglöckchen | Buschwindröschen | Scharbockskraut | Klatschmohn

Eine Schildkröte überwintert

Die *Griechische Landschildkröte* kommt im gesamten Mittelmeerraum vor. Sie bevorzugt Temperaturen zwischen 20°C und 30°C. Die gibt es aber in den Wintermonaten nicht. Wie ist die Schildkröte daran angepasst?

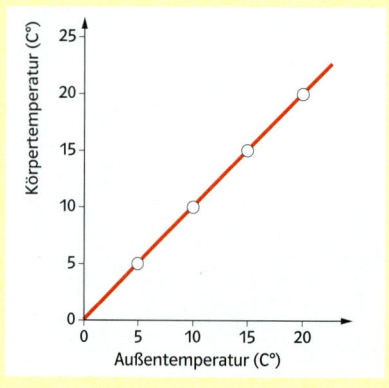

Umgebungs-temperatur in °C	Herzschläge je Minute
4	5
10	9
15	17
20	27
24	40
30	55
36	77

A6 Erkläre anhand von fünf verschiedenen Beispielen, wie Tiere überwintern können.

A7 Die Tabelle zeigt den Zusammenhang zwischen der Anzahl der Herzschläge einer Schildkröte und der Umgebungstemperatur. Beschreibe die Art der Abhängigkeit mit eigenen Worten.

A8 Beschreibe anhand der Grafik, wie die Körpertemperatur der Schildkröte von der Außentemperatur abhängt. Vergleiche mit den Verhältnissen beim Igel.

A9 Recherchiere zur Gefährdung der Griechischen Landschildkröte und berichte vor der Klasse.

Wer gehört zu wem?

Die Abbildungen zeigen Teile des Skeletts von Eselspinguinen (A), Seehunden (B) und Buckelwalen (C). Sie sind jeweils in bestimmter Weise an die Fortbewegung im Wasser angepasst.

A10 Erläutere, um welche Skelettteile es sich in den Abbildungen 1 bis 5 handelt, und ordne diese den in den Fotos dargestellten Organismenarten zu.

A11 Begründe deine Zuordnung.

A12 Beschreibe, in welcher Weise Eselspinguin, Seehund und Buckelwal sich im Wasser fortbewegen.

A13 Vergleiche die Art der Fortbewegung bei den drei Arten. Stelle Gemeinsamkeiten und Unterschiede heraus.

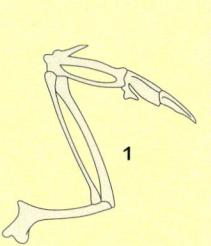

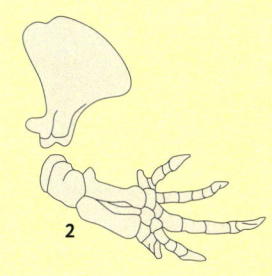

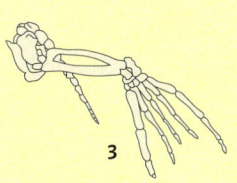

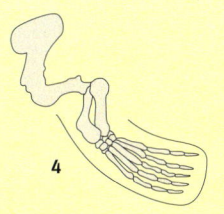

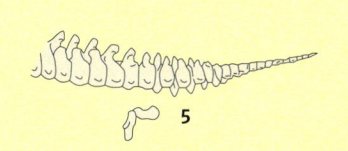

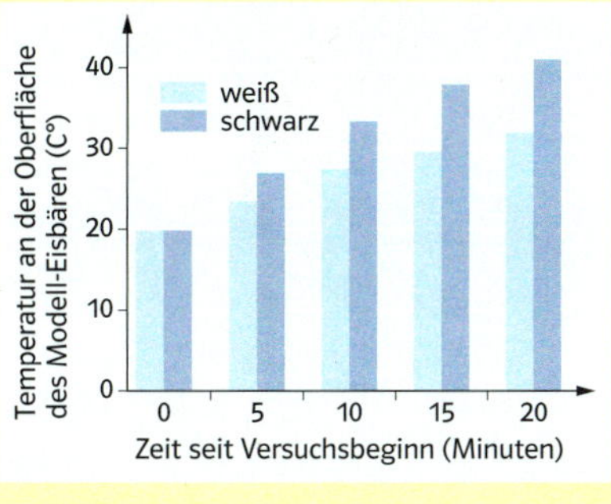

Schwarze Haut und weißes Fell

Das weiße Fell der *Eisbären* bedeckt eine schwarz gefärbte Haut. Diese ist an Stellen erkennbar, die nicht mit Fell bedeckt sind, zum Beispiel auf der Unterseite ihrer Tatzen.

Um zu zeigen, welchen Vorteil die schwarze Haut dem Eisbären bietet, führte man ein *Modellexperiment* durch.

Dazu wurde ein Eisbärmodell aus schwarzer, ein anderes aus weißer Fimomasse hergestellt. In den Rücken wurde eine Vertiefung hineingedrückt, in die genau ein Thermometer hineinpasst. In 10 Zentimeter Abstand wurde eine Lampe vor dem Eisbärenmodell so angebracht, dass der Lichtkegel den Eisbären traf. Nun wurde 20 Minuten lang nach jeweils 5 Minuten die Temperatur nach dem Einschalten der Lampe gemessen und in einem Diagramm dargestellt.

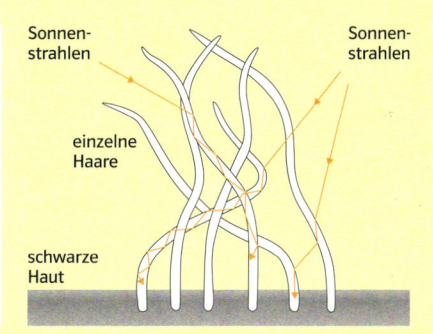

A14 Beschreibe das Versuchsergebnis mit eigenen Worten.

A15 Begründe, weshalb während der gesamten Versuchsdauer der Abstand der Lampe genau gleich groß bleiben muss.

A16 Erläutere, warum man dieses Experiment als ein Modellexperiment bezeichnet.

A17 Nenne mögliche Ursachen für die Messergebnisse.

A18 Erkläre mithilfe der Abbildung, weshalb der Besitz des weißen Fells kein Widerspruch zur schwarzen Hautfarbe ist.

4 Sinne erschließen die Welt

Mit unseren Sinnen erkunden wir unsere Umwelt. Wir genießen es, an Blumen zu riechen, entspannen beim Hören von Musik, ertasten Gegenstände, kosten den Geschmack einer Zitrone oder schauen uns einfach unsere Umgebung an.

Unsere Sinnesorgane nehmen Reize aus der Umwelt auf, wandeln sie in elektrische Signale um und leiten diese Informationen über Nerven zum Gehirn weiter. Wie ein Computer wertet es die ankommenden Signale aus und wir nehmen den Sinneseindruck wahr. Erst im Gehirn entsteht also die Wahrnehmung, dass die Blumen blau sind und duften oder die Zitrone sauer schmeckt. Das Gehirn veranlasst auch die Reaktion auf die Wahrnehmung, zum Beispiel dass wir uns nach dem Biss in die Zitrone schütteln.

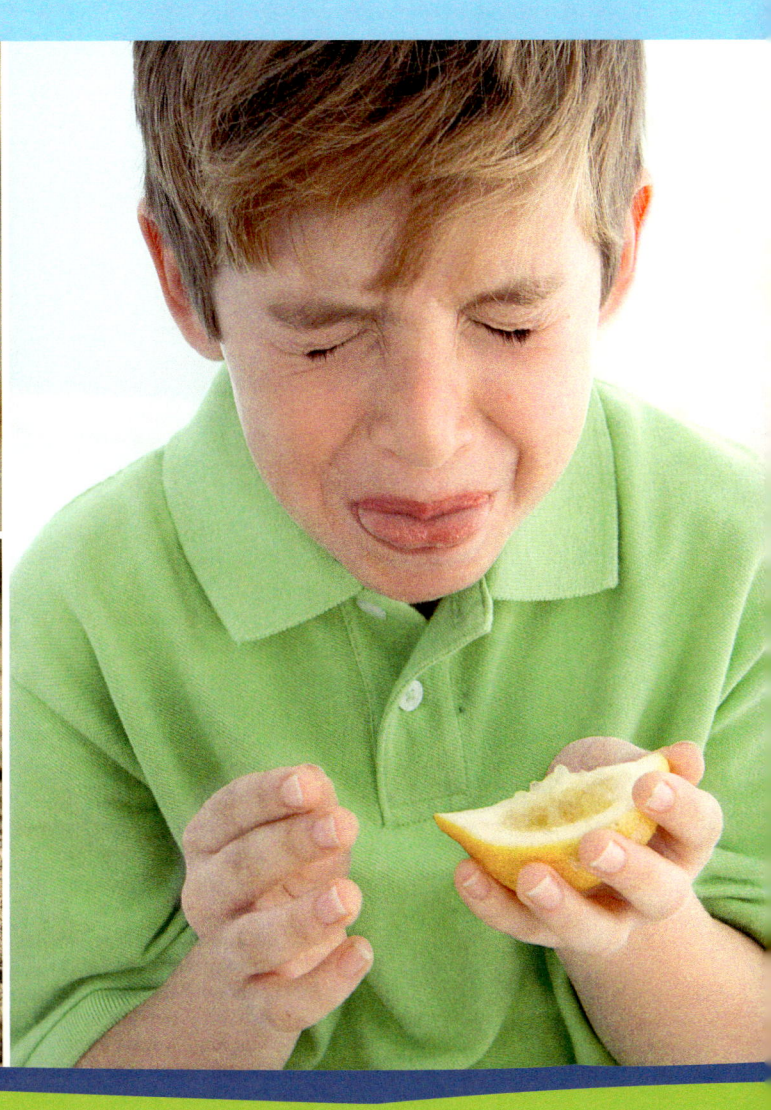

Für uns Menschen sind die Augen die wichtigsten Sinnesorgane, um uns zu orientieren. Für andere Lebewesen sind die Ohren wichtiger, weil sie z. B. nachts auf die Jagd gehen. Manche Tiere besitzen sogar Sinnesorgane, die beim Menschen gar nicht vorkommen. Lebewesen erfassen ihre Umwelt mit den Sinnen und entsprechend sind die Sinnesorgane stets den jeweiligen Umweltbedingungen angepasst.

4.1 Erfahrungen mit allen Sinnen 218

4.1 Erfahrungen mit allen Sinnen
Mit allen Sinnen unterwegs

1 Mit allen Sinnen unterwegs

Ob du im Zimmer sitzt oder ob du draußen unterwegs bist: Oft ist es nötig, dass du schnell eine Situation erkennst und auf sie reagierst. Wenn du zum Beispiel mit dem Fahrrad fährst, musst du nicht nur das Radfahren beherrschen. Du solltest vor allem auf die anderen Verkehrsteilnehmer und den Weg achten, damit du sicher zum Ziel gelangst. Du musst also stets darüber informiert sein, was in deiner Umgebung passiert. Diese Informationen liefern dir deine **Sinnesorgane**.

A1 Schau dir die Abbildung auf der Seite rechts an und lies die kurzen Texte. Beschreibe dann eine Fahrt mit dem Fahrrad von zuhause bis in die Schule a) an einem Sommertag, b) früh im Winter. Überlege, welche Informationen dir welches Sinnesorgan während der Fahrten liefert.

Unsere Sinnesorgane *Augen, Ohren, Nase, Zunge* und *Haut* melden uns ständig, was in unserer Umgebung geschieht. Wie Empfangsstationen für einen Sender nehmen sie Signale aus der Umwelt auf, die wir als **Reize** bezeichnen. Diese Reize können Licht, Schall, Geruchsstoffe, Druck, Wärme oder auch Geschmacksstoffe sein. Die ankommenden Reize können aber nicht in ihrer ursprünglichen Form weitergeleitet, sondern müssen umgewandelt werden. Dazu besitzt jedes Sinnesorgan ganz spezielle *Sinneszellen*, die den zu ihm „passenden" Reiz in *elektrische Signale* umwandeln.

Über **Nerven** gelangen diese elektrischen Signale dann in das **Gehirn.** Dort werden die neu eintreffenden Informationen mit „alten", bereits gespeicherten Informationen verglichen, teilweise gespeichert und beantwortet. Erst im Gehirn entsteht also die eigentliche *Wahrnehmung*, die wir als sehen, hören, riechen, tasten, fühlen oder schmecken beschreiben.

Die Wahrnehmungen sind aber immer untrennbar mit der *Erinnerung* an schon bekannte Wahrnehmungen verbunden. Nur durch den Vergleich von bereits gespeicherten mit den neuen Informationen gelingt es uns, die Bedeutung der aufgenommenen Signale zu erkennen und angemessen zu reagieren: Zeigt beispielsweise die Fußgängerampel rot, signalisiert uns das „Gefahr" und wir bleiben stehen. Die Ampelfarbe Grün bedeutet „keine Gefahr" und wir können in der Regel die Straße gefahrlos überqueren.

A2 Liste in einer Tabelle die Sinnesorgane des Menschen auf. Gib jeweils an, auf welche Reize sie reagieren und mit welchem Begriff wir die Wahrnehmung beschreiben.

A3 Begründe, warum man die Sinnesorgane auch als „Antennen" unseres Körpers bezeichnet.

Für uns nicht wahrnehmbare Signale
Es gibt allerdings auch zahlreiche Signale aus der Umwelt, die unsere Sinnesorgane nicht empfangen und die wir entsprechend nicht wahrnehmen können. So fehlt uns zum Beispiel ein Sinnesorgan für die Wahrnehmung von magnetischen Erscheinungen, wie z. B. dem Magnetfeld der Erde. Wenn wir die Himmelsrichtung feststellen wollen, brauchen wir dazu einen Kompass. Einen Sonnenbrand bekommen wir durch ultraviolette Strahlung, die wir nicht sehen können. Und den Pfiff einer Hundepfeife hören wir nicht, weil er für unsere Ohren zu hoch ist. Mit unseren Sinnesorganen nehmen wir also nur einen Teil der Umwelt auf.

Sehen
Die Empfänger für Lichtreize sitzen in der Netzhaut unseres Auges. Die eintreffenden Informationen gelangen nach Umwandlung in elektrische Signale über den Sehnerv ins Gehirn. Dort erst entsteht das Bild, das du von deiner Umgebung siehst.

Hören
Die Hörsinneszellen im Innenohr reagieren auf Schallwellen. In Abhängigkeit von der Lautstärke und Tonhöhe werden die Hörsinneszellen unterschiedlich gereizt, sodass nach Verarbeitung im Gehirn die einzelnen Töne auch unterschieden werden können.

Tasten und Fühlen
Besonders gut ist die Fähigkeit für das Tasten in den Hautleisten der Finger ausgebildet. Dort sitzen in großer Zahl Tastsinneskörperchen. Außerdem gibt es in der Haut Empfänger für Schmerz, Kälte und Wärme.

Schmecken
Die zum Teil warzig aussehenden Geschmacksknospen auf der Zunge sind die Empfänger für die in der Nahrung enthaltenen Geschmacksstoffe. Die Kombination der verschiedenen Geschmackssignale erzeugt in unserem Gehirn die Geschmacksempfindung.

Riechen
Die Geruchsstoffe der Autoabgase gelangen über die Luft zu den Riechsinneszellen der Nasenschleimhaut. Diese werden dadurch gereizt, sodass elektrische Erregungen über den Riechnerv ins Gehirn gelangen. Dort wird diese Information zu einer Geruchsempfindung verarbeitet.

219

Vom Reiz zur Reaktion — sicher im Straßenverkehr

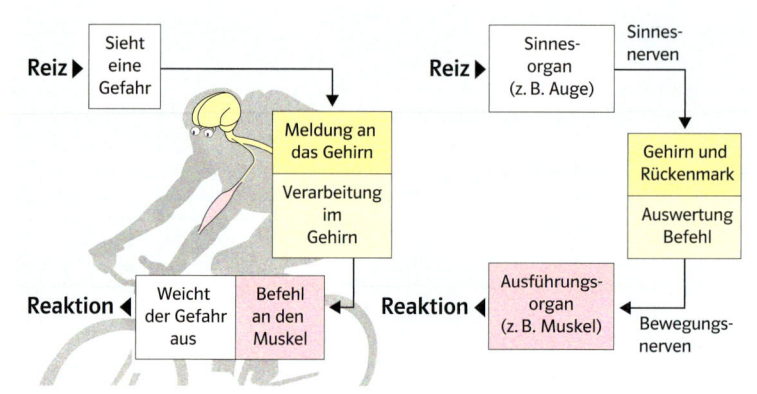

1 *Vom Reiz zur Reaktion — Beispiel und allgemeines Schema*

Im lauten Straßenverkehr wirken jeden Augenblick zahlreiche **Reize** auf die *Sinnesorgane* ein. Blitzschnelle **Reaktionen** sind oft notwendig, um unbeschadet die Straße zu überqueren oder mit dem Fahrrad sicher von einem Ort zum anderen zu kommen. Über die Augen und das Gehirn wird in Bruchteilen von Sekunden verarbeitet, wie schnell ein herannahendes Auto ist und ob die eigene Geschwindigkeit reicht, um die Straße zu überqueren. Die Bewegungen des Kopfes, der Arme und der Beine müssen dabei so aufeinander abgestimmt sein, dass man trotz aller Lenkbewegungen das Gleichgewicht nicht verliert und sicher geradeaus oder um die Kurve fährt.

Vom Reiz zur Reaktion
An diesem Ablauf vom Reiz zur Reaktion sind die Sinnesorgane, Nerven, Rückenmark, Gehirn und der Bewegungsapparat beteiligt. Die Sinnesorgane nehmen Reize aus der Umwelt, aber auch aus dem eigenen Körper wahr, z. B. die Muskelanspannung der Hand am Lenker. Diese Reize werden umgewandelt und in Form von elektrischen Signalen über die Nerven zum Gehirn geleitet. Diese Nerven heißen *Sinnesnerven*. Das Gehirn verarbeitet die ankommenden Signale, vergleicht mit bereits Bekanntem und berechnet die Befehle an den Bewegungsapparat, z. B. die Muskulatur der Hände, Arme und Beine. Diese Befehle werden als elektrische Signale über andere Nerven, die *Bewegungsnerven*, gesendet. Lenker und Bremse werden betätigt.

Was ist ein Reflex?
Dass und wie man die Bremse des Fahrrads betätigt, hat man gelernt und setzt dann das Gelernte gewollt ein. Alle derartigen Bewegungen, die vom Gehirn bewusst veranlasst werden, nennt man *willkürliche Bewegungen*. Im Gegensatz dazu gibt es Bewegungen, die als *unwillkürliche Reaktionen* oder *Reflexe* bezeichnet werden. Tritt man z. B. am Strand barfuß auf eine spitze Muschelschale, zuckt das Bein sofort zurück. Diese Reaktion erfolgt, noch bevor uns der Reiz bewusst wird. Das ankommende Signal wird nämlich schon im *Rückenmark* zu einem Befehl umgeschaltet, noch ehe es zum Gehirn gelangt ist. Die Reaktionszeit ist dabei kürzer als bei einer willkürlichen Reaktion. Das schützt den Körper vor Verletzungen.
[Steuerung und Regelung S. 270]

Das Nervensystem
Die Nerven und das Gehirn bilden zusammen mit dem Rückenmark das *Nervensystem*. Es besteht aus vielen Milliarden einzelner *Nervenzellen*, die untereinander vernetzt sind. Einige von ihnen besitzen lange Fortsätze, die z. B. vom *Rückenmark* bis zum kleinen Fußzeh reichen. Solche Fortsätze sind in einem *Nerv* gebündelt. Das Rückenmark verläuft im knöchernen Kanal der *Wirbelsäule*. Dort ist es vor Stößen geschützt.

A1 Du kannst deine Reaktionszeit mit einem einfachen Lineal testen (siehe Randspalte).

A2 Erkläre, warum es wichtig ist, beim Fahrradfahren einen Helm zu tragen?

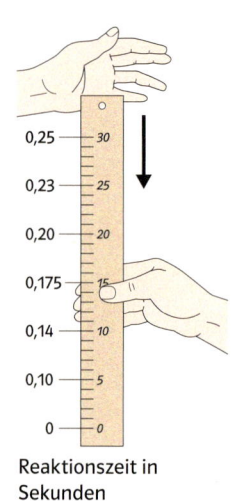

Reaktionszeit in Sekunden

Das Auge — was man von außen erkennt

Wie unsere Umwelt beschaffen ist, erfahren wir vor allem durch unsere Augen. Sie liefern dem Gehirn etwa zehnmal mehr Informationen als alle anderen Sinnesorgane zusammen. Sehen wir nicht richtig, kann das — vor allem im Straßenverkehr — zu gefährlichen Situationen führen.

A1 Betrachte ein Auge im Spiegel und benenne die sichtbaren Augenteile.

A2 Beschreibe die natürlichen Schutzeinrichtungen am Auge, die verhindern, dass Staub oder Schweiß in das Auge eindringen.

A3 Gib die Funktion des Augenlides an.

Betrachtest du ein Auge im Spiegel, so siehst du zwischen den Augenlidern nur den vorderen Teil des fast kugelrunden *Augapfels*. Du erkennst die weiße *Lederhaut*, die farbige *Regenbogenhaut*, die auch als *Iris* bezeichnet wird, und die schwarze *Pupille*. Über Iris und Pupille liegt die glasklare *Hornhaut*. Durch die Pupille gelangt das Licht ins Augeninnere. Je nachdem, ob aus der Umgebung viel oder wenig Licht ins Auge eindringt, wird durch Veränderung der Iris die Pupille klein oder groß. So wird die Lichtmenge reguliert, die ins Auge gelangt. Damit wird einerseits verhindert, dass zu intensives Licht dem Auge schadet. Andererseits entsteht damit immer ein gut belichtetes Bild. [Steuerung und Regelung S. 270]

Natürlicher Schutz des Auges

Die Augäpfel liegen, gut geschützt gegen Stoß und Schlag, in den knöchernen *Augenhöhlen*. Zusätzlich sind sie in Fettpolster eingebettet. Die Augenlider können die Augen verschließen. Der ständige Lidschlag hält zusammen mit der Flüssigkeit der Tränendrüsen das Auge sauber und feucht. Die Augenlider tragen am Rand *Wimpern*. Diese fangen Staub und kleine Fremdkörper ab. Talgdrüsen zwischen den Wimpern sondern Fett ab. Es verhindert, dass Tränenflüssigkeit austritt und Schweiß an das Auge gelangt. Schweiß von der Stirn wird vorher schon von den *Augenbrauen* abgehalten.

A4 Entwickle einen Versuch, bei dem sich die Pupillen wie in der Randabbildung verändern. Erläutere die Bedeutung der Veränderung.

1 Gutes Sehen ist wichtig

Schütze deine Augen!

Augen sind empfindliche Organe. Daher ist es wichtig, sie beim Handwerken und Basteln vor umherfliegenden Teilen zu schützen. An vielen Arbeitsplätzen ist das Tragen einer *Schutzbrille* Pflicht. Bei grellem Sonnenlicht und auf hohen Bergen hält die dunkle *Sonnenbrille* zu viel Licht und das UV-Licht vom Auge fern. Grelles Sonnenlicht und UV-Licht können die Sehzellen schädigen. Weil sie nicht mehr nachwachsen, können bleibende Sehstörungen die Folge sein.

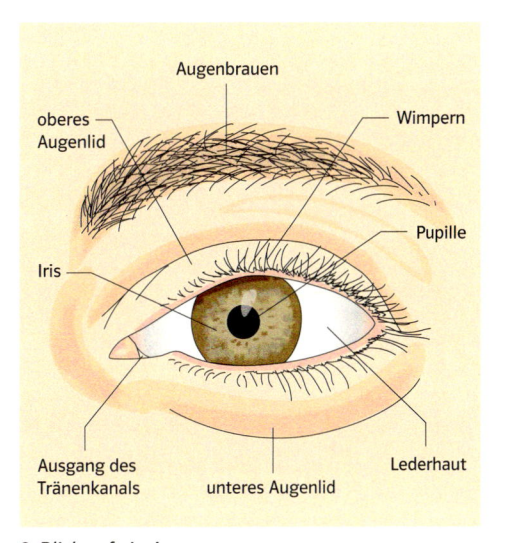

A5 Nenne Gelegenheiten, bei denen du eine Schutzbrille tragen musst.

2 Blick auf ein Auge

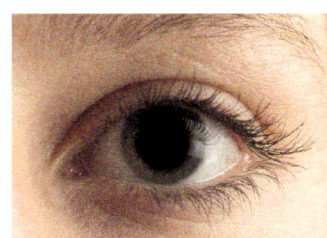

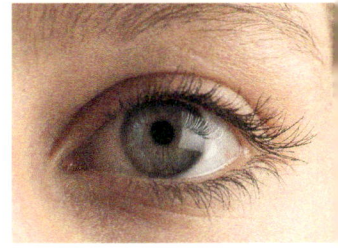

Verschieden große Pupillen

221

Das Auge — Bau und Leistungen

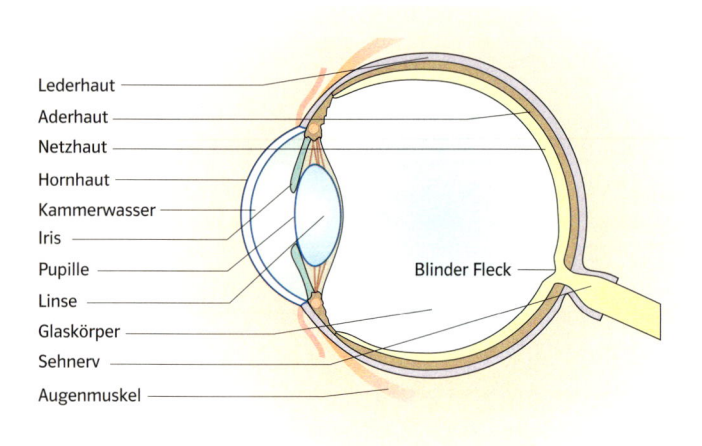

Lederhaut
Aderhaut
Netzhaut
Hornhaut
Kammerwasser
Iris
Pupille
Linse
Glaskörper
Sehnerv
Augenmuskel

Blinder Fleck

1 *Der Bau des Auges*

Wir können weit entfernte oder in der Nähe liegende Objekte bei gutem Licht deutlich erkennen. Wir unterscheiden Farben, Formen und Helligkeit. Welche Teile des Auges sind daran beteiligt?

Der Weg der Lichtstrahlen
Die Lichtstrahlen gelangen durch Hornhaut und Pupille ins Augeninnere. Der Bereich zwischen Hornhaut und Iris ist mit *Kammerwasser* gefüllt. Es dient der Ernährung von Hornhaut und Linse. Hier verändern die Lichtstrahlen ihre Richtung so, dass ein scharfes Bild entstehen kann. Der *Glaskörper*, der aus einer klaren, gallertartigen Masse besteht, leitet die Lichtstrahlen weiter zum *Augenhintergrund*.

Die Augenhäute
Mehrere übereinander liegende Häute umgeben den Glaskörper. Die harte *Lederhaut* schützt das Auge. An ihr setzen die *Augenmuskeln* an, die den Augapfel in alle Richtungen bewegen können. Die Lederhaut geht vorne in die durchsichtige *Hornhaut* über. Unter der Lederhaut liegt die *Aderhaut*. Die zahlreichen Blutgefäße versorgen das Auge mit Sauerstoff und Nährstoffen. In der Aderhaut sind auch Pigmentzellen mit schwarzem Farbstoff enthalten, die keinerlei Lichtstrahlen zurückwerfen. Deshalb sehen wir die Pupille als schwarzes Loch.

Die zum Glaskörper hin gelegene innerste Schicht ist die *Netzhaut*. Sie enthält zwei Gruppen von Lichtsinneszellen, nämlich Stäbchen und Zapfen. Die *Stäbchen* können besonders gut zwischen hell und dunkel unterscheiden, die *Zapfen* sind für das Farbensehen zuständig.

Fixieren wir einen bestimmten Gegenstand, wird das Bild genau in der *Sehgrube* auf der Netzhaut erzeugt. Sie ist die Stelle des schärfsten Sehens und darf nicht verwechselt werden mit dem *blinden Fleck*. An dieser Stelle verlässt der *Sehnerv* das Auge. Dort sind keine Sinneszellen vorhanden und es entsteht auch kein Sinneseindruck.

A1 Erstelle eine Tabelle, die zu jedem Bauteil des Auges einige Stichworte zu seiner Funktion enthält.

Info-Box: Wann sehen wir etwas?

Jeder weiß, dass man in einem dunklen Raum, mit geschlossenen Augen oder in „stockdunkler" Nacht nichts sieht. Wir brauchen zum Sehen Licht, so wie es zum Beispiel die Laternen auf dem Foto erzeugen. Auch die Sonne, eine Kerze oder ein Glühwürmchen können das. Wir nennen solche Objekte, die Licht aussenden, *Lichtquellen*.

Die Menschen auf dem Foto können aber auch andere Personen oder Gegenstände auf der Straße sehen, obwohl diese keine Lichtquellen sind. Das Licht gelangt in diesem Fall von der Laterne zu den Personen oder Gegenständen und wird von ihnen zurückgeworfen. Man sagt, dass der Gegenstand das Licht *reflektiert*. Die meisten Dinge, die wir sehen, sind keine Lichtquellen, sondern beleuchtete Objekte. Auch der Mond ist hierfür ein Beispiel: er wird von der Sonne beleuchtet und das Sonnenlicht gelangt über die Mondoberfläche in unser Auge. Es gibt aber auch Gegenstände, durch die das Licht hindurchgeht. Diese Stoffe können wir nicht sehen, zum Beispiel die Luft.

Gegenstände, die selbst kein Licht erzeugen, kann man also nur sehen, wenn sie von einer Lichtquelle beleuchtet werden. Unsere Augen sind „Lichtempfänger", weil sie in der Lage sind, die Lichtstrahlen wahrzunehmen.

Sinne erschließen die Welt

Die Bildentstehung auf der Netzhaut

Betrachtet man nahe Gegenstände durch eine Lupe, erscheinen sie vergrößert. Ferne Gegenstände aber werden kleiner, auf dem Kopf stehend und seitenverkehrt abgebildet. Die Linse der Lupe kann sich unterschiedlichen Entfernungen nicht anpassen. Die *Augenlinse* arbeitet zwar wie eine solche Sammellinse, kann aber im Unterschied zur Glaslinse ihre Krümmung verändern. Die elastische Linse ist über die zähen *Linsenbänder* mit dem ringförmigen *Ziliarmuskel* verbunden.

Durch seine Tätigkeit stellt sich das Auge auf verschieden weit entfernte Gegenstände ein. Einen nahen Gegenstand kann man mit einer stark gewölbten Linse scharf sehen. Beim Blick in die Ferne wird die Linse durch die Linsenbänder flach gezogen. So entsteht immer ein scharfes Bild auf der Netzhaut.

A2 Überprüfe an zwei unterschiedlich weit entfernten Gegenständen, was du jeweils sehen kannst. Beschreibe mithilfe der Abbildung 3 die Veränderungen, die in deinem Auge vor sich gehen.

A3 Halte dein Biobuch mit ausgestrecktem Arm so vor deine Augen, dass du auf den Buchrücken schaust. Betrachte dann das Buch abwechselnd nur mit dem linken oder nur mit dem rechten Auge. Beschreibe die Beobachtung.

Sehen mit Augen und Gehirn

Schließt man abwechselnd ein Auge, sieht man den Gegenstand nacheinander aus verschiedenen Blickrichtungen. Das ist eine Folge des Augenabstandes. Der räumliche Eindruck entsteht erst, wenn das Gehirn die Signale von beiden Augen gleichzeitig erhält und entsprechend verarbeitet. Nur beim Sehen mit beiden Augen sind wir in der Lage, Entfernungen abzuschätzen.

Das Gehirn vergleicht aufgenommene Signale ständig mit Gedächtnisinhalten. Bei Übereinstimmung findet Erinnern und Erkennen statt. Bei flächigen Bildern können sich Schwierigkeiten ergeben. Dass das Ergebnis nicht immer mit der Wirklichkeit übereinstimmen muss, zeigt die Abb. 4. Erhält das Gehirn neue Informationen, ändert sich die Wahrnehmung.

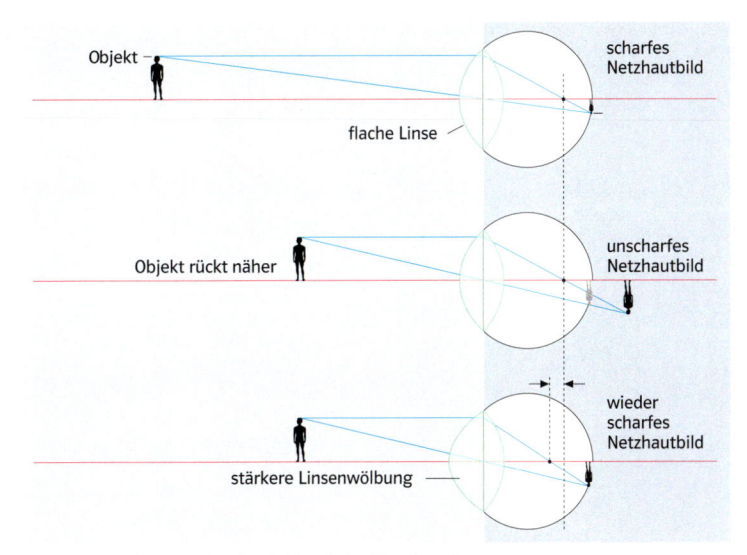

2 *Wie entsteht ein scharfes Bild auf der Netzhaut?*

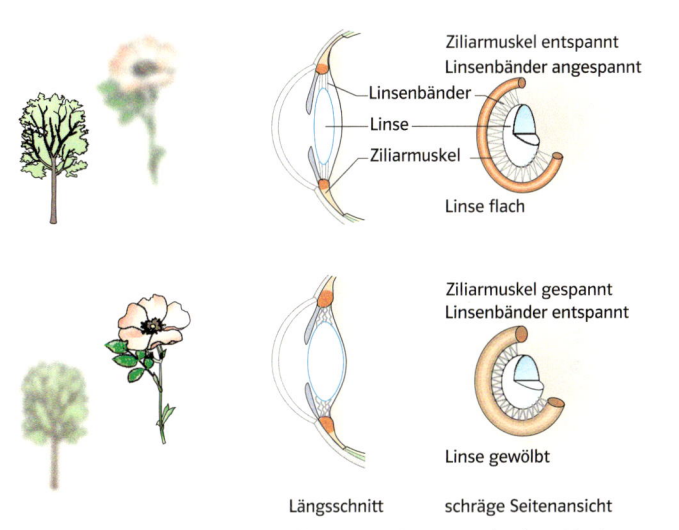

3 *Veränderung der Linse beim Sehen von entfernten und nahen Objekten*

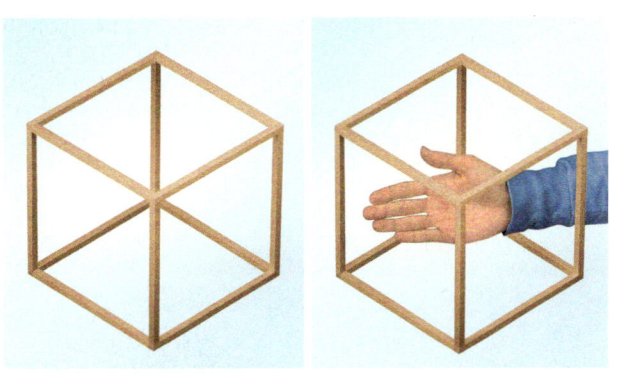

4 *Das Gehirn lässt sich täuschen*

Praktikum
Sehen

Die Augen sind unsere wichtigsten Sinnesorgane. Die folgenden Versuche können helfen, die Funktion einiger Teile des Auges zu verstehen.

Ein Bild entsteht

Wie ein Bild auf der Netzhaut entsteht, kannst du an einem Modellversuch ausprobieren. Du benötigst eine Kerze, eine Linse, z. B. aus der Physik-Sammlung, oder eine Leselupe und einen weißen Karton.

Stelle die brennende Kerze und den Karton im Abstand von etwa 50 cm auf. Verschiebe die Linse zwischen Kerze und Karton so lange, bis du ein scharfes Bild der Kerzenflamme auf dem Karton erhältst.

A1 Beschreibe die Besonderheiten des Kerzenbildes.

A2 Gib an, welchen Teilen des Auges die verwendeten Gegenstände entsprechen.

A3 Fotoapparat und Auge weisen vergleichbare Bauelemente auf. Ordne folgenden Begriffen der Kamera die entsprechenden Teile des Auges zu: Blende, Linse, Film bzw. Fotochip, Objektiv.

Der blinde Fleck

Halte das Buch mit ausgestreckten Armen vor dich. Schließe das linke Auge und fixiere mit dem rechten Auge das Kreuz auf der Seite unten. Bewege das Buch langsam auf dein Auge zu; behalte dabei das Kreuz „im Auge". Achte dabei auf die Maus, ohne dein Auge zu bewegen.

A4 Beschreibe und erkläre deine Beobachtung.

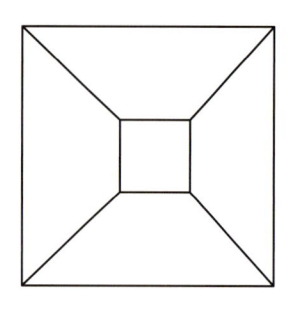

Räumliches Sehen

Stelle ein ca. 15 cm breites Stück Pappe senkrecht zwischen die beiden Abbildungen oben. Blicke mit dem rechten Auge auf die rechte und mit dem linken Auge auf die linke Figur. Warte, bis du nur noch ein scharfes Bild siehst.

A5 Beschreibe deinen Eindruck und gib eine mögliche Erklärung dafür.

Der Nahpunkt

Halte ein Lineal mit der Nullmarke rechts an die Nasenwurzel, schließe das linke Auge. Führe einen Stift langsam am Lineal entlang auf das Auge zu, bis er unscharf erscheint *(Nahpunkt)*. Ein Mitschüler liest die Entfernung zum Auge ab. Wiederhole den Versuch mit dem rechten Auge.

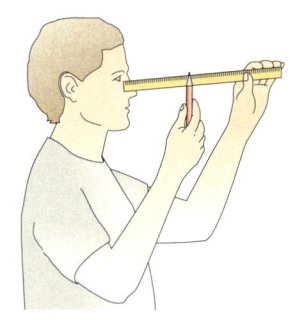

A6 Notiert die von allen gemessenen Werte und berechnet den Mittelwert für die gesamte Klasse.

A7 Mit zunehmendem Alter verändert sich Lage des Nahpunktes. Plane ein Experiment, mit dem du diese Behauptung überprüfen kannst. Gib eine mögliche Erklärung.

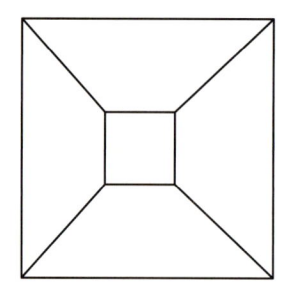

Eine Lochkamera

Mit einem leeren Schuhkarton kannst du eine *Lochkamera* leicht nachbauen und herausfinden, wie sie funktioniert. Durch den Boden des Schuhkartons bohrst du ein Loch mit ungefähr 1 mm Durchmesser. Im Deckel wird ein Viereck ausgeschnitten und durch Pergamentpapier ersetzt. Bis auf das Pergamentpapier malst du den gesamten Innenraum des Kartons schwarz aus.

A8 Richte die Seite mit dem Loch gegen einen hellen Gegenstand, z. B. eine brennende Kerze, und beschreibe das Bild, das du auf dem Pergamentpapier siehst.

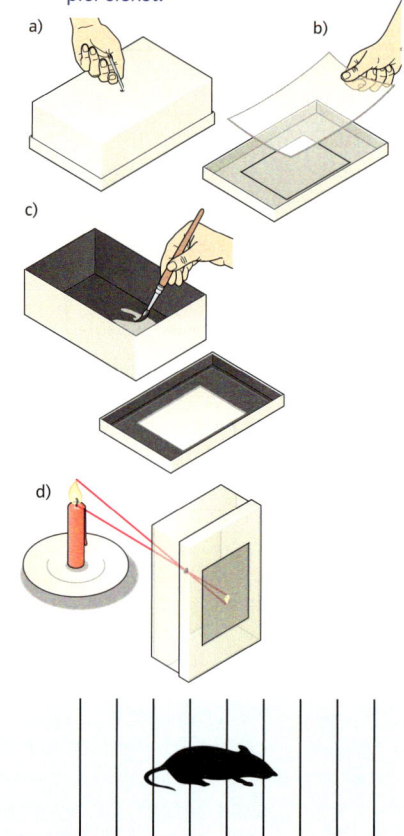

Sehfehler — Sehhilfen

Du kennst sicherlich viele Menschen, die eine *Brille* tragen: ältere Menschen benötigen oft eine Lesebrille, aber auch viele jüngere Menschen sehen nur mit Brille scharf. Die Brille ist eine *Sehhilfe*, denn sie gleicht *Sehfehler* — das sind Abweichungen von der normalen Augenfunktion — aus. Eine andere Sehhilfe, die du bestimmt kennst, ist die *Kontaktlinse*.

Wer braucht eine Brille?
Ältere Menschen können oft nur mit ausgestrecktem Arm lesen. Bei ihnen sind die Augenlinsen nicht mehr elastisch genug, um sich so stark zu krümmen, dass auch bei kurzen Entfernungen ein deutliches, scharfes Bild auf der Netzhaut entsteht. Dies nennt man *Altersweitsichtigkeit*. Durch eine *Lesebrille* kann dies ausgeglichen werden, da sie einen Teil der Aufgabe, die sonst die Augenlinse leistet, übernimmt.

Aber nicht nur ältere Menschen benötigen eine Sehhilfe. Bei manchen Menschen ist der Augapfel zu kurz und die Augenlinse kann das Bild nicht genau auf der Netzhaut abbilden. Auf der Netzhaut entsteht ein unscharfes Bild. Ein deutliches Bild würde erst hinter der Netzhaut entstehen (Abb. 3). Nur sehr weit vom Betrachter entfernte Gegenstände werden scharf gesehen. Dieser Sehfehler heißt *Weitsichtigkeit*. Eine Brille oder eine Kontaktlinse kann die Weitsichtigkeit ausgleichen, indem sie das eigentlich hinter der Netzhaut liegende scharfe Bild auf die Netzhaut bringt und so scharfes Sehen ermöglicht.

Ist der Augapfel zu lang und die Linse erzeugt ein deutliches Bild nicht auf, sondern vor der Netzhaut, ist das Bild auch verschwommen. Dies hat zur Folge, dass nur nahe Gegenstände scharf abgebildet werden. Diesen Sehfehler nennt man *Kurzsichtigkeit* (Abb. 4). Auch hier kann eine geeignete Brille oder eine Kontaktlinse den Sehfehler ausgleichen.

Deutlich zu sehen ist wichtig!
Immer wieder kommt es im Straßenverkehr zu gefährlichen Situationen und Unfällen, wenn Menschen nicht deutlich sehen: sie erkennen heranfahrende Autos zu spät, schätzen Entfernungen ungenau ein oder können Verkehrsschilder nicht richtig erkennen. Sie reagieren zu spät und dann oft zu heftig. Deshalb sollte jeder Verkehrsteilnehmer immer wieder seine Augen testen lassen und, wenn nötig, eine Brille tragen.

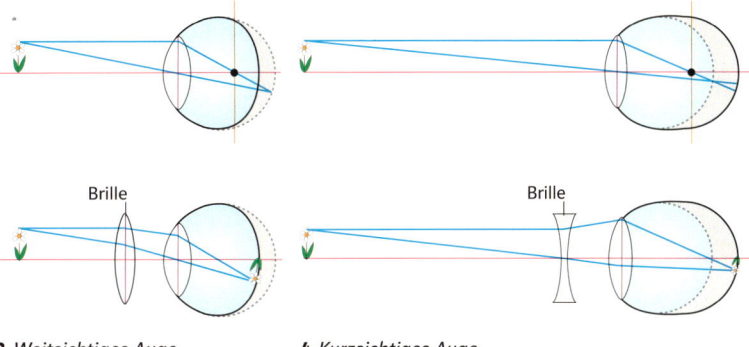

1 *Lesebrille*

Kontaktlinse

2 *Junge mit Brille*

3 *Weitsichtiges Auge*

4 *Kurzsichtiges Auge*

Sehen und gesehen werden in der Dämmerung

1 Sehen und gesehen werden

schiedene Grautöne unterscheiden. *Licht* hat deswegen im Straßenverkehr eine besondere Bedeutung: Ampeln regeln den Verkehr, Straßenlampen oder Autoscheinwerfer beleuchten die Straßen, die Verkehrsschilder oder die anderen Verkehrsteilnehmer. Rücklichter oder Blinkzeichen warnen den nachfolgenden Verkehr. Dabei ist für alle Verkehrsteilnehmer wichtig: Man muss selbst gut sehen und von den anderen gut gesehen werden!

A1 In Abb. 1 werden zwar drei Fußgänger von Autoscheinwerfern erfasst, aber nur die beiden außen laufenden Personen sind gut erkennbar. Begründe und leite daraus eine Verhaltensregel für den Straßenverkehr ab.

A2 Nenne mindestens drei Merkmale für eine verkehrssichere Kleidung.

„In der Nacht sind alle Katzen grau!" Woher dieses Sprichwort kommt, lässt sich einfach erklären: die *Zapfen* — also die Sinneszellen in unserem Auge, die Farben wahrnehmen können — brauchen viel Licht für ihre Arbeit. In der Dämmerung oder nachts sehen wir daher bevorzugt mit den *Stäbchen*. Sie lassen uns nur verschiedene Grautöne unterscheiden.

Viele Materialien reflektieren das Licht und erleichtern uns die Orientierung. Verkehrssichere und TÜV-geprüfte Schulranzen haben sogenannte *Reflektoren*. Diese „Katzenaugen" kennst du auch vom Fahrrad oder von den Begrenzungspfählen an der Straße.

Info-Box: Leben in der Dunkelheit

In Deutschland gibt es etwa 500 000 sehbehinderte Menschen. Jeder Dritte von ihnen gilt als blind. Die Betroffenen sind zwar in ihrem alltäglichen Leben beeinträchtigt, können aber durch gezieltes Training lernen, den Verlust ihrer Sehfähigkeit teilweise auszugleichn. So lernen viele Blinde oft besser zu tasten und zu hören als Normalsichtige und können — auch ohne fremde Hilfe — ihren Alltag meistern. Dazu stehen ihnen noch eine Vielzahl von Hilfsmitteln zur Verfügung, z. B. ein *Blindenstock*.

Die Braille-Schrift
Der Franzose Louis Braille (1809—1852) erblindete im Alter von drei Jahren und entwickelte mit 16 Jahren die nach ihm benannte *Blindenschrift*. Grundlage dieser Schrift ist ein 6-Punkte-System, mit dem Buchstaben, Satzzeichen, Ziffern und auch Noten mithilfe der Punktschrift-Tafel, einer Braille-Schreibmaschine oder auch mit dem Braille-Computer dargestellt werden.

A3 Nimm einen Schuhkarton und stich auf der Rückseite Stecknadeln entsprechend der Blindenpunktschrift ein. Wenn du die Stecknadeln herausziehst, haben sich auf der Vorderseite kleine Erhebungen gebildet. Tauscht eure Arbeiten untereinander aus und versucht, sie „blind", also mit verbundenen Augen zu lesen.

Material
Optische Täuschungen

Auf dieser Seite findest du mehrere Bilder, die bei genauerer Betrachtung verblüffend sind. Häufig wird das, was wir dabei sehen, als *optische Täuschung* bezeichnet. Dieser Begriff ist aber eigentlich nicht zutreffend, denn diese Täuschungen sind nicht auf optische Vorgänge im Auge zurückzuführen. Es sind vielmehr *Wahrnehmungstäuschungen*, die zeigen, dass beim Sehen immer das Gehirn und die Erinnerung an bereits Geschehenes beteiligt sind. Unsere Erfahrungen beeinflussen also unser Sehen.

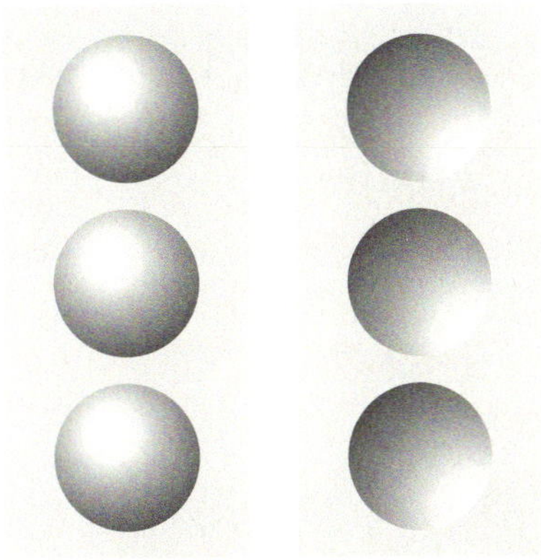

Kleiner, größer, breiter oder höher?

A1 Betrachte die Abb. 3. Welche der zwei Gestalten erscheint dir spontan als die größere, welche als die kleinere? Miss mit einem Lineal die Größe der beiden Gestalten. Was fällt dir auf?

A2 Auch bei den Abb. 4 und 5 handelt es sich um „optische Täuschungen". Finde heraus, worin die optische Täuschung jeweils besteht.

A3 Baue aus lauter gleichen Münzen einen Münzstapel (Abb. 6) so auf, dass — nach Augenmaß beurteilt — seine Höhe dem Durchmesser der Münzen entspricht. Miss jetzt mit dem Lineal Höhe und Breite. Was fällt dir auf? Bitte eine andere Person, den Stapel wie vorgegeben aufzubauen. Gelingt es ihr? Vergleiche ihr Ergebnis mit deinem.

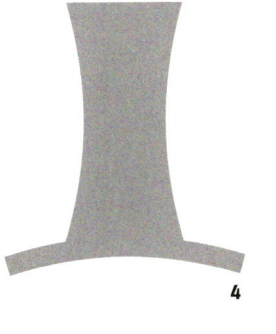

Räumliches Sehen

A7 In welcher der beiden senkrechten Reihen (Abb. 2) sind die Kugeln, in welcher die Löcher abgebildet? Kannst du das eindeutig festlegen? Drehe dein Buch langsam um 180°. Was fällt dir auf? Beschreibe, worauf es ankommt, ob wir Kugeln oder Löcher sehen.

Sehen und nicht sehen

A4 Fahre mit der Bleistiftspitze leicht die Linien der Spirale in Abb. 7 nach. Beschreibe, was dir dabei auffällt.

A5 Was erkennst du auf den Abb. 8 und 9? Zeige diese Bilder verschiedenen Personen. Notiere jeweils, was sie meinen, auf den Bildern zu sehen. Gib an, worin die unterschiedlichen Wahrnehmungen liegen könnten.

A6 Zeige die Abb. 1 mehreren Personen aus ca. 3 m Entfernung. Notiere jeweils, was sie auf dem Bild erkennen. Fordere sie dann auf, das Bild aus der Nähe zu betrachten. Notiere, was sie nun erkennen. Suche nach einer Erklärung.

Der Bau des Ohres

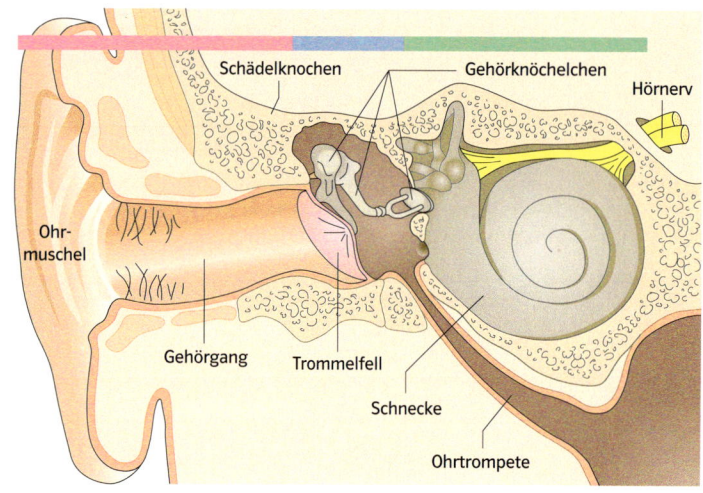

1 Bau des menschlichen Ohres

Oft bezeichnet man nur die sichtbare *Ohrmuschel* als Ohr. Im Inneren des Kopfes liegen jedoch weitere Teile des Ohres, die für den Hörvorgang entscheidend sind.

A1 Beschreibe nach Abb. 1 den Bau des Ohres. Gliedere nach Außen-, Mittel- und Innenohr.

A2 Lies den Text der Info-Box. Gib an, welchen Weg der Schall deiner Meinung nach nimmt.

Das Ohr ist in drei Abschnitte gegliedert: Außen-, Mittel- und Innenohr. Zum *Außenohr* gehören die *Ohrmuschel* und der Gehörgang bis zum *Trommelfell*. Eintreffende Schallwellen werden von den Ohrmuscheln wie mit einem Trichter aufgenommen und im *Gehörgang* weitergeleitet. Sie versetzen das Trommelfell in Schwingungen. Am Eingang des Gehörgangs wachsen Härchen, die eindringende größere Fremdkörper zurückhalten. Aus Talgdrüsen im Gehörgang wird *Ohrschmalz* ausgeschieden. Es verklebt eindringenden Staub und wird durch Kieferbewegungen beim Kauen nach außen transportiert.

Hinter dem Trommelfell liegt das *Mittelohr*. Es ist ein ca. 5 Millimeter breiter, luftgefüllter Spalt, der über die *Ohrtrompete* mit dem Nasen-Rachenraum in Verbindung steht. Im Mittelohr befinden sich die drei winzigen *Gehörknöchelchen* Hammer, Amboss und Steigbügel. Sie nehmen die Schwingungen des Trommelfells auf und leiten sie an das Innenohr weiter.

Das *Innenohr* ist mit einer wässrigen Flüssigkeit gefüllt und liegt gut geschützt in einer Ausbuchtung des Schädelknochens. In der *Schnecke* befindet sich das eigentliche Hörorgan. Die schwingenden Gehörknöchelchen setzen die Innenohrflüssigkeit in Bewegung. Dies reizt über eine Membran die *Hörsinneszellen* im Innern der Schnecke, und über den *Hörnerv* werden die elektrischen Signale zum Gehirn weitergeleitet. Wir hören.

A3 Welche Gefahr besteht beim Reinigen des Gehörgangs mit festen Wattestäbchen? Erkläre.

A4 Recherchiere, warum man nach einer schnellen Fahrstuhlfahrt in einem Hochhaus oft Kau- oder Gähnbewegungen macht. Berichte.

Info-Box: Wann hören wir etwas?

Überall sind wir von Geräuschen umgeben. Du kannst Vogelgezwitscher, Motorengeräusche oder das Rauschen der Blätter im Wind wahrnehmen. Man nennt alles, was man hören kann, *Schall*. Dazu gehören auch Töne von Musikinstrumenten, der Knall einer Explosion und das Quaken der Frösche. Wir haben im Laufe des Lebens gelernt, diese Geräusche den jeweiligen *Schallquellen* zuzuordnen. Unsere Ohren sind *Schallempfänger*.

Schall entsteht zum Beispiel, wenn man an eine Stimmgabel schlägt oder an einer Gitarrensaite zupft. Dabei lassen sich Hin- und Herbewegungen, also *Schwingungen*, beobachten. Durch diese Schwingungen entstehen *Schallwellen*. Bei wenigen Schwingungen pro Sekunde hören wir tiefe Töne, hohe Töne entsprechen vielen Schwingungen. Die Maßeinheit dafür ist Hertz (Hz). 5 Hz zum Beispiel entsprechen 5 Schwingungen in einer Sekunde. In der Luft, aber auch im Wasser oder anderen Stoffen, können sich die Schallwellen ausbreiten.

Aber nicht alle Schwingungen kann unser Ohr wahrnehmen. Der Hörbereich eines jungen Menschen liegt etwa zwischen 20 und 20 000 Hz. Höhere Schwingungen bezeichnen wir als *Ultraschall*. Es gibt Tiere, die noch Schwingungen im Ultraschallbereich wahrnehmen.

Praktikum
Hören

An einigen einfachen Experimenten kannst du selbst untersuchen, wie sich Schall ausbreitet und was unsere Ohren leisten.

Hören im Alltag

Im Verlauf eines Tages ist jeder Mensch unterschiedlichen Geräusch- oder Lärmbelastungen ausgesetzt. Das Ticken einer Uhr, laute oder leise Gespräche in der Umgebung, Musik, Straßenverkehr und das Dröhnen von Flugzeugen unterscheiden sich nicht nur in der Lautstärke, sondern werden zusätzlich auch unterschiedlich empfunden.

A1 Halte in einem Protokoll fest, was du im Verlauf der großen Pause hörst. Bewerte die Lautstärke mit 1 (= ganz leise) bis 6 (= schmerzhaft laut).

Schnurtelefon

Mit zwei Joghurtbechern und einem mehrere Meter langen Faden kann man ein „Schnurtelefon" herstellen: Stich jeweils in der Mitte des Bodens ein Loch, ziehe den Faden durch und mache an diesem Ende einen Knoten, damit er nicht wieder herausrutschen kann.

A2 Wodurch wird der Schall übertragen? Begründe, warum die Schnur straff gespannt sein muss, damit der Versuch funktioniert.

Schallgeschwindigkeit

Bei einem Gewitter sieht man zunächst den Blitz und erst danach hört man den Donner. Zählt man dazwischen im Sekundentakt (einundzwanzig, zweiundzwanzig, dreiundzwanzig, …) kann man ungefähr berechnen, wie weit das Gewitter entfernt ist. Die Schallgeschwindigkeit in der Luft beträgt 343 Meter pro Sekunde

A3 Phillip hatte beim letzten Gewitter fast 18 Sekunden Zeit zum Zählen. Wie weit war der Blitz entfernt?

A4 Das Echo hat auch etwas mit der Schallgeschwindigkeit zu tun. Recherchiere und berichte.

Richtungshören

Ein Schlauch von 10 bis 15 mm Durchmesser und etwa 1,5 m Länge wird genau in seiner Mitte durch einen Strich markiert. Links und rechts davon werden je drei weitere Markierungen im Abstand von jeweils 5 cm angebracht.

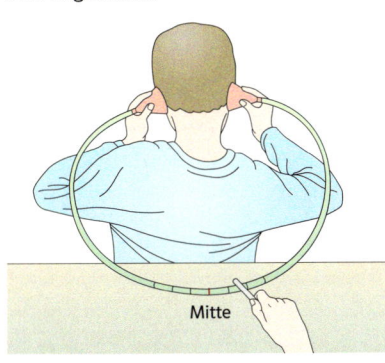

Die Enden des Schlauchs werden mit den Trichtern an die Ohrmuscheln gehalten (s. Abb). Ein Mitschüler klopft mit einem Lineal zunächst auf die Schlauchmitte, danach 15-mal in unterschiedlicher Reihenfolge auf die anderen Markierungen. Die Versuchsperson teilt mit, von welcher Seite das Geräusch kommt.

A5 Führe ein genaues Versuchsprotokoll. Deute das Versuchsergebnis.

Tonhöhen

Die *Panflöte* gehört zu der Gruppe der Holzblasinstrumente, obwohl sie nicht nur aus Holz hergestellt wird. Sie besteht aus einer Reihe von Röhren, die zunehmend kürzer werden und mit denen man verschieden hohe Töne erzeugen kann.

A6 Stelle fest, welche der Röhren hohe und welche tiefe Töne erzeugen.

A7 Hänge eine Flasche mit einem Bindfaden an einem Stativ auf und fülle sie mit Wasser. Schlage anschließend vorsichtig (!) mit einem kleinen Hammer dagegen. Gib an, wie du den Flaschenton höher oder tiefer machen kannst. Probiere es aus.

Konzentrationstest

Die Hälfte der Schülerinnen und Schüler eurer Klasse zählt innerhalb von 30 Sekunden alle p in den nachfolgenden Zeilen. Jeder notiert sein Ergebnis.

Der Versuch wird von der anderen Hälfte der Klasse wiederholt. Während des Versuchs spielt laute Musik. Nach 30 Sekunden werden auch diese Ergebnisse notiert und mit den Resultaten des ersten Versuchs verglichen.

pppppqqqqpppppqqqppqpqpqp
pqppppppqqqqqppppqpqqqppppp
qpqpqqqppqqpppqppqppqpqqppq
pqqpppqpqqpqpppqqppppqppqp

A8 Beschreibe das Ergebnis. Nenne eine mögliche Erklärung.

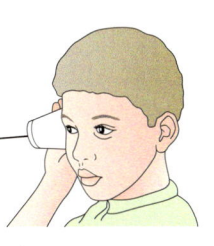

Das Gehör — Leistung, Gefährdung und Schutz

Das *Ohr* ist ein Sinnesorgan, das für unsere Verständigung sehr wichtig ist. Ohne die Fähigkeit zu hören, wäre Sprechen sinnlos, und ohne unsere Sprache könnten wir uns nur mühsam etwas mitteilen.

A1 Beim Sprechen schwingen die Stimmbänder im *Kehlkopf*. Lege die Fingerspitzen an den Kehlkopf. Beschreibe die Unterschiede zwischen laut und leise, hoch und tief.

A2 Versuche, mit zusammengebissenen Zähnen und geöffneten Lippen bis zwanzig zu zählen. Bewege dabei auch die Zunge möglichst nicht. Beschreibe das Ergebnis.

Tonhöhen und Lautstärke wahrnehmen

Durch die Bewegung unserer *Stimmbänder* entsteht Schall, der sich in der Tonhöhe und der Lautstärke unterscheiden kann. Zunge und Mundhöhle sind an der Tonqualität ebenfalls beteiligt.

Unser Gehörorgan, die *Schnecke*, ist dafür verantwortlich, dass wir all diese Unterschiede wahrnehmen können. Besonders beeindruckend ist diese Leistung beim Hören von Musik. Bei lauten bzw. leisen Tönen schwingt die *Membran* im Inneren der Schnecke stärker oder schwächer, was sich auf die *Hörsinneszellen* überträgt. Bei hohen Tönen erfolgt die Reizung mehr am Beginn der Schnecke, bei niedrigen Tönen mehr im hinteren Teil. Im *Gehirn* entsteht aus dem Gemisch dieser Signale der Klangeindruck.

Räumlich hören

Mithilfe des Gehörs werden uns also Informationen über die Höhe und die Lautstärke von Geräuschen oder Tönen vermittelt. Unsere Ohren können aber noch viel mehr. Wenn wir neben uns ein Geräusch hören, können wir sofort feststellen, ob es von rechts oder links kommt. Dieses *Richtungshören* ist allerdings nur mit beiden Ohren möglich. Der Weg des Schalls ist bei seitlichen Geräuschen nämlich zu einem Ohr weiter als zum anderen. Aus diesem winzigen Zeitunterschied errechnet das Gehirn, aus welcher Richtung der Ton kommt. Wird ein Ohr schalldicht verschlossen, klappt das nicht mehr.

Für eine *Stereoaufnahme*, zum Beispiel für eine Musik-CD, benötigt man daher auch zwei Mikrofone, die jeweils den Schall für das rechte und das linke Ohr auf unterschiedlichen Kanälen aufnehmen. Die Wiedergabe erfolgt dann ebenfalls über zwei Lautsprecher. In einem großen Raum, beispielsweise in einem Kino, wird der *räumliche Höreindruck* durch mehrere Kanäle und Lautsprecher erzeugt. So fühlt man sich bei jedem Film mitten im Geschehen.

Die Schallstärke ist messbar

Die Stärke des Schalls kann man messen. Die zugehörige Einheit heißt *Dezibel* (dB). Die Schallstärke an der Hörschwelle hat den Wert 0 dB. Wenn sich der Wert um

1 *Schallschutzmauern sollen vor Lärm schützen*

Lautstärke

Schmerzschwelle	130 dB	Düsenflugzeug
	120 dB	Donner
	110 dB	Discolärm
	100 dB	Kompressor
	90 dB	LKW-Geräusche
	80 dB	laute Stereoanlage
	70 dB	Straßenverkehr
	60 dB	laute Unterhaltung
	50 dB	Radio (Zimmerlautstärke)
	40 dB	leise Unterhaltung
	30 dB	Flüstern
Hörschwelle	20 dB	Blätterrauschen
	0 dB	Hörgrenze

2 *Lautstärken zwischen Hör- und Schmerzschwelle*

10 dB erhöht, verstärkt sich der Schall um das Zehnfache. Erzeugt z. B. ein Auto eine Schallstärke von 70 dB, dann liefern 10 Autos die 10-fache Schallstärke, was einem Wert von 80 dB entspricht.

Lärm ist lästig

Die Verkehrsgeräusche von einer stark befahrenen Straße werden als Belästigung empfunden. Durch *Schallschutzmauern* und Bepflanzung versucht man, sich vor diesem Lärm zu schützen. Auch in Maschinenhallen, auf Flughäfen und überall, wo Lärm entsteht, werden Schallschutzmaßnahmen getroffen. Doppelfenster oder Nachtflugverbote sind Beispiele. Lärmschutz ist nötig, denn bei starkem oder andauerndem Lärm kann das Gehör geschädigt werden.

A3 Berichte über Lärmquellen in deiner Umgebung. Gib an, wie sich die Menschen dort vor Lärm schützen.

A4 Beschreibe Abbildung 2 mit eigenen Worten.

A5 Gib an, wie viel Mal stärker Discolärm im Vergleich zu Musik auf Zimmerlautstärke ist.

Lärm macht krank

Ständiger Lärm ist nicht nur eine Belästigung, er kann richtig krank machen. Konzentrationsschwäche, Kreislauf- und Schlafstörungen sind die häufigsten Folgen. Bei häufigem Lärm über 100 dB werden die Hörsinneszellen im Innenohr geschädigt oder sogar ganz zerstört. Solche Schäden sind nicht heilbar und führen zu *Schwerhörigkeit* bis hin zur *Taubheit*. Die Gefahr einer dauerhaften Schädigung besteht besonders dann, wenn man sehr laute Musik über den Kopfhörer hört. An sehr lauten Arbeitsplätzen muss unbedingt ein *Gehörschutz* getragen werden.

A6 Nenne Gründe, weshalb du auf dem Schulweg keinen „Musikknopf" im Ohr haben solltest.

Info-Box: Leben in der Stille

Gehörlosigkeit

Hast du schon einmal gesehen, dass sich zwei Menschen auf der Straße mit Zeichensprache verständigen? Dann waren es bestimmt Menschen, die sehr schlecht oder gar nichts hören können. Sind Kinder gehörlos, sind sie es meistens schon von Geburt an. Tritt die Gehörlosigkeit bei älteren Menschen auf, haben sie ihr Gehör oft nach und nach oder durch ein plötzliches Ereignis verloren, z. B. durch Krankheit oder einen Unfall. Kinder lernen sprechen, indem sie die Geräusche, die sie hören, nachahmen. Kinder mit einem Hörverlust haben deshalb Schwierigkeiten, Sprache zu erlernen. Ist aber noch eine geringe Hörfähigkeit vorhanden, kann das Sprechen mithilfe einer *Höranlage* erlernt werden. Höranlagen verstärken den Schall, der beim Sprechen entsteht, und geben ihn an den Empfänger — ein *Hörgerät* — weiter. So können nahezu gehörlose Kinder sich selbst und andere hören und das Sprechen leichter erlernen.

Aber auch die Körpersprache spielt für die Verständigung eine große Rolle und ist für Gehörlose besonders wichtig. Mithilfe der *Gebärdensprache* können auch vollständig Gehörlose das ausdrücken, wozu Nicht-Gehörlose die Lautsprache nutzen. Gehörlose untereinander benutzen meist die Gebärdensprache, um sich zu verständigen. Sie bedienen sich dabei sowohl bestimmter Handzeichen (Gebärden) als auch Mundbildern, d. h. lautlos gesprochenen Silben.

Das sogenannte *Fingeralphabet* ist ein Hilfsmittel zum Buchstabieren von Wörtern der Lautsprache. Das Fingeralphabet wird vor allem zum Buchstabieren von Eigennamen, Fach- und Fremdwörtern benutzt.

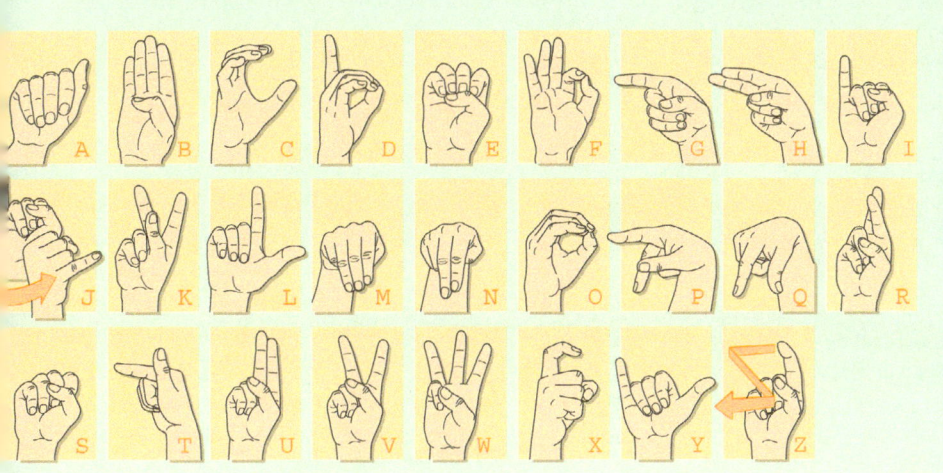

Die Haut — ein Organ mit vielen Aufgaben

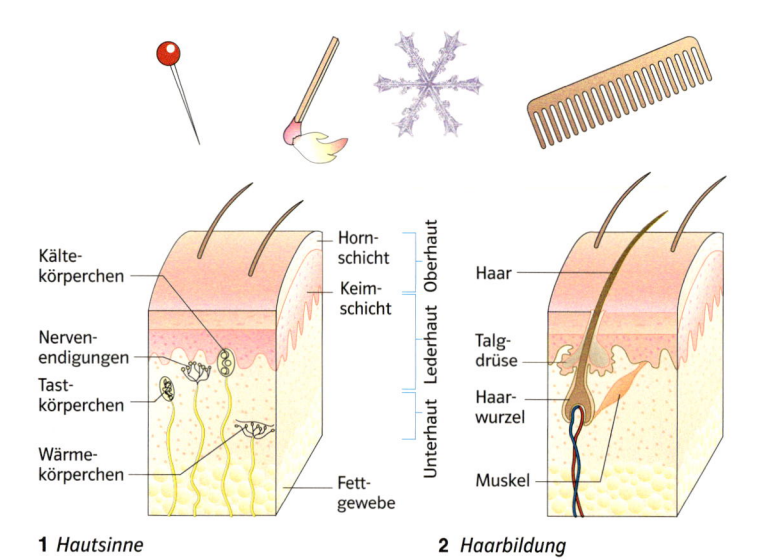

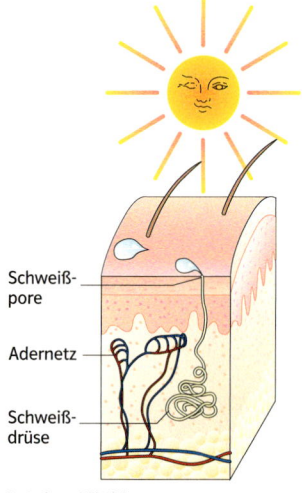

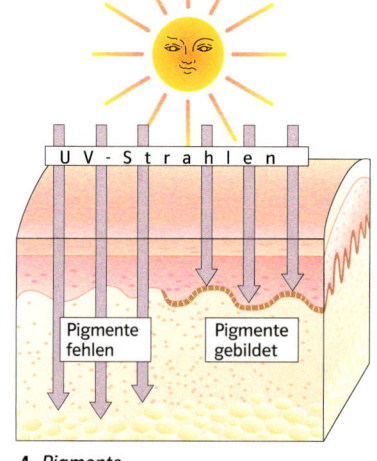

1 *Hautsinne*

2 *Haarbildung*

3 *Schweißbildung*

4 *Pigmente*

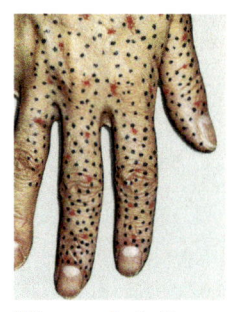

Wärmepunkte (rot)
Kältepunkte (blau)

Die Schichten der Haut

Die Haut ist aus drei Schichten aufgebaut: *Oberhaut*, *Lederhaut* und *Unterhaut*. Die Oberhaut ist etwa so dünn wie eine Buchseite. Ihre äußerste Lage, die *Hornschicht*, besteht aus abgestorbenen, verhornten Zellen. Sie schützt vor Austrocknung, Krankheitserregern und Verletzung, wird ständig abgenützt und von der darunter liegenden *Keimschicht* laufend erneuert.

Die *Lederhaut* ist der Ort, an dem Finger- und Zehennägel sowie Haare gebildet werden. Sie bestehen aus *Horn*. An jedem Haar setzt ein kleiner Muskel an, der es bei Kälte, Angst oder Zorn aufrichtet — wir bekommen eine „Gänsehaut". An jedem Haar mündet auch eine Talgdrüse. Das von ihr abgesonderte Fett hält das Haar und die Oberhaut geschmeidig.

In der *Unterhaut* ist Fett eingelagert. Es dient als Energiespeicher und wirkt zugleich als Polster. Die Unterhaut schützt die darunter liegenden Körperteile vor Schlag und Stoß sowie vor Auskühlung.

Die Haut ist ein Sinnesorgan

Die meisten Hautsinne findet man in der Lederhaut. *Tastkörperchen* und *Nervenendigungen* an ihrer Oberseite sprechen auf Berührung an. Wird die Haut eingedrückt, so werden sie ganz leicht verformt und dadurch gereizt. An den Fingerspitzen kann bereits das Eindrücken der Haut um einen hundertstel Millimeter zur Empfindung führen. Mit einem spitzen Stift, den man vorsichtig auf die Haut setzt, lässt sich hier die enorme Empfindlichkeit des *Tastsinns* prüfen. Tiefer in der Lederhaut liegende Tastkörperchen sprechen auf starken Druck und auf Vibrationen an.

Für die Wahrnehmung von heiß und kalt sind weitere Sinneskörperchen verantwortlich, die auf *Wärme-* und *Kältereize* ansprechen. Berührt man mit warmen oder kalten Nadeln die Haut, so findet man einzelne Stellen, die besonders kälte- oder wärmeempfindlich sind.

Die Haut ist unser größtes Organ. Sie ist etwa 2 m² groß, 4 bis 8 mm dick und wiegt rund 10 kg. Die Haut *schützt* uns vor Austrocknung, Überhitzung, Unterkühlung, Schmutz, Krankheitserregern und schädlichem Sonnenlicht. Außerdem ist sie ein vielseitiges *Sinnesorgan*. Über die Haut nehmen wir Wärme- und Kältereize wahr, aber auch mechanische Reize, wie Berührung, Druck und Vibrationen.

A1 Reibe die Haut des Unterarms mit einem schwarzen Tuch kräftig ab. Untersuche die Verfärbung mit der Lupe. Erkläre.

A2 Beschreibe die Abbildungen 5 und 6. Erkläre, was du daraus über den Aufbau der Haut erschließen kannst.

A3 Tauche eine Hand in 40 °C warmes Wasser, die andere gleichzeitig in Wasser von 20 °C. Stecke nach einer Minute beide Hände in 30 °C warmes Wasser. Deute deine Beobachtung.

In der Lederhaut liegen zahlreiche *Schweißdrüsen*. Sie geben durch kleine *Poren* an der Hautoberfläche salzhaltigen Schweiß ab, besonders bei Hitze oder körperlicher Anstrengung. Hier verdunstet das im Schweiß enthaltene Wasser. Die *Verdunstung* entzieht dabei dem Körper überschüssige Wärme. Die Blutgefäße in der Lederhaut weiten sich bei ansteigender Körpertemperatur. Das bewirkt eine verstärkte Durchblutung und Körperwärme wird vermehrt abgegeben. [Stoffwechsel und Energieumwandlung S. 262]

Gefährdung und Pflege der Haut

Nur eine gesunde Haut kann ihre Aufgaben erfüllen. Dazu muss sie gepflegt werden. Regelmäßige Körperwäsche verhindert Körpergeruch, beseitigt Schmutz und entzieht Krankheitserregern den Nährboden. *Bakterien* sammeln sich bevorzugt in den Schweißporen an. Sie können Entzündungen und sogar Pusteln erzeugen. Diese lassen sich mit Hautpflegemitteln behandeln und heilen dann meist schnell ab.

Gefährlich für die ungeschützte Haut sind die *UV-Strahlen* der Sonne. Es entsteht rasch ein *Sonnenbrand*, die Haut rötet sich und schmerzt. Manchmal bilden sich sogar Blasen. Die UV-Strahlen können die Zellen der Haut schädigen, sodass deren Schutzwirkung herabgesetzt wird. Bei wiederholtem Sonnenbrand können Hautkrankheiten und auch Krebs die Folge

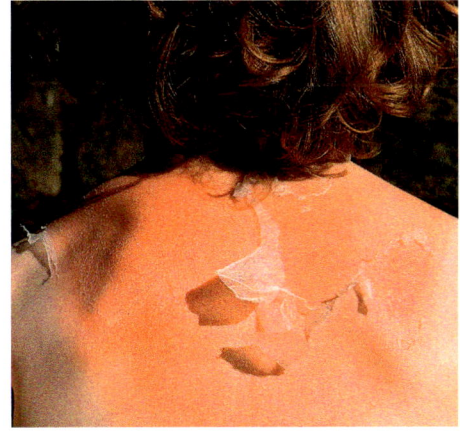

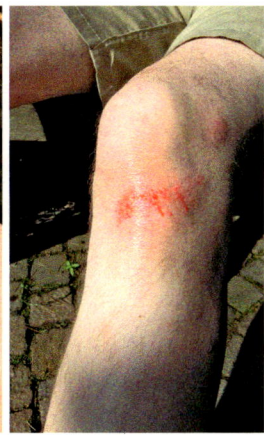

5 *Sonnenbrand*   **6** *Schürfwunde*

sein. Deshalb sollte man während der ersten Freibadbesuche viel im Schatten liegen, sich mit *Sonnenschutzmittel* eincremen und sich in der Sonne möglichst nur mit leichter Kleidung aufhalten. So „gewöhnt" sich die Haut an die Sonnenstrahlen und in der Oberhaut bilden sich vermehrt dunkle Farbstoffe *(Pigmente)*. Diese filtern das schädliche UV-Licht und verhindern das Eindringen der gefährlichen Strahlen in tiefere Hautschichten.

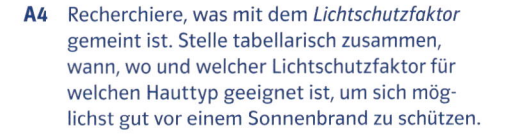

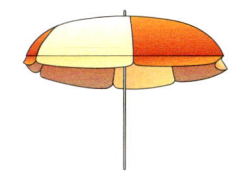

A4 Recherchiere, was mit dem *Lichtschutzfaktor* gemeint ist. Stelle tabellarisch zusammen, wann, wo und welcher Lichtschutzfaktor für welchen Hauttyp geeignet ist, um sich möglichst gut vor einem Sonnenbrand zu schützen.

Info-Box: Erste Hilfe bei Hautverletzungen

Beim Skaten und Rad fahren in der Freizeit oder beim Toben auf dem Schulhof ist es schnell geschehen. Einen Moment nicht aufgepasst und schon ist man gestürzt. Glücklicherweise gehen die meisten Stürze glimpflich aus und der Gestürzte hat nur leichte *Schnittverletzungen* oder *Hautabschürfungen*. Jetzt bist du als Helfer gefragt, diese kleineren Verletzungen zu versorgen.

Einigen wird bereits schlecht, wenn sie eine blutende Wunde sehen — andere haben Angst, sich durch das Blut mit einer Krankheit zu infizieren. Aber jeder sollte wissen, wie man Wunden richtig versorgt, und dass man sich mit *Einmalhandschuhen* vor der Berührung mit Blut schützen kann.

Da bei *Schürfwunden* meist nur die oberste Hautschicht verletzt ist, bluten sie in der Regel nur wenig. Beim Trocknen der Wunde an der Luft bildet sich *Schorf* — die bestmögliche Wundversorgung. Nur wenn die Gefahr einer weiteren Verschmutzung besteht, solltest du die Schürfwunde mit einer luftdurchlässigen *Wundauflage* abdecken. Bei stark mit Erde verschmutzten Wunden sollte auch der Arzt gefragt werden, ob eine Impfung gegen *Wundstarrkrampf* nötig ist.

Schnittverletzungen können gefährlich werden, wenn sie stark bluten und du dies nicht stoppen kannst. Größere Verletzungen und starke Blutungen sollten sofort nach der ersten Versorgung von einem Arzt untersucht werden.

A5 Recherchiere: Gibt es ein Notteflefon in der Nähe des Klassenraums oder der Sporthalle? Wo ist der Sanitätsraum? Wo hängt ein Verbandskasten? Wer ist als Ersthelfer ausgebildet? Wo sind im Schulgebäude die Rettungswege?

Weitere Sinnesleistungen des Menschen

1 *Auf der Kirmes*

Das Gleichgewichtsorgan
Wenn von weiteren Sinnesleistungen des Menschen die Rede ist, denken wir nach Sehen und Hören meist an Riechen und Schmecken. Aber die Sinneseindrücke z.B. auf der Achterbahn zeigen, dass wir noch ganz andere Wahrnehmungen haben. Unser *Gleichgewicht* kann ordentlich durcheinander gebracht werden. In unmittelbarer Nachbarschaft zum Innenohr befindet sich nämlich auf beiden Seiten des Kopfes ein kompliziert gebautes Sinnesorgan, das die Beschleunigung und die Drehungen im Raum an das Gehirn übermittelt.

A1 Die Randabbildung zeigt einen Teil des Gleichgewichtsorgans. Hier wird z.B. der Reiz der Beschleunigung beim Abwärtssausen der Achterbahn aufgenommen. Beschreibe und erkläre die Arbeitsweise. Gib danach an, was sich beim Bremsen ändert.

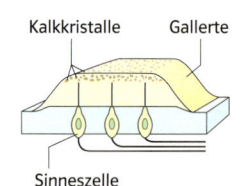

Beschleunigungsreiz
(Kalkkristalle, Gallerte, Sinneszelle, Beschleunigung)

Der Geruchssinn
Die *Nase* hat als Bestandteil der Atemwege die Aufgabe, die Luft auf Geruchsstoffe zu prüfen. Im oberen Teil der Nasenmuscheln liegt ein ca. 3 bis 5 cm² großes *Riechfeld* mit *Geruchssinneszellen*. Sie rufen im Gehirn die unterschiedlichsten Empfindungen hervor, z.B. blumig, faulig, stechend oder brenzlig. Wir können etwa 350 Geruchseindrücke unterscheiden, Spezialisten sogar mehr als tausend. Der Geruchssinn kann Ekelgefühle hervorrufen oder warnt, wenn etwas übel riecht, vor möglichen Gefahren. Bei stechendem Geruch stockt uns z.B. sofort der Atem.

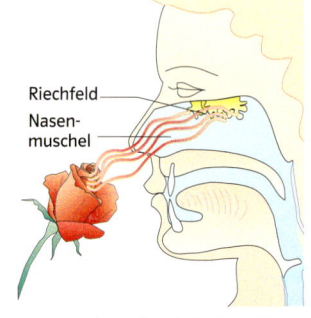

Reiz durch Duftstoffe
(Riechfeld, Nasenmuschel)

Der Geschmackssinn
Auf der rauen Zungenoberfläche erkennt man Falten und warzenförmige Erhebungen, die *Papillen*. Hier befinden sich die *Geschmackssinneszellen*. Sie reagieren auf die Geschmacksstoffe, die bei der Nahrungsaufnahme im Speichel gelöst sind, und leiten die entsprechenden Signale zum Gehirn.

Der Mensch kann auf jeden Fall die vier Geschmacksempfindungen süß, sauer, salzig und bitter wahrnehmen. Eine fünfte Geschmacksrichtung wurde vor etwa 100 Jahren von einem Japaner entdeckt. Sie heißt *umami*, was „herzhaft" oder „fleischig" bedeutet. Wahrscheinlich schmeckt uns deshalb gegrilltes Fleisch besonders gut. Der Träger des Umamigeschmacks ist *Glutamat*, das z.B. in Fleisch und Käse natürlicherweise vorkommt. Glutamat wird aber auch als *Geschmacksverstärker* in der Küche verwendet. Wenn aber etwas scharf schmeckt, so werden auf der Zunge keine Geschmackssinneszellen, sondern die Schmerzsinneszellen gereizt.

Der Geschmackssinn hilft uns, das Richtige zu essen und verdorbene Nahrungsmittel zu meiden. Da von den Speisen auch Duftstoffe ausgehen, wird beim Essen immer der Geruchssinn mit angeregt. So entsteht erst durch die Kombination von Geschmacks- und Geruchsreizen der angenehme Gesamtsinneseindruck, wenn wir unser Lieblingsgericht essen.

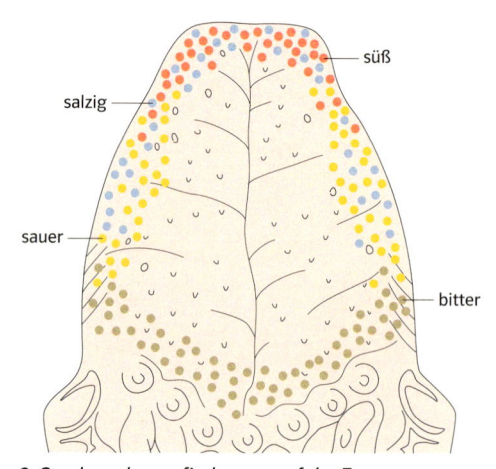

2 *Geschmacksempfindungen auf der Zunge* (süß, salzig, sauer, bitter)

234 Sinne erschließen die Welt

Regelung der Körpertemperatur

Mithilfe der Sinnesorgane und des Gehirns nehmen wir unsere Umwelt wahr. Es gibt aber auch Sinneszellen, die den Zustand des Körpers im Inneren überprüfen. Die Kontrolle und Regelung der Körpertemperatur sind ein Beispiel dafür.

A1 Stecke eine Hand in einen durchsichtigen Plastikbeutel und dichte am Handgelenk mit einem Gummiring ab. Beschreibe und erkläre deine Beobachtung.

A2 Nimm den Plastikbeutel nach etwa 5 Minuten ab. Blase leicht über die Hand. Beschreibe, was du empfindest.

A3 Tauche gleichzeitig etwa 3 Minuten lang eine Hand in möglichst warmes Wasser, die andere Hand in sehr kaltes. Vergleiche danach die Farbe deiner Hände. Erkläre das Ergebnis.

Die Körpertemperatur muss stimmen

Es ist ein heißer Sommertag. Max kommt auf dem Weg ins Schwimmbad gehörig ins Schwitzen. Mit hochrotem Kopf kommt er im Freibad an. Dann ist es herrlich, im kühlen Wasser zu schwimmen. Danach beschließt Max, noch vom 3-Meter-Brett zu springen. Als er sich in die Schlange am Sprungturm einreiht, beginnt er zu schlottern und bekommt eine *Gänsehaut*.

Wie ist das zu erklären? Beim Menschen liegt die Körpertemperatur im Inneren, dem *Körperkern*, unabhängig von der Außentemperatur bei etwa 37 °C. Das ist wichtig, damit die inneren Organe gut arbeiten können. Sinkt die Temperatur zu stark ab, kann dies lebensbedrohlich werden. Auch eine zu hohe Körpertemperatur ist gefährlich und kann zum *Hitzekollaps* führen. Daher besitzen wir auch im Inneren des Körpers Sinneszellen, die die Temperatur kontrollieren, damit sie auf dem richtigen Wert gehalten werden kann.

So kühlt sich der Körper ab

Bei Max könnte sich durch große Hitze und Muskelarbeit beim Laufen die *Kerntemperatur* erhöhen. Deshalb muss Wärme nach außen abgeführt werden. Dies geschieht, indem die Haut durch Erweiterung der feinen Hautblutgefäße stärker durchblutet wird. So wird die Wärme vom Körperinneren über die Blutbahn zur Haut transportiert und dort verstärkt abgegeben. Eine weitere Möglichkeit, den Körper zu kühlen, ist die Produktion von Schweiß. Wenn er verdunstet, wird der Haut Wärme entzogen. Wir sprechen von *Verdunstungskälte*, der Körper kühlt ab.

3 *Im Schwimmbad*

Der Körper heizt sich auf

Max hat sich durch das Wasser im Schwimmbad abgekühlt. Da er sich beim Warten am Sprungturm kaum noch bewegt, droht die Kerntemperatur abzusinken. Die Körpertemperatur muss deshalb erhöht werden. Das Schlottern, also das *Muskelzittern*, bewirkt, dass die Wärme, die bei jeder Muskelarbeit entsteht — beispielsweise bei einem Dauerlauf oder beim Toben im Wasser — an die Blutgefäße abgegeben wird. Mit dem Blutkreislauf wird sie wie bei einer Warmwasserheizung in alle Körperregionen, also auch zum Körperkern, transportiert. Zusätzlich verengen sich die Blutgefäße der Haut und die Wärmeabgabe an die Umgebung wird auf diese Weise verringert. Nach einiger Zeit hört Max auf zu schlottern.

Gänsehaut

Die Kerntemperatur wird geregelt

Der Körper ist also in der Lage, eine gewünschte *Kerntemperatur* aufrecht zu erhalten. Beteiligt sind daran: die Temperatursinneszellen im Körper, natürlich das Gehirn, das die Signale erhält und die nötigen Befehle erteilt, und die Muskeln bzw. die Schweißdrüsen, die zusammen mit den Blutgefäßen der Haut das Aufheizen oder Abkühlen des Körpers erreichen.

[Steuerung und Regelung S. 270]

Sinneswelten

1 Uhu hält Ausschau nach Beute

„Der Mensch ist ein Augentier." Das drückt aus, dass wir uns vor allem mit den Augen orientieren. Sie sind unser *Leitsinn*. Nicht alle Lebewesen orientieren sich in erster Linie mit den Augen. Auch Ohren oder Nase können diese Rolle übernehmen. So entstehen verschiedene Sinneswelten. Die Sinnesleistungen sind an Lebensraum und -weise angepasst.
[Variabilität und Angepasstheit S. 260]

Die Sehwelt
Orientieren sich Tiere vorwiegend mit dem Sehsinn, haben sie oft große, nach vorn gerichtete Augen. Diese Augenstellung ermöglicht eine gute räumliche Wahrnehmung. Der Mensch kann z. B. mit den Händen zielgerichtet greifen. Viele Affen haben einen ähnlich guten Lichtsinn und können sich damit beim Klettern gut orientieren. Eulen haben auch nach vorn gerichtete, sehr lichtempfindliche Augen. Das hilft zur Orientierung bei der Jagd in der Nacht und beim Ergreifen der Beute.

Maulwurf

2 Schnüffelnder Hund

Die Hörwelt
Große Ohrmuscheln sind oft ein Zeichen dafür, dass sich die Tiere vor allem mit dem Gehör orientieren. Wer nachts auf Beutefang geht oder von anderen gejagt wird, sollte in der Lage sein, ganz leise Geräusche wahrzunehmen. Auch das *Richtungshören* ist dabei wichtig. Katzen können zum Beispiel fünfmal kleinere Abstände zwischen zwei Schallquellen wahrnehmen als der Mensch. Auch das Fiepen von Mäusen im *Ultraschallbereich* hören Katzen im Gegensatz zum Menschen noch. Besondere Spezialisten sind die Fledermäuse. Sie erkennen ihre Umwelt und finden ihre Beute durch das Echo von *Ultraschalltönen*, die sie selbst erzeugen.

3 Braunes Langohr

Die Riechwelt
Wie du weißt, können sich Hunde mithilfe des Geruchssinnes sehr gut orientieren. Eine lang gezogene Nasenregion ist oft ein Hinweis darauf, dass das Tier gut wittern kann. Wir Menschen können oft nur über die Geruchsleistungen mancher Tiere staunen.

A1 Gib eine kurze Definition für den Begriff „Leitsinn."

A2 Nenne den Leitsinn des Maulwurfs. Erläutere die Angepasstheit an Lebensraum und Lebensweise.

A3 Suche für jede der genannten Sinneswelten (auch für die Tastwelt) nach einem weiteren Beispiel. Berichte über den Lebensraum und die Lebensweise der Tierart.

Information und Kommunikation

1 *Ringelnatter züngelt*

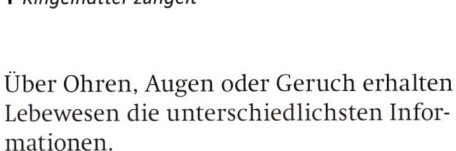

2 *Kommunikation im Wolfsrudel*

Über Ohren, Augen oder Geruch erhalten Lebewesen die unterschiedlichsten Informationen.

A1 Recherchiere, mit welchen Sinnesorganen sich die Ringelnatter (Abb. 1) orientiert. Berichte über die Bedeutung des Züngelns.

A2 Schreibe auf, welche Information du dem Gesichtsausdruck der Frau in der Randabbildung entnimmst. Vergleicht die Ergebnisse und deutet mögliche Unterschiede.

Information

Die vielen Beispiele der vergangenen Seiten zeigen, dass sich die Informationsaufnahme bei Tier und Mensch immer in vergleichbarer Weise abspielt. Modellhaft kann man sagen: Ein *Empfänger* erhält von einem *Sender* Signale. Die darin verschlüsselte Information erkennt der Empfänger und verarbeitet sie.

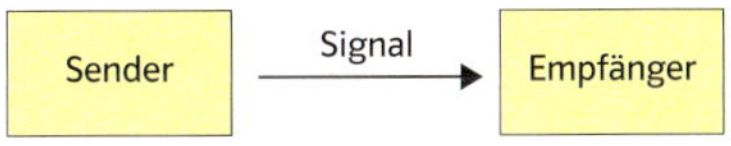

Das gleiche Signal kann aber zu unterschiedlichen Bewertungen führen. Das zeigen z. B. optische Wahrnehmungstäuschungen. Lernen und Erfahrung spielen eine große Rolle.

Kommunikation

Eine ganz normale Situation: Du bist in der Stadt und siehst deine Freundin. Du winkst oder rufst ihr etwas zu. Sie schaut, lächelt und winkt zurück. Rufen, Winken und Lächeln sind Beispiele für *Signale*. Sie bedeuten, dass man den anderen erkannt hat und dass man sich freut.

In diesem Fall bist du der Sender des Signals, das deine Freundin empfängt. Sie versteht die Information, wird ihrerseits zum Sender von Signalen, deren Empfänger dann du bist: Ihr habt euch verständigt. Das nennt man *Kommunikation*. Dazu ist nicht unbedingt Sprache nötig. Kommunikation kann auch ohne Worte stattfinden, z. B. durch Mimik oder Gesten, also durch Körpersprache. Zur Kommunikation gehören mindestens zwei.

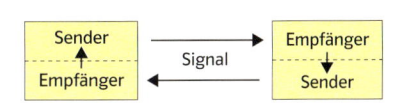

Kommunikation findet nicht nur zwischen Menschen statt. Auch Tiere, z. B. die Wölfe eines Rudels, können sich untereinander verständigen. Meist klappt die Kommunikation nur zwischen Artgenossen. Manchmal können sich auch Herrchen und Hund „verstehen". [Information und Kommunikation S. 264]

Pflanzen können um Hilfe rufen

Die Blätter von Pflanzen, z. B. von Tomaten oder Kohl, werden oft durch Raupenfraß geschädigt. Die verwundeten Pflanzen können allerdings darauf reagieren. Der Speichel der Raupen bewirkt nämlich, dass befallene Pflanzen Duftstoffe herstellen. Dieser chemische „Hilferuf" lockt räuberische Insekten, z. B. Schlupfwesen, an. Diese vernichten dann die Raupen und so wird der Schaden in Grenzen gehalten.

A3 Diskutiert, ob es sich bei diesem Beispiel um Information oder Kommunikation handelt.

Körpersprache

Schlupfwespe und Raupe

Lexikon
Sinnesleistungen von Tieren und Pflanzen

Sinnesleistungen von Tieren

Das Besondere an **Adleraugen** ist ihr eingebauter Vergrößerungsmechanismus. Die Netzhaut, auf der ja das Bild entsteht, hat in mittlerer Position eine Vertiefung, die wie eine zusätzliche Vergrößerungslinse wirkt. Ähnlich wie bei der Zoomfunktion eines Fotoapparates, wird so ein Teil des Blickfeldes „näher herangeholt". Dieser Teil wird etwa um das Zweifache vergrößert. Der vergrößerte Teil des Bildes ist auch viel genauer dargestellt als die Umgebung. Dieser besondere Augenaufbau erleichtert es dem Adler, z. B. Schneehasen im Schnee oder andere getarnte Beute auszumachen. Allerdings ist sehr helles Licht nötig, damit dieser Vergrößerungsmechanismus funktioniert. Bei Dämmerung sehen Menschen zum Beispiel eindeutig besser als Adler.

Du hast sicher schon einmal die Erfahrung gemacht, dass man beim Tauchen mit offenen Augen alles verschwommen sieht. Das hat seinen Grund darin, dass sich die Lichtstrahlen unter Wasser anders verhalten als in der Luft. Unsere Augenlinsen sind an das Sehen über Wasser angepasst, die der Fische an das Sehen unter Wasser. Das **Vierauge** kann beides. Es lebt in einigen Flüssen Südamerikas. Es ist ein Jäger und ernährt sich unter anderem von Insektenlarven, die es unter Wasser fängt. Da es bei der Jagd dicht unter der Wasseroberfläche schwimmt, ist es aber auch selbst in Gefahr. Viele Vögel, die aus der Luft angreifen, gehören zu seinen Feinden. Eigentlich hat der Vieraugenfisch nicht vier Augen, sondern nur zwei. Die sind aber jeweils in zwei Hälften geteilt. Eine obere Hälfte, das „Luftauge", und eine untere Hälfte, das „Wasserauge". Jede Hälfte besitzt eine eigene Pupille und eine eigene Netzhaut, aber die beiden Hälften teilen sich eine Linse. Die ist im oberen Bereich an das Sehen an der Luft angepasst, im unteren Bereich an das Sehen unter Wasser. So kann der Vieraugenfisch unter Wasser nach Beute Ausschau halten und gleichzeitig den Luftraum auf mögliche Feinde hin überprüfen.

Im Süden Australiens lebt ein Vogel, der seinen Schnabel wie ein Thermometer benutzt – das **Thermometerhuhn**. Es braucht diesen genauen Temperatursinn, weil es seine Eier auf besondere Weise ausbrütet. Das Männchen sammelt in einer Bodenvertiefung frische Pflanzenteile und legt so eine Art Komposthaufen an, in den das Weibchen die Eier legt. Bebrütet werden die Eier durch den Komposthaufen, in dem durch die Zersetzung der Pflanzenteile Wärme entsteht. Für die Entwicklung der Küken in den Eiern ist eine Nesttemperatur von 33 °C optimal. Das männliche Thermometerhuhn bewacht das Nest und misst mit seinem Schnabel die Temperatur. Sinkt die Temperatur unter 33 °C, fügt es neues Pflanzenmaterial hinzu. Steigt die Temperatur zu stark an, entfernt es Material aus dem Nest.

Die **Augen** der **Insekten** bestehen aus vielen winzigen, sechseckigen Einzelaugen, die alle eine Linse besitzen. Die verschiedenen Insektenarten haben eine unterschiedliche Anzahl Einzelaugen: die Honigbiene etwa 5000, der Ohrenkneifer ca. 300, die Libelle sogar 25 000 Einzelaugen. Jedes dieser Einzelaugen wird auch *Facette* genannt, die Insektenaugen entsprechend **Facettenaugen**. Durch diesen Augenaufbau können die Insekten also hunderte bis tausende Einzelbilder aufnehmen und zu einem Gesamtbild verknüpfen. Wie dieses Bild aussehen könnte, zeigen die beiden Abbildungen unten.

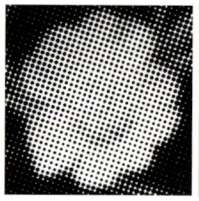

a) Facettenauge Ohrenkneifer
b) Facettenauge Libelle 

Die nordamerikanische **Klapperschlange** ist ein nächtlicher Jäger. Im Dunkeln kann sie allerdings nicht gut sehen. So muss sie ein anderes Sinnesorgan nutzen, um ihre Beute, meistens Mäuse, aufzuspüren. In einer kalten Nacht ist eine Maus mit einer Körpertemperatur von 40 °C deutlich wärmer als ihre Umgebung. Diesen Temperaturunterschied kann die Klapperschlange mit ihrem *Grubenorgan* feststellen. Dieses liegt gut sichtbar zwischen den Nasenlöchern und den eigentlichen Augen. Das Grubenorgan ist also eigentlich ein *Temperatursinnesorgan*. Mit seiner Hilfe kann die Klapperschlange eine Maus, die 10 °C wärmer als ihre Umgebung ist, noch aus 60 bis 70 cm Entfernung orten.

In den Tiefen der Meere gibt es kaum noch Licht und das Wasser kann sehr trüb sein. Trotz schlechter Sicht können **Delfine** zwischen Fischschwärmen, anderen Beutetieren, leblosen Objekten, wie z. B. Steinen, und anderen Meeresbewohnern unterscheiden.

Das gelingt ihnen, da sie sich mithilfe ihres *Sonarsystems* ein „Geräuschbild" von ihrer Umgebung machen können. Zunächst erzeugen sie Töne bzw. „Klicke". Der erzeugte Schall breitet sich im Wasser aus und wird von Artgenossen, Beutetieren oder Hindernissen zurückgeworfen. Das Echo der Klicke wird vom Unterkiefer des Senderdelfins aufgefangen und zum Ohr und zum Gehirn weitergeleitet. Hier wird das Echo wahrgenommen und anschließend ausgewertet. Je genauer ein Delfin seine Umgebung „betrachten" will, desto mehr Klicklaute stößt er aus. Ist er sehr interessiert, können 800 Klicks pro Sekunde erzeugt werden. Ist er eher unaufmerksam, senkt sich die Klickrate auf etwa 20 pro Sekunde.

Das wichtigste Sinnesorgan der **Fische** ist das *Seitenlinienorgan*. Auf halber Höhe der Fischflanken durchzieht eine Linie kleiner, sichtbarer Poren die Oberfläche. Sie führen zu einem flüssigkeitsgefüllten Kanal, in dem die eigentlichen Sinnesorgane liegen. Es handelt sich dabei um einen *Ferntastsinn*, der den Fischen gestattet Strömungen festzustellen, die z. B. von Beutetieren oder Schwarmpartnern verursacht werden. Der Fisch kann daraufhin auswerten, wer der Verursacher der Strömungen ist und wo er sich befindet. Auch Druckwellen, die von einem Hindernis zurückgeworfen werden, kann der Fisch so spüren.

Da Wasser im Gegensatz zu Luft Elektrizität gut leitet, machen *elektrische Sinnesorgane* nur bei wasserlebenden Tieren Sinn. Viele Fische sind in der Lage, elektrische Felder wahrzunehmen. Der **Nilhecht** ist ein etwa 10 cm großer Fisch aus Afrika, der auch in trüben und dunklen Gewässern sehr geschickt manövriert. Er hat in seinem Seitenlinienorgan weitere Sinneszellen, die auf *elektrische Felder* reagieren. Er selbst baut um sich herum ein elektrisches Feld auf. Dazu hat er in seiner Schwanzmuskulatur eine Region, die eine elektrische Spannung erzeugt. Kommen nun Hindernisse oder Beutetiere in seine Nähe, so erkennt der Nilhecht sie an der Veränderungen seines elektrischen Feldes.

Haie besitzen in ihrer Nase *elektromagnetische Sinnesorgane*, die hochempfindlich auf elektromagnetische Felder reagieren. Der **Hammerhai** hat sogar eine regelrechte, quer liegende Antenne in seinem breiten Kopf, mit der er das Magnetfeld des Meeresbodens im Dunkeln zur Orientierung benutzen kann. Aber auch die winzigen elektrischen Impulse, wie sie von jedem Lebewesen ausgehen, werden registriert: Jede Muskelbewegung und auch der Herzschlag werden von ganz schwachen Stromentladungen begleitet. Der Herzschlag eines im Sand versteckten Plattfisches reicht deshalb bereits aus, damit der Hai ihn aufspüren kann.

Sinnesleistungen von Pflanzen

„Sei keine Mimose!" ist eine Redewendung, die so viel bedeutet wie „Sei nicht so empfindlich!". Tatsächlich ist die **Mimose** eine Pflanze, die auf Berührung, Erschütterungen, Verletzung und Verbrennung so schnell reagiert, dass wir es direkt beobachten können. Sie legt zunächst ihre kleinen Fiederblättchen nach oben zusammen, dann klappt das ganze Blatt an seinem Stiel nach unten. Auch bei anderen Pflanzen kennt man Bewegungen, die von Reizen ausgelöst werden. Blüten öffnen und schließen sich in Abhängigkeit von der Helligkeit und Kletterpflanzen „suchen" mit langsamen, kreisenden Bewegungen ihrer Ranken einen Platz zur Verankerung. Da sich die Mimose schneller bewegt, kann man an ihr gut beobachten, dass auch Pflanzen ihre Umwelt wahrnehmen und auf sie reagieren können.

Die **Venusfliegenfalle** stammt ursprünglich aus Moorgebieten der USA. Moorböden sind sehr nährstoffarm und daher bezieht die Venusfliegenfalle einen Teil ihrer Nährstoffe durch den Fang von Insekten. Ihre *Fangblätter* besitzen in der Regel jeweils drei berührungsempfindliche Haare auf ihrer Blattfläche. Krabbelt eine Fliege auf dem Fangblatt, so stößt sie irgendwann an die Haare. Werden innerhalb von 20 Sekunden zwei oder mehr Berührungen registriert, lässt die Venusfliegenfalle ihre Fangblätter zuschnappen. Das im „Blattkäfig" eingeschlossene Insekt kann dann verdaut werden. Nach mehreren Tagen öffnet sich die Falle wieder. Nun ist nur noch die Hülle des Insektes übrig, die von Wind und Regen beseitigt wird.

TÜV : Testen — Üben — Vertiefen
Sinne erschließen die Welt

Ein Kennzeichen aller Lebewesen ist die Reizbarkeit. Die Sinnesorgane sind in der Lage, die verschiedenen Umweltreize aufzunehmen und in elektrische Signale umzuwandeln. Im Gehirn entsteht daraus die Wahrnehmung. Einiges von dem, was du darüber gelernt hast, kannst du an den folgenden Beispielen überprüfen und anwenden.

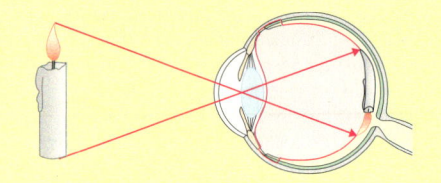

Das Auge, unser Lichtsinnesorgan

A1 Nenne alle Teile des Auges, die du auf der Abbildung rechts oben erkennen kannst. Gib auch die zugehörige Aufgabe an.

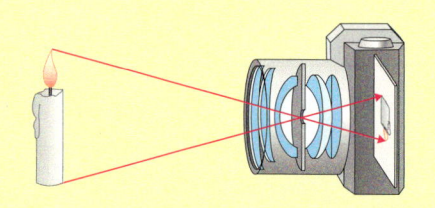

A2 Vergleiche das menschliche Auge mit dem Fotoapparat (s. Abb.). Stelle in einer Tabelle zusammen, welche Teile sich entsprechen.

A3 Als Nahpunkt bezeichnet man die kürzeste Entfernung, in der man ein Objekt noch scharf sehen kann. Beschreibe die Tabelle unten und nenne einen möglichen Grund für die Veränderung.

A4 Ältere Menschen halten die Zeitung beim Lesen oft weit von sich weg. Mit einer Lesebrille ist das nicht mehr nötig. Erkläre.

Alter (in Jahren)	10	20	30	40	50	60
Nahpunkt (in cm)	7	10	12	17	44	100

Hören bei Mensch und Tier

A5 Nenne die drei Abschnitte des Ohres. Gib an, wo der Schallreiz in ein elektrisches Signal umgewandelt wird, das dann zum Gehirn gelangt.

A6 Erkläre, was man unter Schall und der Maßeinheit Hertz (Hz) versteht.

A7 Beschreibe die Tabelle und definiere Infraschall und Ultraschall.

A8 Die Fledermaus fängt Nachtfalter, die Katze frisst Mäuse. Erläutere, inwiefern das Gehör des Jägers und der Beute jeweils angepasst sind.

A9 Ärzte stellen schon bei Jugendlichen immer häufiger Gehörschäden fest. Begründe, woran das liegen könnte.

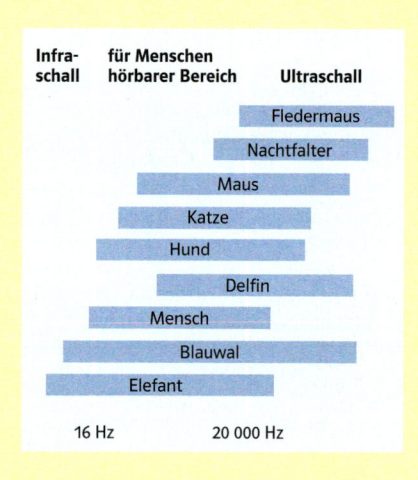

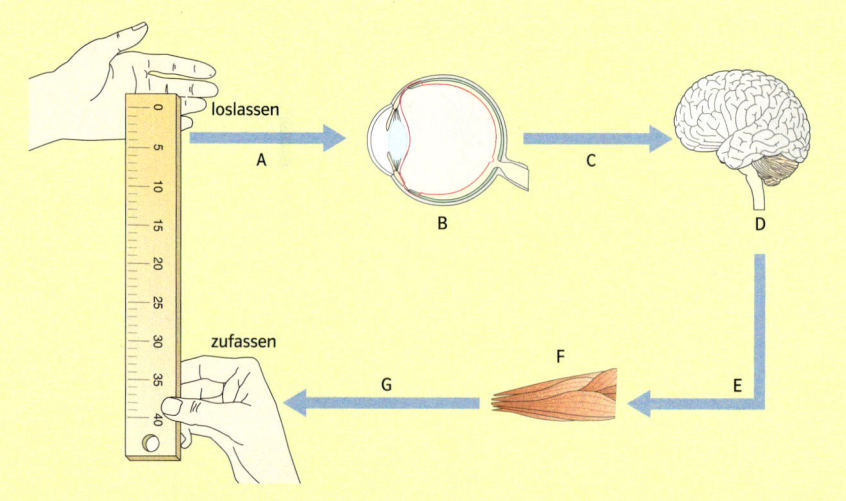

Vom Reiz zur Reaktion

Die Grafik zeigt ein Beispiel dafür, was vom Entstehen eines Reizes bis zur Reaktion im Körper abläuft.

A10 Beschreibe das Beispiel und benenne A bis G mit den zutreffenden Fachbegriffen, also z. B. nicht Reiz, sondern Lichtreiz usw.

A11 Gib ein weiteres Beispiel an, etwa aus dem Sportunterricht. Nenne jetzt auch die allgemeinen Bezeichnungen für A bis G.

A12 Erkläre, was man unter einer unwillkürlichen Reaktion und unter der Reaktionszeit versteht.

Das *Nachtpfauenauge* ist ein einheimischer Schmetterling, bei dem nur das Männchen ein kammähnliches Geruchssinnesorgan am Kopf trägt.

Die *Mausmakis* kommen nur auf der Insel Madagaskar vor. Sie sind mit den Affen verwandt und leben überwiegend auf Bäumen.

Der *Sternmull* kommt vor allem im Nordosten der USA und in Labrador (Kanada) vor. Er lebt überwiegend in feuchten Wiesen und Sumpfgebieten.

Geruchssinnesorgane

A13 Beschreibe die Tabelle zu Größe des Riechfeldes und Anzahl der Geruchssinneszellen. Stelle für das Reh einen Zusammenhang zwischen Lebensweise und Riechleistung her.

Riechfeld und Anzahl der Sinneszellen		
	Fläche (cm^2)	Zahl in Mio.
Reh	90	300
Hund	85	230
Katze	20,8	200
Kaninchen	9,3	100
Mensch	2,5—5	20

A14 Die Weibchen des Nachtpfauenauges sondern einen Duftstoff ab, mit dem sie Männchen anlocken, selbst wenn diese mehrere Kilometer weit entfernt sind. Erkläre, inwiefern das Basiskonzept Struktur und Funktion anwendbar ist.

Sinneswelten

A15 Beschreibe das Aussehen des Mausmakis. Gib begründet an, was du über die Lebensweise und die Sinneswelt der Tiere vermutest. Recherchiere und vergleiche.

A16 Die 22 „Fransen" an der Nase des Sternmulls werden von viermal mehr Nervenfasern durchzogen als die Hand des Menschen. Äußere Vermutungen zur Lebensweise der Tiere und zum Sinn des sternförmigen Sinnesorgans. Recherchiere auch hier und vergleiche das Ergebnis mit deinen Vermutungen.

A17 Die Sinnesleistungen sind an den Lebensraum und die Lebensweise angepasst. Erkläre, inwiefern sich das Prinzip der Variabilität und Angepasstheit für die beiden Tierarten anwenden lässt.

A18 Sucht gemeinsam nach weiteren Beispielen. Erstellt je ein Plakat mit entsprechenden Fotos und kurzen Beschreibungen für Tiere mit ausgeprägter Sehwelt, Riechwelt bzw. Hörwelt.

Information und Kommunikation

Die Sinnesorgane liefern Informationen aus der Umwelt, sie ermöglichen aber auch die Kommunikation von Lebewesen untereinander.

A19 Erkläre, was man unter Information beziehungsweise Kommunikation versteht. Benutze dazu jeweils ein geeignetes Schema und beziehe auch die Abbildung „vom Reiz zur Reaktion" auf der Seite 240 ein.

A20 Durch Mimik und Körpersprache können wir ohne Worte Informationen erhalten. Gib an, welche Stimmung die beiden Gesichter oben ausdrücken. Zeichne selbst ein trauriges und ein grimmiges Gesicht.

A21 Jeder soll für sich zwei ganze Strichmännchen zeichnen. Das eine ist ganz traurig, das andere freut sich riesig. Vergleicht die Ergebnisse und nennt Gemeinsamkeiten.

A22 „Rote Karte!" Diskutiert, inwiefern es sich in diesem Fall um Information bzw. um Kommunikation handelt.

A23 Ein Beispiel aus der Pflanzenwelt: Werden Tomatenpflanzen von Schadinsekten befallen, so stellen sie ein Gift gegen den Schädling her. Gleichzeitig geben sie Duftstoffe ab, die die Nachbarpflanzen veranlassen, ebenfalls das entsprechende Gift herzustellen. Erläutere, ob es sich dabei um Information oder um Kommunikation handelt.

5 Fortpflanzung und Entwicklung beim Menschen

Das Leben eines Menschen beginnt mit der Befruchtung einer Eizelle durch eine Spermienzelle. Von diesem Zeitpunkt laufen viele Entwicklungsschritte ab, durch die sich die befruchtete Eizelle weiter entwickelt.

In der Pubertät beginnen die Veränderungen, durch die ein Mensch geschlechtsreif wird und sich selbst fortpflanzen und Kinder bekommen kann. Neben der körperlichen findet dabei auch eine geistige Entwicklung statt. Dazu gehört es auch, Partnerschaften einzugehen. Der offene und verantwortungsvolle Umgang mit den eigenen Gefühlen und denen der anderen ist die Grundlage für funktionierende Beziehungen und Verantwortung im Umgang mit der Sexualität.

Geburt, Kindheit, Jugend und Erwachsenenalter sind Abschnitte in einem Leben, das sich bis zum Tod in ständiger Veränderung befindet.

Jeder Lebensabschnitt wird durch Vorgänge gekennzeichnet, die Wachstums- oder Reifungsprozesse beinhalten.

5.1 Sexualerziehung 244

5.1 Sexualerziehung
Veränderungen in der Pubertät

Online-Link
045474-5100

1 *In der Pause*

Der Körper verändert sich

Im Alter von 9 bis 13 Jahren beginnt sich der Körper von Mädchen und Jungen zu verändern, die *Pubertät* setzt ein. Dabei werden sie geschlechtsreif, biologisch gesehen also erwachsen. Jungen können nun Kinder zeugen und sind dann Männer, Mädchen können Kinder bekommen und sind Frauen. Da die geistige Reife sich meist erst später einstellt, wird man vor dem Gesetz erst mit 18 Jahren volljährig.

Es gibt eine Reihe von äußeren Merkmalen bei Jungen und Mädchen, an denen man die einsetzende Pubertät erkennen kann. Bei Jungen sind die *primären Geschlechtsmerkmale* wie Penis (Glied) und Hodensack schon im Kindesalter äußerlich sichtbar und wachsen nun. Dazu bilden sich weitere Geschlechtsmerkmale aus, durch die sich ein Erwachsener von einem Kind unterscheidet. Diese bezeichnen wir als *sekundäre Geschlechtsmerkmale*.

A1 Notiere mithilfe von Abb. 2 in Form einer Tabelle welche Veränderungen im Körper von Jungen und Mädchen in der Pubertät erfolgen. Berücksichtige dabei auch die Veränderungen der Körperproportionen.

A2 Markiere an deiner Bearbeitung von A1 die Veränderungen, bei denen es sich um sekundäre Geschlechtsmerkmale handelt.

Die primären Geschlechtsmerkmale der Mädchen sind nicht äußerlich sichtbar und in der Kindheit mit dem Körper mitgewachsen. Die Gebärmutter, die Eierstöcke mit den Eizellen und die Eileiter entwickeln sich weiter und werden funktionsfähig. Nun bilden sich die sekundären Geschlechtsmerkmale aus, durch die sich eine erwachsene Frau von einem Mädchen unterscheidet.

A3 Vergleiche die in der Randspalte rechts dargestellten Unterschiede zwischen Mädchen und Jungen. Notiere in welchem Alter die größten Wachstumsschübe auftreten.

Die Pubertät wird durch eine Veränderung im *Hormonhaushalt* ausgelöst. Es kommt zu einer vermehrten Bildung

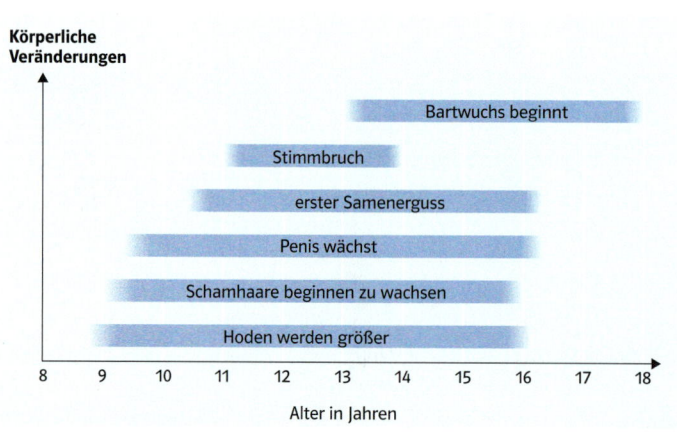

2 *Entwicklung vom Jungen zum Mann*

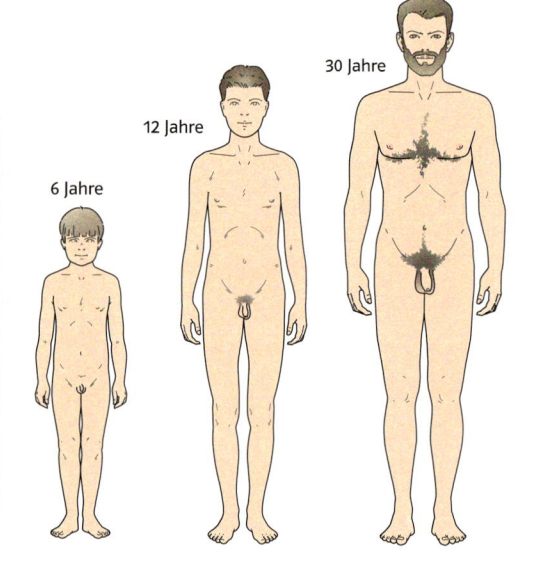

244 Fortpflanzung und Entwicklung des Menschen

von *Geschlechtshormonen*, die dann ihre Wirkung auf die verschiedenen Organe entfalten. So wächst z. B. bei jungen Männern der Kehlkopf und tritt als *Adamsapfel* hervor. Die Stimmbänder werden dabei länger, deshalb wird die Stimme um ungefähr eine Oktave tiefer. Dieser Wechsel der Stimmlage wird als *Stimmbruch* bezeichnet. Bei jungen Frauen beginnt z. B. das Wachstum der Brüste, wodurch der Körper weiblicher wird.

Auch der zeitliche Ablauf der Hormonproduktion im Körper kann sich verändern. So wird das Hormon Melatonin bei Pubertierenden mit einer zeitlichen Verzögerung von bis zu zwei Stunden produziert. Melatonin sorgt dafür, dass wir müde werden. Viele Jugendliche werden daher später müde — aber auch später wach, da das Hormon erst später abgebaut wird.

Weitere Veränderungen

Bedeutsame Veränderungen finden auch im *Gehirn* der Heranwachsenden statt. Verbindungen zwischen Nervenzellen in der Großhirnrinde organisieren sich neu, dabei werden viele auf-, einige allerdings auch wieder abgebaut. Diese „Umbauarbeiten" dauern bis etwa zum 25. Lebensjahr. Die Umstrukturierung des Gehirns ist eine Ursache für das geänderte Verhalten der Jugendlichen in dieser Zeit. Nicht mehr Kind und noch nicht erwachsen, erscheinen sie Erwachsenen oft sonderbar. Sie sind auf der Suche nach ihrer *Identität* und entwickeln eigene Ideen und Vorstellungen von Dingen. Diese unterscheiden sich oft von denen der Eltern. Das kann dann zu Konflikten führen. Häufig fühlen sich Jugendliche in solchen Situationen nicht richtig verstanden und suchen dann verstärkt den Kontakt mit Gleichaltrigen.

In Gruppen bzw. Cliquen suchen sie Bestätigung und Anerkennung. In der *Clique* fühlen sie sich angenommen, haben häufig gemeinsame Hobbys und Interessen und verbringen viel Zeit miteinander. Nach und nach entwickelt sich auch das Interesse am anderen Geschlecht.

Jugendliche sind nicht immer zufrieden mit den Veränderungen ihres Körpers. Einige halten sich für zu dick, andere für zu dünn, manche für zu groß oder für zu klein. Für viele Mädchen wird es wichtig, wie sie von anderen, insbesondere von Jungen wahrgenommen werden. Oft versuchen Mädchen dann, die Aufmerksamkeit der Jungen auf sich zu lenken. Einige fangen an sich zu schminken, andere verändern ihre Essgewohnheiten, um ihr Aussehen zu beeinflussen. Auch Jungen fühlen sich oft unsicher und wissen nicht wie sie auf die Mädchen wirken. Einige sind daher schüchtern, andere besonders „cool", wobei das ein Versuch sein kann, die eigene Unsicherheit zu verstecken.

A4 Diskutiert getrennt nach Geschlechtern in Gruppen, was „typische" Verhaltensweisen von Mädchen und von Jungen sind. Vergleicht eure Ergebnisse anschließend in der Klasse.

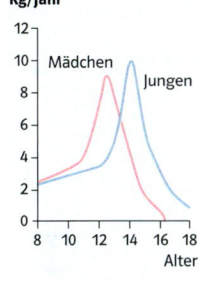

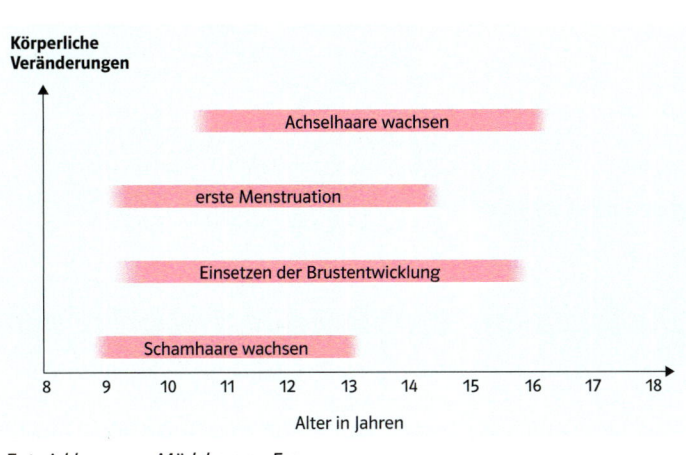

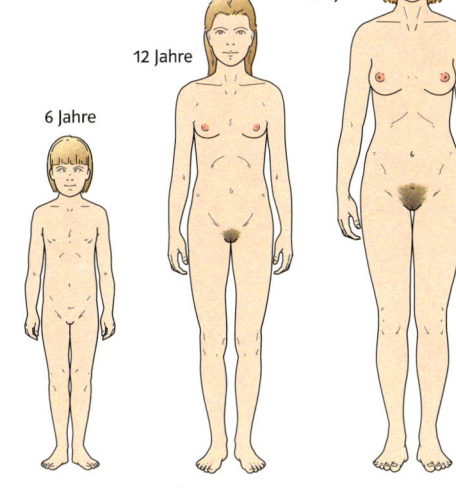

3 Entwicklung vom Mädchen zur Frau

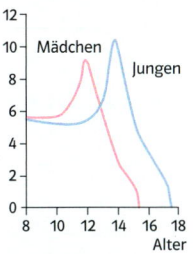

245

Die Geschlechtsorgane des Mannes

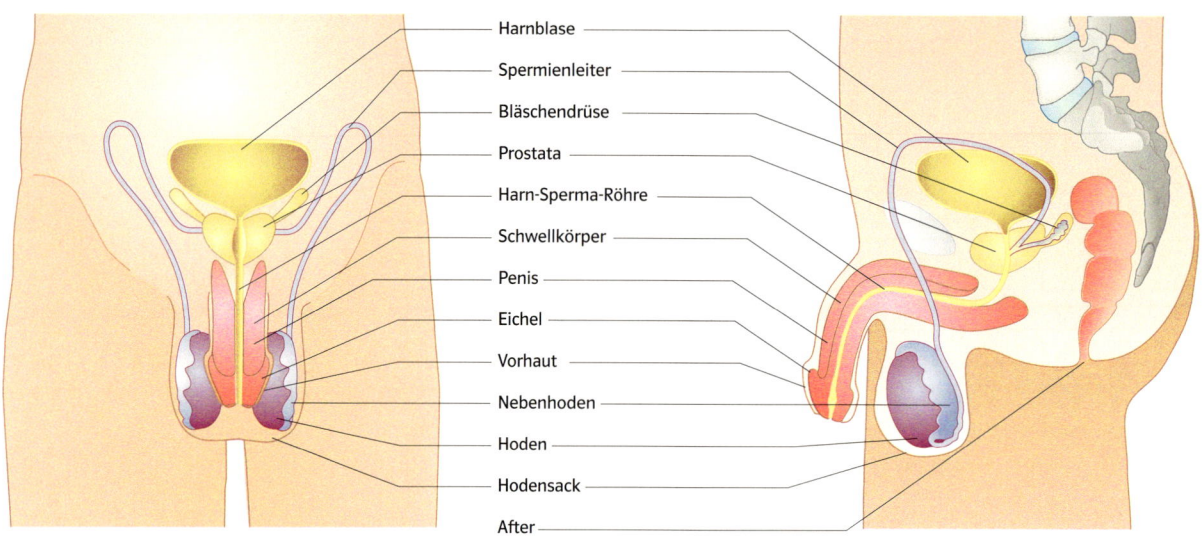

1 Die Geschlechtsorgane des Mannes in Aufsicht und Längsschnitt

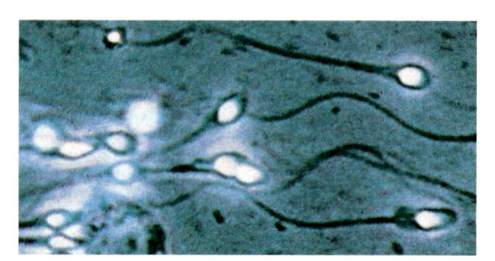

(Beschriftungen: Harnblase, Spermienleiter, Bläschendrüse, Prostata, Harn-Sperma-Röhre, Schwellkörper, Penis, Eichel, Vorhaut, Nebenhoden, Hoden, Hodensack, After)

Spermium (Beschriftungen: Kopfstück, Zwischenstück, Schwanzfaden)

2 Menschliche Spermien (1000 x vergrößert)

Aufbau der Geschlechtsorgane
Der *Penis* besteht aus einem länglichen *Schaft* mit *Schwellkörpern* und der *Eichel*. Diese wird von der verschiebbaren *Vorhaut* bedeckt und ist sehr empfindlich. Durch das Glied verläuft die *Harn-Sperma-Röhre*. Im *Hodensack* befinden sich zwei eiförmige *Hoden*. In ihnen entstehen die männlichen *Keimzellen*, die etwa 0,06 mm langen *Spermien*. Sie bestehen aus dem Kopfstück mit dem Zellkern, dem beweglichen Zwischenstück und dem Schwanzfaden. Der Schwanzfaden schlägt wie eine Geißel hin und her und treibt das Spermium an. Von den *Nebenhoden*, die an den Hoden anliegen, führt je ein *Spermienleiter* zur Harn-Sperma-Röhre, durch die Harn und Spermien transportiert werden.

Eintritt der Geschlechtsreife
Die Spermienbildung beginnt in der Pubertät. In den Hoden entstehen während des gesamten Lebens eines Mannes ständig Keimzellen. Bis zu 200 Millionen Spermien können an einem Tag gebildet werden. Sie werden in den Nebenhoden gespeichert.

Ausgelöst durch Berührungen, Gedanken, Träume oder Bilder fließt Blut in die Gefäße der Schwellkörper. Diese werden dadurch prall gefüllt, der Penis richtet sich auf und wird steif. Eine solche Gliedversteifung nennt man *Erektion*. Dabei kann ein Spermaerguss erfolgen. Die Spermien haben sich kurz zuvor mit der Flüssigkeit von Bläschendrüse und Prostata zum *Sperma* vermischt und sind dadurch beweglich geworden. Der erste *Spermaerguss* kann unbewusst im Schlaf stattfinden *(Pollution)*. Er wird aber meistens durch Reizung des Penis vom Jungen selbst herbeigeführt. Diese Selbstbefriedigung oder *Masturbation* ist normal und nicht schädlich.

Hygiene
Bei der Abgabe von Urin oder Sperma bleiben kleine Restmengen zurück. Auch die Talgdrüsen unter der Vorhaut geben fettende Stoffe ab. Deshalb sollte der Penis täglich gereinigt werden. Dazu zieht man die Vorhaut zurück und wäscht die Eichel und den Rest des Gliedes mit warmem Wasser und Seife. Manche Jungen sind entweder aus hygienischen oder aus religiösen Gründen beschnitten. Ohne Vorhaut lässt sich das Glied leichter reinigen.

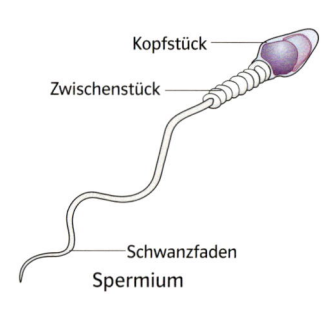

Die Geschlechtsorgane der Frau

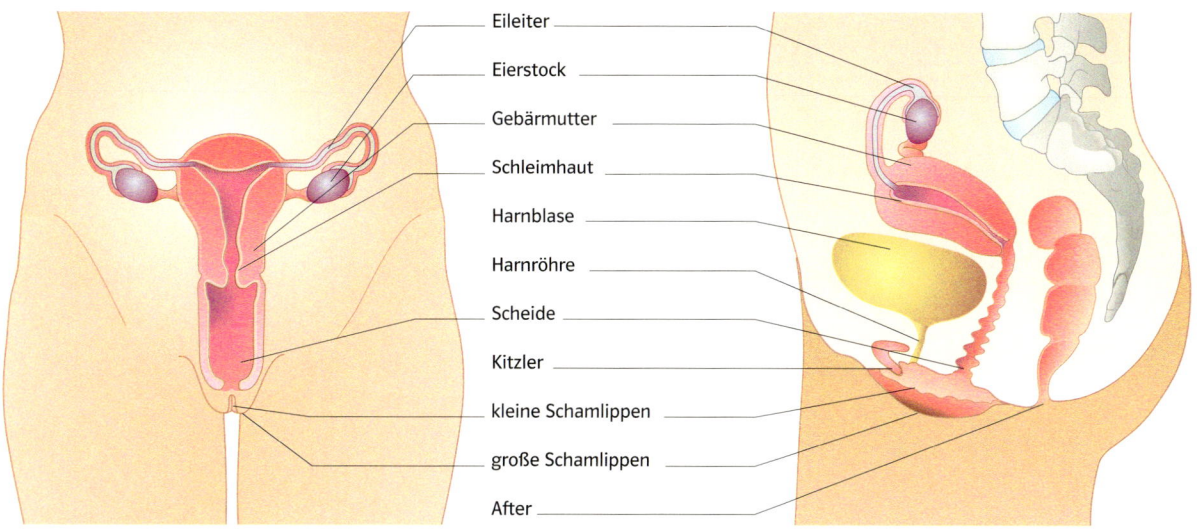

Eileiter
Eierstock
Gebärmutter
Schleimhaut
Harnblase
Harnröhre
Scheide
Kitzler
kleine Schamlippen
große Schamlippen
After

1 *Die Geschlechtsorgane der Frau in Aufsicht und Längsschnitt*

Aufbau der Geschlechtsorgane

Von den primären Geschlechtsorganen der Frau sind nur die *Schamlippen* äußerlich sichtbar. Das sind große, paarige Hautfalten. Sie umschließen die *Scheide*, die *Harnröhrenöffnung* und den *Kitzler*. Von den Schamlippen führt die *Scheide* nach innen zur *Gebärmutter*. Der Scheideneingang ist bei jungen Mädchen fast vollständig durch ein dünnes Häutchen verschlossen. Dieses Jungfernhäutchen oder *Hymen* schützt die inneren Teile der Scheide vor dem Eindringen von Schmutzteilchen und Krankheitserregern.

Früher wurde ein unverletztes Jungfernhäutchen oft als Beweis dafür angesehen, dass ein Mädchen noch Jungfrau ist. Eine Jungfrau ist eine Frau, die noch nie mit einem Mann geschlafen hat. Allerdings kann das Jungfernhäutchen auch ohne Geschlechtsverkehr reißen, z.B. beim Sport.

Die Gebärmutter ist ein faustgroßer Hohlmuskel. Sie ist so dehnbar, dass in ihr ein Baby bis zur Geburt Platz findet. An die Gebärmutter schließen sich *Eileiter* und *Eierstöcke* an, die auch jeweils paarig vorhanden sind. Jeder der beiden Eileiter weitet sich vor den Eierstöcken zu einem *Eitrichter*. In den Eierstöcken befinden sich jeweils ungefähr 200 000 *Eizellen*. Die Eizellen wurden schon angelegt, als sich das Mädchen noch selbst als Fetus im Leib ihrer Mutter befand. Von den Eizellen reifen jedoch im Laufe des Lebens einer Frau nur ungefähr 400 bis 500 heran.

Eintritt der Geschlechtsreife

Zwischen dem neunten und dem 14. Lebensjahr bekommt ein Mädchen die erste *Regelblutung* (s S. 248). Sie ist ein Zeichen dafür, dass die erste Eizelle in den Eierstöcken herangereift ist. Das Mädchen ist nun *geschlechtsreif*.

Werden die äußeren Geschlechtsorgane gereizt, können Mädchen intensive Lustgefühle haben. Sie führen dies oft selbst herbei. Diese Selbstbefriedigung ist ein normaler Vorgang und schadet nicht.

Hygiene

Neben dem Jungfernhäutchen gibt es noch andere Schutzeinrichtungen bei den Geschlechtsorganen der Frau. Die Scheidenwände sind mit einer Schleimhaut versehen, die eingedrungene Bakterien abtöten kann. Vor der Gebärmutter sitzt ein Schleimpfropfen. Er verhindert das Vordringen der meisten Krankheitserreger zur Gebärmutter, lässt jedoch die Spermien durch. Wegen der Absonderungen der Schleimdrüsen ist bei Mädchen und Frauen eine tägliche Reinigung der äußeren Geschlechtsorgane wichtig. Ein häufiger Wechsel der Unterwäsche sollte ebenfalls erfolgen.

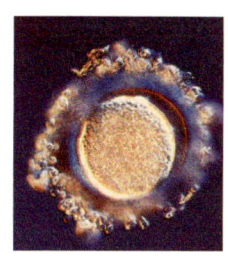

Menschliche Eizelle
(270 x vergrößert)

Der Menstruationszyklus

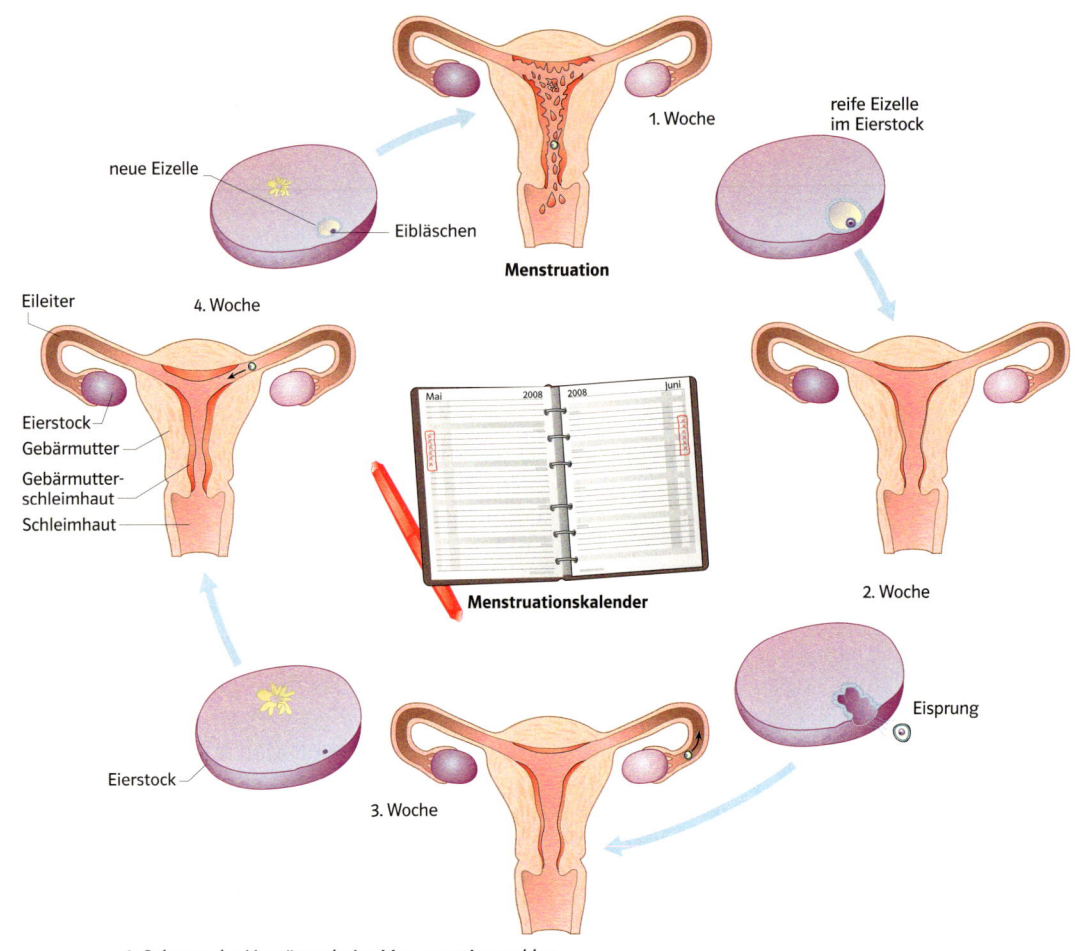

1 *Schema der Vorgänge beim Menstruationszyklus*

Zwischen dem neunten und dem 14. Lebensjahr bekommen Mädchen ihre erste Regelblutung und sind damit geschlechtsreif. Der *Zyklus* oder die *Periode*, wie sie auch genannt wird, wiederholt sich alle 26 bis 30 Tage, durchschnittlich alle 28 Tage. Der Zyklus bezeichnet die Zeit vom ersten Tag der Regelblutung bis zu dem letzten Tag vor der nächsten Regelblutung. Die Abstände sind zunächst noch nicht ganz regelmäßig, dies ändert sich jedoch im Laufe der Zeit. In jedem Zyklus reift abwechselnd im linken und rechten Eierstock eine Eizelle heran. Im Leben einer Frau sind das insgesamt zwischen 400 und 500.

A1 Fertige eine Tabelle an, in der du notierst, was in den vier Wochen des Menstruationszyklus in den Eierstöcken und in der Gebärmutter passiert. Benutze dazu die Abbildung und den nachfolgenden Text.

Die Eizellen reifen in den Eierstöcken in den *Eibläschen* heran. Dies dauert ungefähr 14 Tage. Dann platzt das Bläschen auf und die Eizelle wird freigesetzt. Bei diesem *Eisprung* gelangt sie in die Trichter der Eileiter.

Die Flimmerhärchen im Eileiter transportieren die Eizelle zur Gebärmutter. Auf diesem Weg könnte die Eizelle nun von einem Spermium befruchtet werden und sich dann in der Gebärmutterschleimhaut einnisten.

Erfolgt keine Befruchtung, löst sich die *Gebärmutterschleimhaut* ab. Dabei treten Blutungen auf. Schleimhautfetzen und Blut werden durch die Scheide abgegeben. Der Blutverlust ist allerdings recht gering, in den bis zu sechs Tagen der *Menstruationsblutung* sind es zwischen 50 und 150 Milliliter.

Zwischen dem 45. und dem 55. Lebensjahr endet die Fruchtbarkeit der Frau (*Menopause*). Es findet kein Eisprung und keine Menstruation mehr statt und die Frau kann auch keine Kinder mehr bekommen.

Der Menstruationskalender

Bleibt die Menstruation in der Pubertät manchmal aus, kann das daran liegen, dass der Zyklus noch nicht ganz regelmäßig ist. Um dies zu kontrollieren, kann man einen *Menstruationskalender* führen. Darin trägt man alle Tage der Blutung ein. Mit seiner Hilfe kann man feststellen wie regelmäßig die Periode auftritt und sich auf das Eintreten der nächsten Regelblutung einstellen. Lässt die Menstruation jedoch auf sich warten und es hat Geschlechtsverkehr stattgefunden, sollte überprüft werden, ob nicht eine Schwangerschaft vorliegt. In diesem Fall bleibt nämlich die Regelblutung aus.

Hygiene während der Menstruation

Die Hygiene im Bereich der Geschlechtsorgane ist während der Periode besonders wichtig, denn der Schleimpfropf an der Gebärmutter ist dann nicht vorhanden. Blut und Schleimhautreste sind ein guter Nährboden für Krankheitserreger. Um die Hygiene zu erleichtern, wurden Tampons und Binden entwickelt.

Tampons sind kleine Watteröllchen, die in die Scheide eingeführt werden. Dort saugen sie das Blut auf. Mit einem speziellen Rückholfaden zieht man sie wieder heraus. Tampons werden in verschiedenen Größen produziert. Für Mädchen oder kleine Frauen gibt es dünne Tampons. Diese passen auch durch das Jungfernhäutchen, ohne es zu beschädigen.

Binden sind aus saugfähigem Material und fangen das Blut außerhalb des Körpers auf. Sie werden in die Unterwäsche eingelegt und sind durch einen Klebestreifen rutschfest. Auch sie erhält man in verschiedenen Größen.

Tampons oder Binden sollten *regelmäßig gewechselt* werden. Sind sie vollgesogen, nehmen sie kein Blut mehr auf und unangenehme Gerüche entstehen. Sie werden im Mülleimer entsorgt, nie in der Toilette!

A2 Plane einen Versuch, mit dem du die Saugfähigkeit von Tampons und Binden untersuchen kannst. Führe ihn danach durch und werte ihn aus.

Begleiterscheinungen

Die Regelblutung ist ein ganz natürlicher Vorgang. Vor allem bei Mädchen und jungen Frauen können aber Unwohlsein und Schmerzen auftreten. Dabei handelt es sich überwiegend um Bauch-, Rücken- und Kopfschmerzen. Diese lassen im Verlauf der Menstruation nach. Bei sehr starken, krampfartigen Schmerzen sollte eine Ärztin oder ein Arzt aufgesucht werden. Mit leichtem Sport kann man Krampfbeschwerden entgegenwirken.

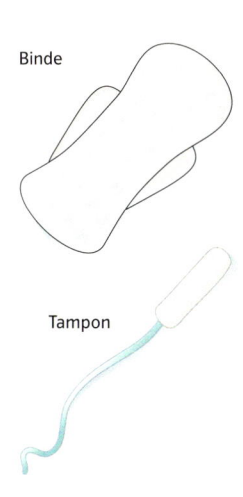

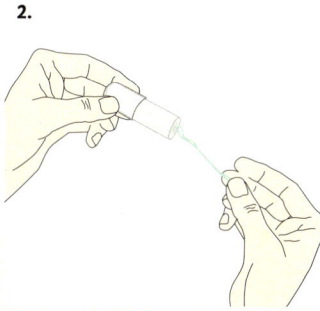

1. Reiße den bedruckten Mittelstreifen der Tamponhülle ab und entferne den unteren Hüllenteil.

2. Nun das Rückholbändchen lösen, das am Tamponende zusammengerollt ist. Anschließend kurz und kräftig daran ziehen.

3. Die Spitze des Zeigefingers in die Vertiefung am Tamponende stecken. Oberen Teil der Hülle entfernen.

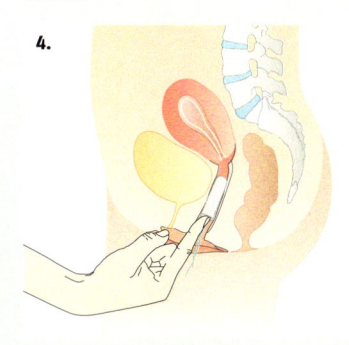

4. Tampon mit dem Zeigefinger so weit wie möglich schräg nach hinten und oben in die Scheide hineinschieben. Falls ein Widerstand zu spüren ist, einfach ein bisschen die Richtung ändern. Der Tampon sitzt richtig, wenn er überhaupt nicht zu spüren ist.

2 *Benutzung eines Tampons*

Impulse
Liebe, Partnerschaft, Selbstbewusstsein

Wer bin ich?

Kein Mensch ist perfekt, auch wenn uns die Medien immer wieder Menschen präsentieren, die Superstars und Supermodels sind. Selbst die Stars sind nicht immer zufrieden mit ihrem Aussehen. Zufriedenheit kann man aber nur erreichen, wenn man sich selbst und die eigene Erscheinung akzeptiert. Wichtiger als das das Aussehen eines Menschen sind jedoch andere Eigenschaften, wie z. B. Freundlichkeit, Hilfsbereitschaft, Zuverlässigkeit und Ehrlichkeit.

Hässliches Entlein oder stolzer Schwan?
- Wo sind deine persönlichen Stärken und Schwächen?
- Erstelle eine Liste der Dinge, die du an dir gut findest.

Meine Nase ist zu groß.

Bei den anderen Jungs wächst schon der Bart.

Wie gut, dass ich nicht so groß bin wie Mike, die schicken Hemden gab's nicht größer.

Eben noch rasieren und kämmen, dann bin ich fertig.

Wenn ich nur größer wäre!

Ich fühle mich zu dick.

Noch etwas Deo und dann los!

Immer muss ich diese ollen Klamotten tragen.

Die Pickel nerven zwar, aber die anderen haben ja auch fast alle welche.

Hoffentlich lacht sie mich nicht aus wegen meiner …

Sind das Pubertätspickel?

Eigentlich kann ich mit mir ganz zufrieden sein.

hässliches Entlein | **stolzer Schwan**

Mein/e Klassenlehrer/in klopft mir aufmunternd auf die Schulter – **JA!** – weil sie es ehrlich meint.

Ich werde herzlich umarmt – **JA!** – von allen, die ich gerne hab.

Ein Erwachsener schaut mir auffällig lange nach – **NEIN!** – Da mache ich mich aus dem Staub.

Ich erhalte ein Kompliment über mein Aussehen – **JA!** – Danke!

Der Arzt berührt mich – **JA!** – klar Vertrauenssache.

Ein/e Mitschüler/in äußert sich abfällig über mein Aussehen – **NEIN!** – das lässt mich kalt.

Gegen meinen Willen berührt mich jemand an verschiedenen Körperstellen – **NEIN!** – Darüber könnte ich nicht schweigen.

Dein Körper gehört dir!

Dein Körper bist du. Du hast das Recht, allein über ihn zu bestimmen. Nur deinen Gefühlen sollst du trauen.

Für jeden Menschen ist es schön, Zärtlichkeiten, Liebe und Sexualität zu erleben. Aber leider gibt es Menschen, die ihre Macht über andere ausnutzen, um ihre Lust zu befriedigen.
Doch jeder Mensch hat das Recht zu bestimmen, wer ihn wann, wo und wie anfassen darf.

Über sexuelle Belästigungen oder Missbrauch an sich oder anderen sollte man mit einem Menschen, dem man vertraut, reden.

Hier findest du Hilfe:
- Frauen- und Mädchenberatungsstellen
- pro familia
- Notruf für Frauen und Mädchen
- Kinderschutzbund
- Vertrauenslehrer/-in
- Jugendämter

Willst du mit mir gehen?

In der Pubertät beginnt irgendwann die Suche nach einem Partner. Den oder die Richtige/n für den Weg durchs Leben zu finden, ist dabei gar nicht so einfach.

- Worauf sollte man bei der Auswahl eines Lebenspartners achten?
- Wie sollte dein Partner/deine Partnerin aussehen? Erstelle einen Steckbrief!

Mädchen mit engen Klamotten finde ich sexy.

Meine Partnerin sollte so aussehen wie Katharina aus der Klasse 6a.

Ich finde Jungen mit blauen Augen süß!

Ich weiß nicht, beim Aussehen kann ich mich nicht festlegen.

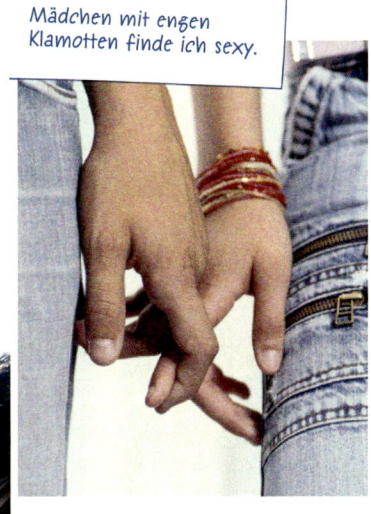

Schmetterlinge im Bauch

Nichts ist mehr wie es war. Du denkst immer an sie/ihn und möchtest am liebsten die ganze Zeit mit ihr/ihm verbringen. Alles andere erscheint dir unwichtig. Immer, wenn du sie/ihn siehst, hast du ein ganz flaues Gefühl im Magen. Du kannst gar nicht an etwas anderes denken.

- Fühlt sie/er genau so wie du?
- Wie kannst du das herausbekommen?
- Wie kannst du ihr/ihm deine Gefühle mitteilen?
- Wie wird sie/er reagieren, wenn du sie/ihn ansprichst? Traust du dich?
- Wie stellst du dir die Liebe vor?
- Welche Gefühle verbindest du mit dem Begriff „Liebe"?
- Erstelle eigene Skizzen oder formuliere eigene Aussagen zu „Liebe ist …"

Das erste Mal – Verhütung

Der erste Geschlechtsverkehr ist für die meisten Menschen ein besonderes Erlebnis, an das man sich lange erinnert. Damit Sexualität positiv erlebt werden kann, muss jedoch auch das Umfeld stimmen. Dazu gehört unter anderem auch, dass man sich keine Sorgen um ungewollte Schwangerschaft oder die Übertragung von Geschlechtskrankheiten machen muss.

251

Ein Kind entsteht

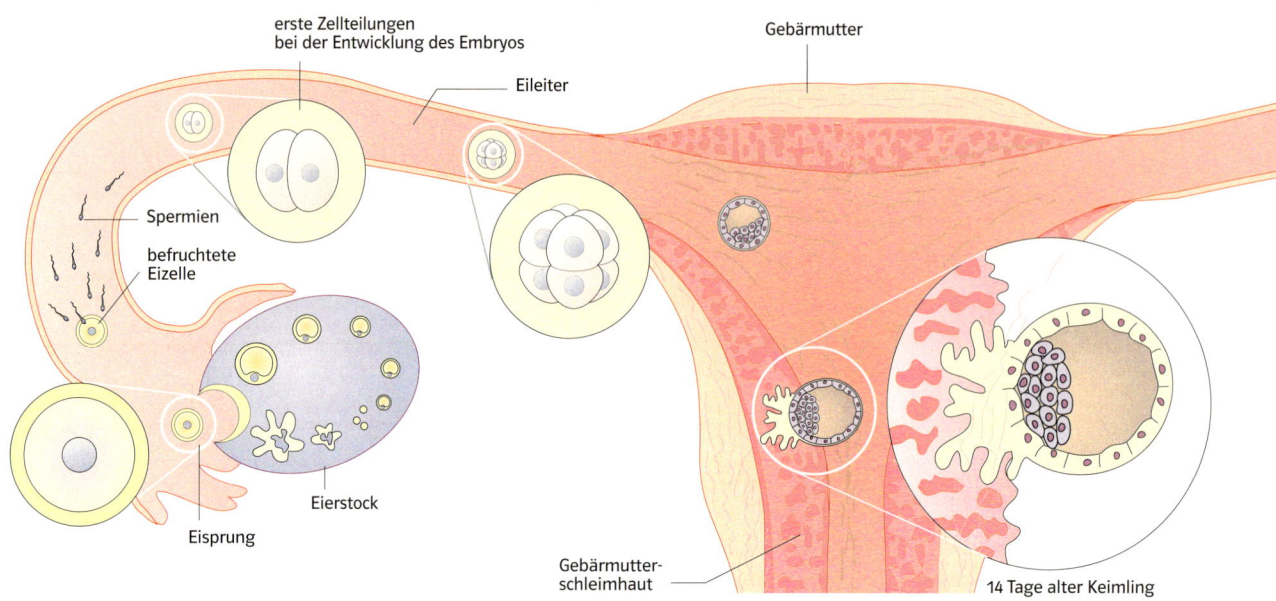

1 *Befruchtung einer Eizelle und Einnistung des Keimes*

In einer Beziehung drücken Mann und Frau ihre Zuneigung zueinander auch durch Zärtlichkeiten, Küssen und Streicheln aus. Dadurch können sie auch sexuell erregt werden. Der Penis des Mannes wird dann steif, Drüsen in der Scheide der Frau sondern eine Gleitflüssigkeit ab und machen die Scheide feucht. Kommt es nun zum *Geschlechtsverkehr*, wird der Penis des Mannes in die Scheide der Frau eingeführt. Die körperliche Vereinigung wird auch *Beischlaf* oder *Koitus* genannt, man sagt auch sie schlafen miteinander.

Die Partner steigern ihre sexuelle Erregung durch rhythmische Bewegungen. Beim *Höhepunkt* oder *Orgasmus* löst sich die sexuelle Spannung, nachdem sich die Muskeln der Geschlechtsorgane mehrfach unwillkürlich zusammen gezogen haben.

Meist hat der Mann dann einen *Spermaerguss*. Dabei gelangen viele Millionen Spermienzellen in die Scheide. Diese bewegen sich, von ihrer Geißel angetrieben, zum Eileiter. Treffen sie dort auf eine Eizelle, kann das erste Spermium, das ankommt, in die Eizelle eindringen und mit ihr verschmelzen *(Befruchtung)*. Danach bildet die Eizelle eine Hülle aus, die die Befruchtung durch weitere Spermien verhindert. Aus der befruchteten Eizelle entwickelt sich dann ein Kind. [Fortpflanzung und Entwicklung S. 266]

Spermien sind bis zu sieben Tage lebensfähig. Eine *Schwangerschaft* entsteht aber nur dann, wenn sie innerhalb von 12 Stunden nach dem Eisprung auf eine befruchtungsfähige Eizelle treffen.

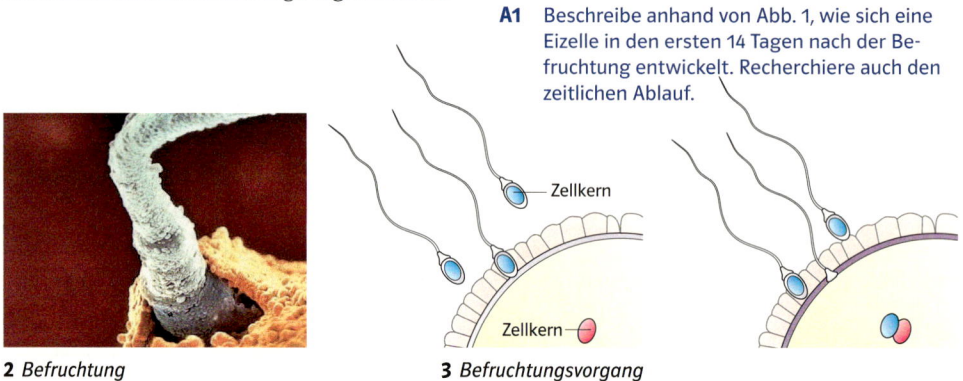

A1 Beschreibe anhand von Abb. 1, wie sich eine Eizelle in den ersten 14 Tagen nach der Befruchtung entwickelt. Recherchiere auch den zeitlichen Ablauf.

2 *Befruchtung*

3 *Befruchtungsvorgang*

Lexikon
Methoden der Empfängnisverhütung

Kinder brauchen liebevolle Zuwendung, Pflege und Erziehung. Diese Pflichten der Eltern sind zeitaufwendig. Zudem braucht eine Familie mehr Wohnraum als ein kinderloses Paar. Wenn ein Paar die Verantwortung für ein Kind nicht übernehmen kann oder will, sollten die Partner Methoden zur Empfängnisverhütung anwenden.

Zunächst sollten beide sich gemeinsam über Methoden der Verhütung informieren und diese dann verantwortungsvoll und konsequent einsetzen. Informationen und Beratung zu Methoden der Verhütung geben auch Frauenärzte oder z. B. die *Bundeszentrale für gesundheitliche Aufklärung* (www.bzga.de).

Koitus interruptus

Beim Koitus interruptus, dem umgangssprachlichen „Aufpassen", zieht der Mann sein Glied vor dem Spermaerguss aus der Scheide. Zur Empfängnisverhütung ist diese Methode absolut ungeeignet, da auch schon vor dem Höhepunkt Spermien in die Scheide gelangen können.

Barrieremethoden

Barrieremethoden verhindern das Eindringen von Spermien in die Gebärmutter. Ein **Kondom** besteht aus sehr dünnem und dehnbarem Latexmaterial und wird vor dem Geschlechtsverkehr über das versteifte Glied des Mannes gezogen, bevor dieses in die Scheide eingeführt wird.

Wird der Penis nach dem Spermaerguss aus der Scheide gezogen, muss das Kondom am Ring festgehalten werden, damit es nicht abrutscht und Sperma in die Scheide gelangt. Bei jedem Geschlechtsverkehr wird ein neues Kondom verwendet. Das Kondom ist das einzige Verhütungsmittel, das — richtig angewandt — vor AIDS und anderen sexuell übertragbaren Krankheiten schützt. Man erhält Kondome problemlos rezeptfrei in Apotheken, Drogerien und Supermärkten. Zuverlässigkeit *(Pearl Index)*:
1 bis 6, d. h. bei 100 Paaren, die diese Methode ein Jahr lang anwenden, werden 1 bis 6 Frauen schwanger.

Ein **Pessar** oder **Diaphragma** ist eine halbkugelige Gummikappe mit einem biegsamen Rand. Es ist mit einem spermienabtötenden Gel bestrichen und wird vor dem Geschlechtsverkehr in die Scheide eingeführt. So verschließt es den Muttermund und verhindert das Eindringen von Spermien in die Gebärmutter. Ein Arzt passt die Größe des Pessars an und erklärt die richtige Handhabung (Pearl Index: 2 bis 6).

Chemische Methoden

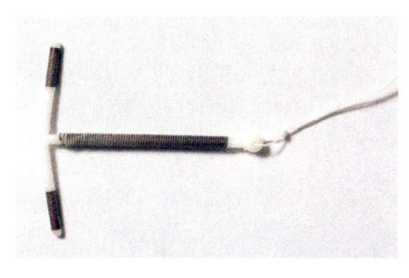

Eine **Spirale** wird vom Arzt in die Gebärmutter eingesetzt und regelmäßig kontrolliert. Bei der *Kupferspirale* hemmt in Spuren freigesetztes Kupfer die Beweglichkeit der Spermien. Hat dennoch eine Befruchtung stattgefunden, verhindert die Spirale die Einnistung des Keims in die Gebärmutterschleimhaut. Sie ist mit einem Pearl Index von 0,9 bis 3 relativ sicher. Frauen vor der ersten Schwangerschaft erhalten die Spirale in der Regel nicht.

Die **Pille** enthält Hormone, die im Körper der Frau eine wichtige Rolle für den Zyklus und die Schwangerschaft spielen. Die Einnahme dieser Hormonpräparate verhindert, dass im Eierstock eine Eizelle heranreift. Zudem verfestigt sich der Schleim im Gebärmutterhals, sodass die Spermienzellen nicht eindringen können. Durch Veränderungen der Gebärmutterschleimhaut kann sich ein Keim nicht einnisten.

Die Pille wird von Arzt oder Ärztin verschrieben, die dann auch die regelmäßigen *Kontrolluntersuchungen* durchführen. Die meisten Präparate werden 21 Tage lang täglich immer zur selben Zeit eingenommen. Dann folgt eine siebentägige Einnahmepause. Bei Erbrechen oder Durchfall besteht kein ausreichender Empfängnisschutz und es muss in diesem Zyklus auf ein anderes Verhütungsmittel, z. B. das Kondom, zurückgegriffen werden. Frauen, die die Pille nehmen, sollten auf das Rauchen verzichten, da es die Gefahr einer Thrombose deutlich erhöht. Bei regelmäßiger Einnahme gilt die Pille als sehr sicher (Pearl Index: 0,5 bis 2).

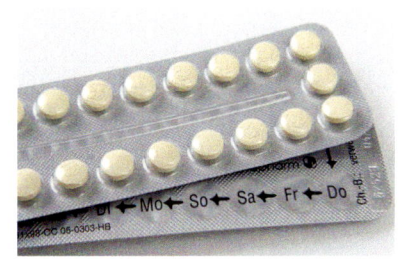

Die **Minipille** enthält nur ein bestimmtes Hormon, sie kann den Eisprung nicht verhindern, wohl aber den Schleimpfropf im Gebärmutterhals verändern, sodass es im Allgemeinen nicht zu einer Befruchtung kommt (Pearl Index: 0,4 bis 4,3).

Ein *Verhütungsring* ist ein hormonhaltiger, flexibler Kunststoffring, der in die Scheide eingeführt wird. Dort verbleibt er für drei Wochen und setzt geringe Mengen an Hormonen frei. Nach einer ringfreien Woche wird ein neuer Ring eingesetzt.

Hormonimplantate sind Stäbchen, die unter die Haut eingepflanzt werden und über lange Zeiträume kleine Mengen an Hormonen freisetzen.

Chemische Verhütungsmittel in Form von *Zäpfchen*, *Cremes*, *Tabletten* und *Schaum* müssen eine bestimmte Zeit vor dem Geschlechtsverkehr in die Scheide eingebracht werden. Sie enthalten spermienabtötende Substanzen und bilden außerdem eine mechanische Barriere für die Spermien. Diese chemischen Verhütungsmittel gelten als sehr unsicher und sollten daher nur zusammen mit einem Kondom oder Diaphragma verwendet werden.

Entwicklung des Kindes im Mutterleib

Mit der *Befruchtung*, d.h. dem Verschmelzen der Zellkerne von Ei- und Spermienzelle, beginnt die Entwicklung eines neuen Lebens. Auf seinem Weg durch den Eileiter lebt der Keim nur von den Nährstoffen der Eizelle. Durch *Zellteilungen* entstehen immer mehr Zellen, der Keim wächst in dieser Zeit aber nicht. Mit der *Einnistung* in die Gebärmutterschleimhaut am sechsten Tag nach der Befruchtung beginnt die Versorgung des Keimes über die *Plazenta* der Mutter. Gegen Ende der zweiten Schwangerschaftswoche beginnt sich der *Embryo* zu strecken. Ab der 9. Woche nennt man den Embryo *Fetus*. [Fortpflanzung und Entwicklung S. 266]

In den 40 Wochen oder etwas mehr als neun Monaten der Schwangerschaft wächst der Embryo geschützt in der Fruchtblase, die mit Fruchtwasser gefüllt ist. Ab dem 7. Schwangerschaftsmonat ist das Kind schon so weit entwickelt, dass es bei einer Frühgeburt gute Überlebenschancen hat.

A1 Erstelle mithilfe der Informationen dieser Seite und anderer Quellen eine tabellarische Übersicht über die Entwicklung des Embryos bis zur Geburt.

A2 Erkläre, was man unter einem Fetus versteht.

A3 Finde heraus und beschreibe, wie Embryo und Fetus ernährt werden.

A4 Recherchiere, worauf eine werdende Mutter bei ihrer Ernährung und ihrem Verhalten besonders achten sollte.

A5 Fülle einen durchsichtigen Plastikbeutel mit Wasser, gib ein rohes Ei dazu und verschließe den Beutel. Gib ihm dann einen Stoß. Beschreibe und erkläre deine Ergebnisse.

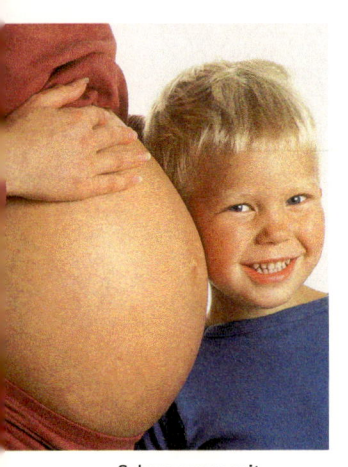

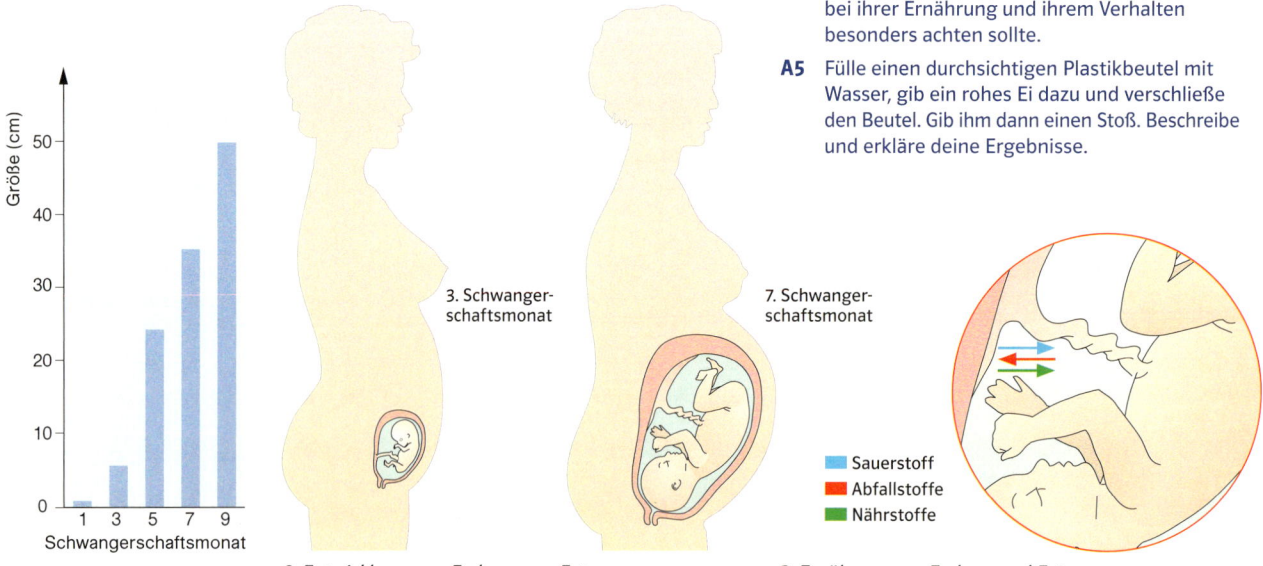

Schwangere mit Kleinkind

2 Entwicklung vom Embryo zum Fetus

3 Ernährung von Embryo und Fetus

4. Schwangerschaftswoche   6. Schwangerschaftswoche   9. Schwangerschaftswoche   14. Schwangerschaftswoche

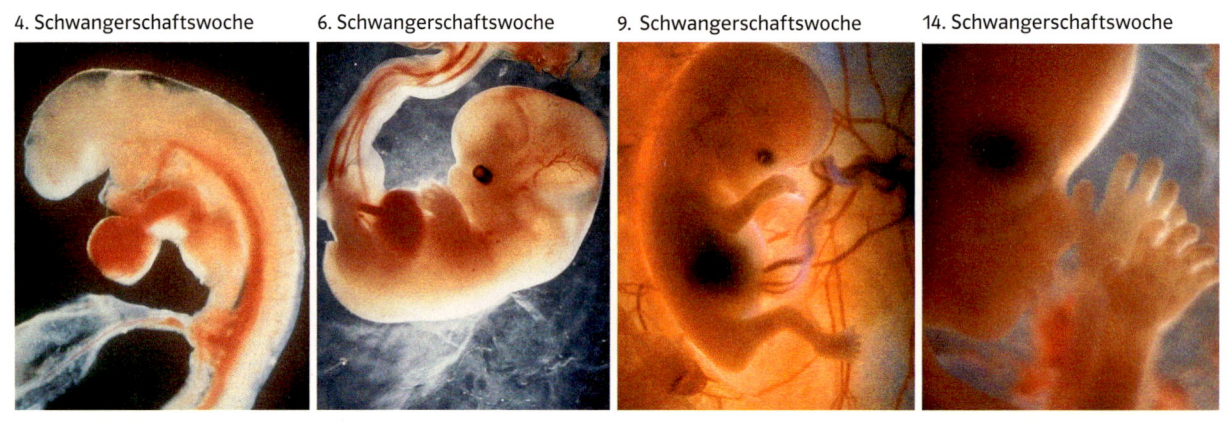

1 Entwicklung des Kindes im Mutterleib

Die Geburt

Schon einige Tage vor der *Geburt* spürt die werdende Mutter ein verstärktes Ziehen im Rücken und im Bauchraum. Das sind die *Vorwehen*. Sie rühren daher, dass sich die Muskulatur der Gebärmutter zusammenzieht. Dadurch wird der enge, vom knöchernen Becken umgebene *Geburtskanal* geweitet. Er führt durch den Gebärmuttermund und die Scheide nach außen.

Kurz vor der Geburt setzen die eigentlichen *Wehen* ein. In regelmäßigen, zunächst etwa 10-minütigen Abständen wird das Kind von der Muskulatur der Gebärmutter kräftig mit dem Kopf in Richtung Scheidenausgang gedrückt. Dabei öffnet sich der *Gebärmuttermund*, und die *Fruchtblase*, die das Kind während der Schwangerschaft geschützt hat, platzt auf. Das *Fruchtwasser* läuft aus. Die Wehen werden dann stärker und häufiger. Die Mutter hilft in der anschließenden *Austreibungsphase* mit, indem sie die Bauchmuskulatur anspannt. So wird das Kind aus dem Körper gepresst. Oft ist der Vater bei der Geburt dabei und unterstützt die werdende Mutter.

Arzt und *Hebamme* helfen, bis das Kind geboren ist. Es hängt nur noch an der Nabelschnur, durch die nun aber kein Blut mehr fließt. Die Sauerstoffversorgung durch die Mutter hört auf. Das Neugeborene macht seinen ersten Atemzug, oftmals ausgelöst von einem Klaps auf den Po, und schreit. Nun findet die eigentliche *Entbindung* statt: Die *Nabelschnur* wird an zwei Stellen abgebunden und dazwischen durchschnitten. Das Abtrennen der Nabelschnur bereitet dem Kind keine Schmerzen. Die *Plazenta* wird bald darauf als *Nachgeburt* abgestoßen.

Das Kind wird gewaschen und dann der Mutter in die Arme gelegt. Das Neugeborene kann sofort Suchbewegungen nach der Mutterbrust ausführen. Sobald die Lippen die Brustwarzen berühren, beginnt es zu saugen. Die *Brustdrüsen* der Mutter sind schon während der Schwangerschaft angeschwollen und beginnen bald nach der Geburt Milch zu bilden. Die *Muttermilch* ist für das Kind zunächst die einzige Nahrung. Daran erkennt man, dass auch wir Menschen Säugetiere sind.

1 *Eltern mit Neugeborenem*

Der Körperkontakt zur Mutter ist wichtig. Das Kind spürt die Körperwärme und nimmt den Herzschlag der Mutter und die vertraute Stimme wahr. Es fühlt sich geborgen. Auch für die Mutter ist dieser Kontakt wichtig, denn so entwickelt sich eine enge Beziehung zum Kind.

Heute werden die meisten Entbindungen in Krankenhäusern vorgenommen, denn dort kann der Arzt bei Schwierigkeiten schnell helfen. Ist z. B. der Geburtskanal zu eng oder liegt das Kind quer, muss durch *Kaiserschnitt* entbunden werden. Dazu öffnet man die Bauchdecke und die Gebärmutter und holt das Kind mit der Fruchtblase und der Plazenta aus dem Mutterleib.

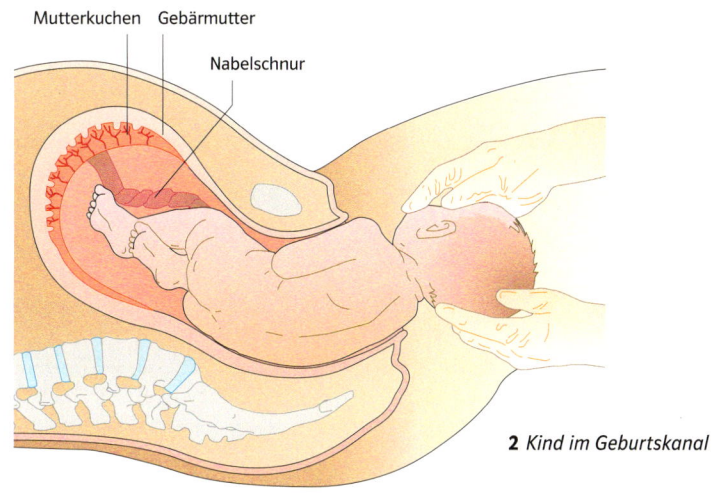

2 *Kind im Geburtskanal*

Impulse
Lebensabschnitte

Das Leben des Menschen hat viele Abschnitte. Jeder ist irgendwie anders. Das liegt sicher daran, dass wir mit fortschreitendem Alter mehr wissen und können. Daher empfinden wir auch immer wieder anders. Im Laufe des Lebens ändern sich die Aufgaben, die man zu erledigen hat. Das hast du sicher schon erfahren. Und auch die Lieblingsbeschäftigung unterliegt immer wieder einem Wandel.

Liebe Miriam. Du bist das schönste Mädchen in der Klasse. Möchtest du mit mir heute Nachmittag ins Kino gehen?

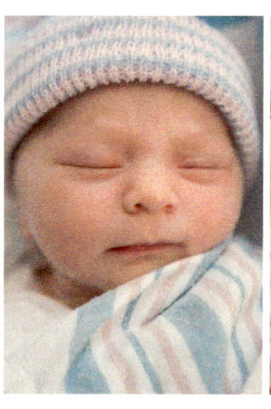

Der Säugling

Da ist es, das Neugeborene. Anfangs hat es nicht viele Bedürfnisse: Trinken, Schlafen, usw. Die Zuwendung der Eltern stellen es zufrieden. Doch mit dem Wachstum erwacht bald sein Interesse an seiner Umgebung.
- Weißt du, ab wann dieses Interesse beginnt?
- Frage deine Eltern, welche Beobachtungen sie mit dir gemacht haben.
- Erkundige dich, ab wann du krabbeln, laufen und sprechen konntest.

Kindheit

Mit zunehmendem Alter entwickeln sich die körperlichen Fähigkeiten. Während kleinere Kinder noch gerne im Sandkasten spielen, haben Größere andere Interessen. Dabei hat der Sport oft eine wichtige Rolle, aber auch das Spiel mit Puppen oder die Pflege eines Heimtieres haben eine große Bedeutung.
- Wie sind die Interessen in eurer Klasse verteilt?
- Wer ist im Verein oder in anderen Gruppen?

Pubertät

„Das ist wohl das Letzte – zuerst Forderungen stellen, dann frech werden und wenn ich dann etwas sage, auch noch beleidigt sein!" Christophs Vater ist außer sich. „Nun entschuldige dich bei deinem Vater, Christoph!" bittet ihn seine Mutter. „Jetzt mache ich überhaupt nichts mehr. Ihr seid so gemein!" schreit Christoph, verschwindet in seinem Zimmer und knallt die Tür hinter sich zu.
- Wie alt mag Christoph sein? Was könnte vorgefallen sein?
- Kannst du dazu eine passende Geschichte erfinden?
- Beurteile Christophs Verhalten.
- Jugendliche bilden oft so genannte *Cliquen*. Was versteht man darunter?

256 Fortpflanzung und Entwicklung des Menschen

Lieber Uwe. Der Gisela hast du auch geschrieben, dass du sie liebst. Bringe mir heute nachmittag deine neue CD mit, dann glaube ich dir, dass du mich liebst.

Lieber Sascha. Ich möchte dich richtig kennen lernen. Ich denke immer an dich. Ruf mich bitte an. Bald!

Hallo Susanne! Du gefällst mir sehr. Willst du mit mir gehen? Ja oder nein.
( ) Ja
( ) Nein

Lieber Sven. Ich liebe dich! Ohne dich bin ich so allein. Bitte komm zu mir.

Freundschaft

Wenn sich ein Pärchen nach und nach kennen lernt, so entsteht eine Freundschaft, in der man auch Zärtlichkeiten austauscht. Freundschaften können sich auch wieder lösen.
- Nenne Gründe.
- Wie findest du die Briefchen? Sind sie alle freundlich und angenehm oder gar unsympathisch?
- Beschreibe deine Empfindungen, wenn du das erste Briefchen bekommen hättest.

Partnerschaft

Bei Jugendlichen entwickelt sich die Persönlichkeit rasch und die Interessen sind wechselnd. Mit zunehmendem Alter zeigen sich aber Vorlieben und die Interessen festigen sich. In der Ehe versprechen sich zwei Partner, dauerhaft zusammenzubleiben.
- Beschreibe den Eindruck, den das Paar oben rechts auf dich macht.
- Schätze das Alter der beiden.
- Häufig ist zu beobachten, dass Paare sich nach einigen Jahren wieder voneinander trennen. Nenne mögliche Ursachen.

Familie

Ein neuer Lebensabschnitt beginnt, wenn ein Paar Kinder bekommt und eine Familie entsteht. Das war schon immer so. Allerdings ist das Leben in einer Familie heute anders als vor etwa 100 Jahren. Hier ist ein Wandel eingetreten.
- Wie hat sich die Zusammensetzung der Familien verändert?
- Nenne Veränderungen, die dadurch für die Kinder eingetreten sind.
- Gib Gründe an, warum sich die Familien verändert haben.

Das Alter

Auch für ältere Menschen gehören zum gemeinsamen Zusammensein Zärtlichkeiten und körperlicher Kontakt.
Betrachte das oben abgebildete Paar.
- Beschreibe das Bild und erläutere, woran du erkennst, dass alte Menschen dargestellt sind.
- Erkläre, warum auch ältere Menschen Zärtlichkeiten austauschen sollten.

257

Basiskonzept Struktur und Funktion

Der Bau von tierischen und pflanzlichen Organen hängt davon ab, welche Aufgaben sie für das Lebewesen erfüllen: Die Grabbeine eines Maulwurfs sehen aus wie Schaufeln, sie ermöglichen ihm das Wühlen im Boden. Die Stacheln der Rose sind spitz und scharf, sie dienen der Abwehr von Fressfeinden.

Nicht immer sind die Zusammenhänge zwischen bestimmten Körpermerkmalen *(Strukturen)* und deren Bedeutung *(Funktion)* für das Lebewesen so leicht erkennbar. Bei genauer Betrachtung zeigt sich jedoch an vielen Beispielen, dass die Struktur eines Organs und die Funktion zusammen gehören. Organe müssen eine ganz bestimmte Struktur aufweisen, sodass sie für das Lebewesen eine Funktion wahrnehmen können.

Ulme

Ahorn

Erle

Flugeinrichtungen

Die *Früchte* und *Samen* vieler Pflanzen werden durch raffinierte Vorrichtungen über große Entfernungen verbreitet. Viele haben eigene Flugvorrichtungen, wie etwa die Flugfrüchte des Löwenzahns. Feine Haare bilden zusammen einen Fallschirm und halten die Frucht, vor allem wenn es windig ist, in der Luft.

Auch in der Tierwelt gibt es außer bei den Vögeln und Fledermäusen Flugeinrichtungen. Beim *Flughörnchen* zum Beispiel spannt sich beim Ausstrecken von Vorder- und Hinterbeinen eine Haut, sodass es im Gleitflug einen weiter entfernt stehenden Baum erreichen kann.

Fangorgane für den Beuteerwerb

Nur wenn Greifvögel, zum Beispiel *Fischadler*, ihre Beute oft genug beim ersten Mal wirksam festhalten können, können sie überleben. Denn ein zweiter Angriff ist meistens nicht möglich und kostet außerdem viel zusätzliche Energie. Form und Anordnung der spitzen und kräftigen Krallen ermöglichen ein sicheres Festhalten der Beute.

Viele *Haiarten* haben spitze und nach hinten gebogene Zähne. An ihren Seiten sind sie messerscharf und manchmal auch gesägt. Ein solches Gebiss ermöglicht das Ergreifen und Festhalten der Beute.

Biologische Scheren

Raubtiere, zum Beispiel der *Gepard*, besitzen in ihrem Kiefer *Reißzähne*. Dies sind besonders große Backenzähne mit scharfen Kanten, die sich jeweils im Ober- und Unterkiefer gegenüberstehen. Beim Beißen wirken sie wie eine Brechschere, sodass Knorpel, Muskelfleisch und die sehr zähen Sehnen durchtrennt werden können. Biologische Scheren gibt es auch bei Wirbellosen: Krebse und Spinnen haben Scherenfüße, die zum Beispiel beim *Hummer* besonders kräftig ausgebildet sind.

Biologische Spritzen

Die Abbildung zeigt das *Brennhaar* einer *Brennnessel*. Das Köpfchen am Ende des Haares bricht bei Berührung leicht ab. Der Rest des Haares ähnelt dann der Spritze eines Arztes und die Wirkung ist auch genauso: Das Haar dringt mit dem spitzen, abgeschrägten Ende in die Haut ein. Aus einem Vorratsbehälter am Fuße des Haares wird ätzende Ameisensäure (Methansäure) in die Wunde gespritzt, was nach einer Berührung den häufig starken Schmerz hervorruft. Biologische Spritzen findet man bei vielen anderen Lebewesen, beispielsweise wirken die *Giftzähne* vieler *Schlangen* ähnlich.

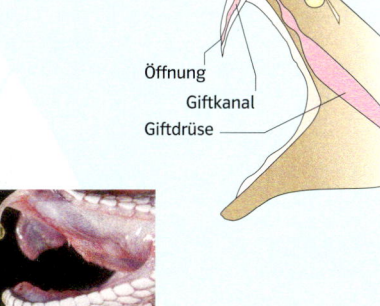

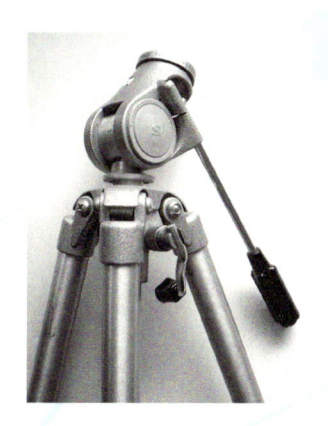

Öffnung
Giftkanal
Giftdrüse

Gelenke

Alle Gelenke der Wirbeltiere weisen einen ähnlichen Aufbau auf: Die Enden der Knochen sind mit Knorpel überzogen, der Gelenkspalt ist mit Gelenkschmiere gefüllt. Dadurch wird die Reibung zwischen den Knochen vermindert. Gelenke unterscheiden sich in den möglichen Bewegungseinrichtungen. Auch bei technischen Geräten werden vergleichbare Konstruktionen verwendet, wie zum Beispiel bei einem *Fotostativ*.

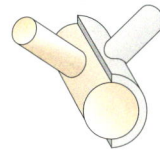

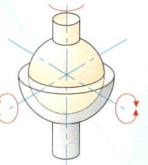

Scharniergelenk   Kugelgelenk

Ruderorgane

Die Schwimmfüße der *Stockenten* besitzen, ebenso wie die von Pelikanen, Kormoranen oder den Wasserschildkröten, Schwimmhäute zwischen den Zehen. Beim Rückwärtsschlag drücken die ausgebreiteten Schwimmhäute zwischen den Zehen die Tiere wie ein Ruderboot vorwärts. Krokodile und *Kammmolche* benutzen zur Fortbewegung im Wasser einen Ruderschwanz. *Wale* bewegen ihre waagerecht am Hinterende angebrachte *Fluke* als Antrieb.

A1 Beschreibe für jeden Knoten mit eigenen Worten den Zusammenhang zwischen Struktur und Funktion.

A2 Beschreibe, wo sich in unserem Körper die abgebildeten Gelenke befinden und erläutere dann den genauen Zusammenhang zwischen Struktur und Funktion.

A3 Untersuche die Bewegungsmöglichkeiten bei einem Fotostativ und vergleiche diese dann mit den Gelenken beim Menschen.

A4 Informiere dich darüber, wie ein Haigebiss bei der Zerkleinerung der Beute arbeitet. Erläutere dabei die Funktion der scharfen und gesägten Kanten der Haizähne.

A5 Vergleiche die Greifschaufel eines Baggers mit dem in der Abbildung dargestellten Greiffuß.

A6 Stelle dar, welche Funktion die Brennhaare für die Brennnessel und die Giftzähne für die Schlangen haben.

A7 Begründe, weshalb Schwimmfüße gegenüber dem Ruderblatt Vorteile haben. Beachte die Vor- und Rückwärtsbewegung der Füße.

A8 Erläutere für die in der Abbildung dargestellten Samen, wie bei ihnen die Flugeinrichtungen funktionieren.

A9 Erkläre, welchen Vorteil flugfähige Samen den entsprechenden Pflanzenarten bieten.

A10 Mit dem Klettverschluss hat der Mensch eine ähnlich zweckmäßige Konstruktion geschaffen, wie es sie in der Natur bei Klettfrüchten gibt. Vergleiche beide Konstruktionen.

Basiskonzept Struktur und Funktion
Prinzip Variabilität und Angepasstheit

Die Nachkommen von Lebewesen einer Art sehen auf den ersten Blick so aus wie ihre Eltern. Vergleicht man sie jedoch genauer, unterscheiden sich von ihren Eltern und zeigen somit die Unterschiedlichkeit der Lebewesen trotz enger Verwandtschaft. Diese Unterschiede werden als *Veränderlichkeit* oder *Variabilität* bezeichnet. Die große, natürliche Variabilität der Lebewesen ermöglicht es ihnen, bestimmte Eigenschaften und Gegebenheiten ihres natürlichen Lebensraums besonders gut zu nutzen. Das zeigt sich oft schon an wenigen, meist besonders auffälligen Merkmalen und damit verbundenen Fähigkeiten. Da dies für alle Lebewesen gilt, spricht man vom *Prinzip der Angepasstheit*.

Blütenfarbe

Rosen erfreuen sich großer Beliebtheit. Sie blühen vom Frühjahr bis in den späten Herbst. Die Vielfalt der Blütenfarbe ist überwältigend. Die Farbskala reicht von violett, blau über gelb und rot bis zu reinem Weiß. Auch im Wuchs gibt es Unterschiede. Von niedrig wachsenden kleinen Büschen bis zu hoch rankenden Gewächsen, die eine Hauswand schmücken, kann die Größe eines Rosenstocks liegen. Die Vielzahl der Rosensorten ist schwer überschaubar und immer wieder überraschen Züchter mit neuen Sorten.

Hautfarbe und Körpergröße

Menschen haben viele Gemeinsamkeiten, wie z. B. das Skelett und die Sinne. An den Bildern kannst du erkennen, dass die Menschen allerdings, bis auf eineiige Zwillinge, niemals völlig gleich sind. Ein sofort sichtbarer Unterschied ist z. B. die Hautfarbe. Während Afrikaner oft eine sehr dunkle Hautfarbe besitzen, sind die Europäer meist hellhäutig und Asiaten haben eher eine gelbliche Hautfarbe. Auch im Hinblick auf die Körpergröße gibt es einige Unterschiede. Afrikaner und Europäer sind im Durchschnitt größer als Asiaten. Neben solchen augenscheinlichen Unterschieden besitzt jeder von uns Merkmale und Eigenschaften, die bei anderen so nicht vorhanden sind.

Fellfarbe und Gefieder

Katzen können sehr unterschiedlich sein. Weiße, schwarze oder braune Katzen kannst du häufig sehen. Gescheckte und getigerte Katzen besitzen mehrere Farben. Die Fellfarbe ist ein charakteristisches Merkmal eines Tieres. Durch Züchtung sind noch viele weitere verschiedene Fellfarben entstanden. Die weiße *Amsel* kommt dagegen kommt sehr selten vor. Diese Amsel ist ein *Albino*. Albinos sind Lebewesen, die nicht in der Lage sind, bestimmte Stoffe für die Farbgebung zu bilden. Eine weiße Amsel fällt deshalb sofort auf. Im natürlichen Lebensraum würde sie sehr schnell ihren Feinden zum Opfer fallen.

Schwimmen und Tauchen

Nicht nur Fische, sondern auch Pinguine, Delfine, Schnabeltiere, Tintenfische oder die Gelbrandkäfer leben im Wasser. Welche Merkmale für die Fortbewegung im Wasser günstig sind, sieht man gut am Körper des Hais. Sein Körperumriss hat Stromlinienform und verursacht so einen geringen Strömungswiderstand. Mit der breiten Schwanzflosse drückt er beim Schlagen heftig gegen das Wasser und kann dadurch schnell schwimmen.

Nahrungserwerb

Lebewesen sind in ihrem Körperbau auch an die Art des Nahrungserwerbs angepasst. *Chamäleons* z. B. fangen Insekten aus größerer Entfernung, sogar im Flug. Als Fangorgan setzen sie ihre lange, klebrige Zunge ein, die blitzschnell ausgeschleudert wird.
Auf dem Körper der *Hechte* kannst du unregelmäßige Streifen erkennen. So ist ihr Körperumriss, während sie zwischen Pflanzen auf Beute lauern, nur schwer zu erkennen.

Leben in Hitze und Kälte

Die Umgebungstemperatur ist für Tiere von großer Bedeutung. Gleiche Tierarten in verschiedenen Klimazonen zeigen deshalb Angepasstheiten. Der *Polarfuchs*, der hauptsächlich im Schnee lebt, hat ein weißes Fell und ist so besser vor Feinden geschützt. Er ist, wie viele andere Tiere in kalten Regionen, relativ groß und besitzt kleine Körperanhänge (z. B. Schwanz, Ohren). Durch die Körpergröße hat er ein günstiges Oberflächen-Volumen-Verhältnis. Der Körper, Ort der Wärmeproduktion, ist größer als der Ort der Wärmeabgabe, die Körperoberfläche. Beim *Wüstenfuchs (Fennek)* ist es genau umgekehrt. Er ist an das Leben in der Hitze angepasst.

A1 Suche Gemeinsamkeiten und Unterschiede zwischen einem Familienangehörigen und dir.

A2 Ohne Variabilität keine Züchtung. Erläutere diesen Satz.

A3 Suche andere Pflanzen oder Tiere, die sich durch eine große Formenvielfalt auszeichnen.

A4 Beschreibe die Angepasstheiten der wasserlebenden Tiere an den Lebensraum Wasser.

A5 Zeige an Chamäleon und Hecht, dass die Angepasstheit von Lebewesen an ihre Lebensbedingungen mehrere Merkmale umfasst.

A6 Vergleiche Polar- und Wüstenfuchs. Stelle in einer Tabelle dar, wie sie an ihre Lebensräume angepasst sind.

A7 Suche weitere Beispiele für den Zusammenhang von Körperbau und Nahrungserwerb.

261

Basiskonzept Struktur und Funktion
Prinzip Stoffwechsel und Energieumwandlung

Viele Vorgänge in der Natur, aber auch in der Technik, benötigen Energie. Damit Pflanzen wachsen können, benötigen sie die Lichtenergie der Sonne — und kein Mensch oder Tier kann ohne die Energiezufuhr aus der Nahrung längere Zeit überleben. In der Biologie geht es meistens um energiereiche Stoffe, die notwendig sind, um die Lebensprozesse aufrecht zu erhalten.

Energie kann nicht verloren gehen. Auch dort, wo sie scheinbar verschwindet, kann man sie bei genauerer Betrachtung wiederfinden. In den meisten Fällen wird ein Teil in Wärmeenergie umgewandelt und an die Luft oder den Boden abgegeben. Diese Energie der erwärmten Umgebung ist zwar vorhanden, aber nicht mehr nutzbar. Man sagt: Die Energie ist entwertet.

Stoffaufbau

Viele Milliarden Menschen und Tiere leben auf der Erde. Sie benötigen täglich energiereiche Nährstoffe und Sauerstoff. Beides wäre schon bald verbraucht, wenn es nicht die *Fotosynthese* in den Blättern der grünen Pflanzen gäbe. Mithilfe des Sonnenlichtes werden dort aus den energiearmen Stoffen Wasser und Kohlenstoffdioxid die energiereichen Nährstoffe Zucker und Stärke gebildet. Dabei wird Sauerstoff freigesetzt. Die Pflanze ist dann in der Lage, auch Fette und Eiweiße zu bilden. So sind das Sonnenlicht und die grünen Pflanzen mit ihrem Stoffaufbau unverzichtbare Voraussetzung für unser Leben.

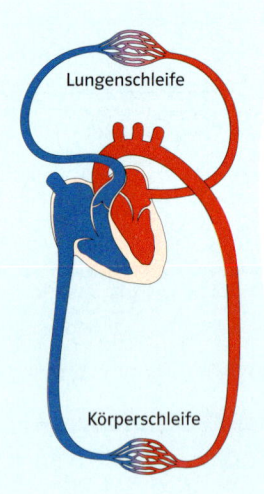

Stofftransport

Menschen und Tiere nehmen ständig Stoffe aus ihrer Umgebung auf. Sie decken damit unter anderem ihren Energiebedarf, der in den Muskeln und im Gehirn besonders hoch ist. Der Blutkreislauf übernimmt den Transport. Das Blut wird vom Verdauungssystem mit den nötigen Nährstoffen versorgt. Durch die Lunge gelangt Sauerstoff in die Blutgefäße. Das Herz pumpt das sauerstoff- und nährstoffreiche Blut zu allen Organen. Von dort wird Kohlenstoffdioxid mitgenommen und durch die Lungenbläschen abgegeben. Andere Abfallstoffe werden zur Niere transportiert und mit dem Urin ausgeschieden.

Energiespeicherung

Energie kann in vielfältiger Form gespeichert werden. Manche Pflanzen bilden Knollen aus, andere besitzen Zwiebeln als Speicherorgane. Hierzu zählen besonders die Frühblüher, wie etwa der *Märzenbecher*. Im Jahr zuvor hat die Pflanze einen Vorrat an Nährstoffen in der Zwiebel angelegt. Das ermöglicht es ihr, bereits im März zu wachsen. In dieser Jahreszeit behindern die niedrigen Temperaturen und das wenige Licht noch das Austreiben vieler Pflanzen. Der Märzenbecher lebt von den Vorräten, die nach und nach verbraucht werden. Sind die grünen Blätter entwickelt, kann ein neuer Vorrat für den nächsten Frühling angelegt werden.

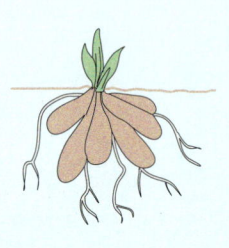

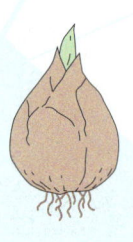

Nahrungskette

Jedes Lebewesen benötigt Energie. Grüne Pflanzen stellen die energiereichen Stoffe selbst her. Bei Tieren können sie nur in Form von Nahrung zugeführt werden. Manche Tiere ernähren sich direkt von Pflanzen. Dabei nehmen sie die in den Pflanzenteilen gespeicherte Energie auf. Sie setzen sie um für ihre eigenen Körperfunktionen oder sie wachsen. Daher ist im Fleisch der Tiere noch nutzbare Energie enthalten. Hiervon ernähren sich die folgenden Glieder der Nahrungskette, die Fleischfresser. So wird Energie weitergegeben.

Eichenblatt → Eichenwickler → Kohlmeise → Habicht

Wärmedämmung

Für viele *Standvögel*, wie z. B. das Rotkehlchen, bringen strenge Winter mit niedrigen Temperaturen Probleme mit sich. Wegen der Kälte laufen die Vögel Gefahr, schnell auszukühlen. Da sie gleichwarme Tiere sind, also die Körpertemperatur immer den gleichen Wert haben soll, müssen sie viele Nährstoffe in Wärmeenergie umsetzen. Nahrung steht aber im Winter nicht in ausreichender Menge zur Verfügung. Das Rotkehlchen kann sein Federkleid so verändern, dass sich eine dicke Luftschicht um die Haut bildet. Die Körperwärme kann schlechter austreten und die Tiere bleiben länger warm.

Stoff- und Energieumsatz

Nährstoffe werden im Körper für den *Bau-* und den *Betriebsstoffwechsel* benötigt. In beiden Fällen wird Energie umgesetzt. Dazu ist Sauerstoff aus der Luft erforderlich. Will man den Energieumsatz eines Menschen ermitteln, so muss man nur die Sauerstoffaufnahme messen. Hierzu wird zum Beispiel vom Sportarzt eine Art Maske aufgesetzt, die die eingeatmete und auch die ausgeatmete Luft an einem Messgerät vorbeiführt. Dies prüft die Menge des jeweils in der Luft enthaltenen Sauerstoffs. Daraus kann man dann errechnen, wie hoch der Energieumsatz bei verschiedenen körperlichen Tätigkeiten ist.

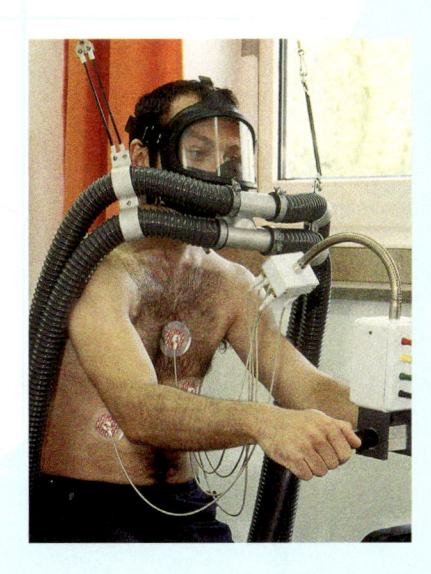

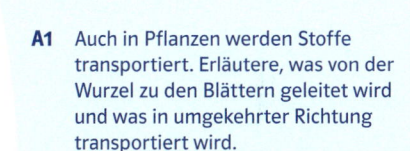

A1 Auch in Pflanzen werden Stoffe transportiert. Erläutere, was von der Wurzel zu den Blättern geleitet wird und was in umgekehrter Richtung transportiert wird.

A2 Das Blut transportiert auch Wärmeenergie. Gib an, welche Bedeutung das für den Menschen hat.

A3 Erkläre, weshalb die Kartoffel in Mitteleuropa oft auf dem Speisezettel vieler Familien zu finden ist.

A4 Nenne Möglichkeiten, wie Pflanzen und Tiere Energie speichern können.

A5 Säugetiere sind gleichwarme Tiere. Gib an, welche Besonderheiten das Winterfell aufweist und erläutere den Zusammenhang mit der Wärmedämmung.

A6 Manche Säugetiere ändern im Winter ihre Lebensaktivität. Nenne Beispiele und erläutere

A7 „Wer abnehmen will, muss weniger essen und viel Sport treiben." Erkläre diese Aussage mit Stoff- und Energieumwandlungen.

A8 Erläutere, dass energiereiche Nährstoffe in einer Nahrungskette nicht nur verbraucht, sondern zum Teil auch weitergegeben werden.

A9 Der Kern einer Kirsche ist von einem nährstoffreichen Fruchtfleisch umgeben. Erläutere, wem diese energiereichen Stoffe nützen. Denke an Menschen, Vögel und den Kirschbaum selbst.

A10 Muttermilch beinhaltet besonders viele energiereiche Stoffe. Erläutere, dass dies gerade für Säuglinge von großer Bedeutung ist.

263

Basiskonzept Struktur und Funktion
Prinzip Information und Kommunikation

„Information ist das halbe Leben!", das ist vielleicht übertrieben. Tatsache ist aber, dass alle Lebewesen untereinander Information austauschen: sie kommunizieren. Als Kommunikation bezeichnet der Biologe jede Form der Verständigung unter Lebewesen, vor allem zwischen Artgenossen.

Viele Tiere leben die meiste Zeit des Jahres als Einzelgänger, zur Paarung müssen sie aber zueinander finden. Zahlreiche Arten betreiben Brutpflege. Das setzt voraus, dass die Eltern ihre eigenen Jungen erkennen können, meistens am Geruch. Auch ein geselliges Zusammenleben in einer Gruppe, etwa einem Wolfsrudel, einer Affenhorde oder einem Insektenstaat, ist nur möglich, wenn die Mitglieder sich untereinander verständigen können. Diese Beispiele verdeutlichen, dass Kommunikation für alle Bereiche des Zusammenlebens eine bedeutende Rolle spielt.

Eine Verständigung kann auf verschiedene Weise erfolgen. Uns Menschen ist eine Verständigung über optische Signale, also Sichtzeichen, oder über Lautsignale vertraut. Wir nehmen sie wahr und können sie daher leicht bei Tieren beobachten. Informationen können aber ebenso über Duftstoffe oder Berührungen weitergegeben werden. Je nach Art der ausgesandten Signale werden sie vom Empfänger über andere Sinnesorgane wahrgenommen.

Sichtzeichen

Auffallend sind die farbenprächtigen Hochzeitskleider bei Vögeln und Fischen, durch die während der Paarungszeit Partner angelockt werden. Gleichzeitig können sie als Warnsignal für einen Rivalen dienen.

Das Sperren der Jungen löst bei den Altvögeln das Fütterungsverhalten aus. Je größer und je intensiver gefärbt der Rachen ist, desto stärker ist der Reiz und desto mehr Futter erhält der Jungvogel.

Körpersprache

Die Körpersprache umfasst Mimik, Gestik, Körperhaltung und Bewegung. Durch Kombination mehrerer Signale wird eine bestimmte Reaktion ausgelöst.

In Wolfsrudeln wird durch Kämpfe, die festen Regeln folgen, eine *Rangordnung* ausgefochten. Sobald der Verlierer sich als Zeichen der Unterwerfung auf den Rücken wirft und seine empfindlichste Stelle, die Halsseite, zum Biss darbietet, bricht der Gegner den Kampf ab. Auch Welpen zeigen diese *Demutshaltung* gegenüber älteren Tieren.

entspannte Haltung

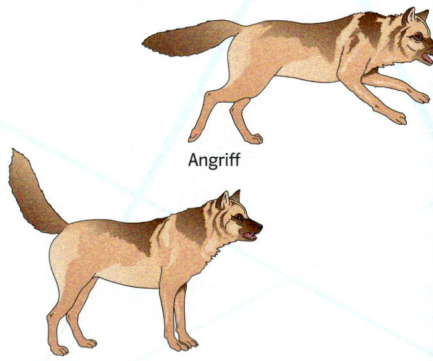

Angriff

Imponieren

Lautsignale

Der Gesang der Vögel signalisiert einerseits anderen Männchen, dass dieses Revier bereits besetzt ist, und dient andererseits dem Anlocken von Weibchen zur Paarung.

Dieselben Funktionen hat auch das Trommeln der Spechte, das Zirpen der Heuschrecken oder das Quaken der Frösche.

Auf Warnrufe, wie sie Vögel zum Beispiel bei Gefahr durch Raubvögel ausstoßen, reagieren auch Nichtartgenossen mit Fluchtverhalten.

Berührungssignale

Wenn Menschen sich streicheln oder küssen, drücken sie damit Zuneigung aus. Die gegenseitige Fellpflege bei Gorillas stärkt den Zusammenhalt in der Gruppe, sie signalisiert Zuneigung und Friedfertigkeit. Das Puffen mit der Schnauze ist eine Freundschaftsgeste bei Hund und Katze.

Ameisen verständigen sich auch. Sie tun dies über eine „Fühlersprache", bei der sie sich gegenseitig mit den Fühlern betasten.

Angst, Rückzug

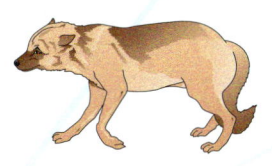

Unterordnung

Elektrische Signale

Nilhechte sind in der Lage, ihren Körper elektrisch aufzuladen. Dabei entstehen Spannungen, wie sie beispielsweise bei einer Taschenlampenbatterie auftreten (etwa 5 Volt). Sie besitzen außerdem Sinnesorgane, die durch elektrische Ladungen sogar über eine Entfernung von bis zu 10 Metern erregt werden. Mit solchen elektrischen Signalen drohen die Nilhechte Artgenossen, verteidigen ihr Revier und locken in der Fortpflanzungsperiode Weibchen an.

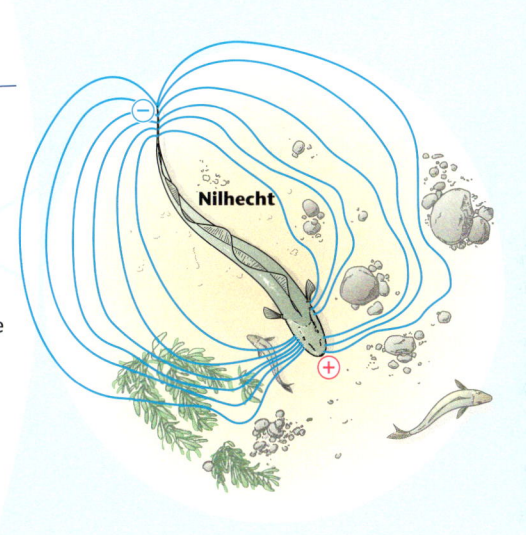

Nilhecht

Duftstoffe

Hunde setzen durch kurzes Urinieren Duftmarken, mit denen sie ihr Revier markieren.

Ameisen legen Duftstraßen an und leiten so ihre Nestgenossen zu einer Erfolg versprechenden Futterquelle.

Fische sondern bei Verletzung, zum Beispiel durch einen Raubfisch, Schreckstoffe ab. Der Schwarm flüchtet und meidet daraufhin die Gefahrenstelle.

A1 Zähle Beispiele auf, die zeigen, welche verschiedenen Funktionen Sicht- bzw. Lautsignale haben können.

A2 Bei Säugetieren sind Duftstoffe ein wichtiges Mittel zur Verständigung. Für die menschliche Kommunikation spielen sie dagegen kaum eine Rolle. Begründe.

A3 Verschiedene Tiergruppen nutzen unterschiedliche Signale, um vor drohender Gefahr zu warnen. Nenne Beispiele.

A4 Gib neben Partnerfindung und Warnung vor Gefahren weitere Bereiche oder Situationen an, in denen die Kommunikation zwischen Tieren eine wichtige Rolle spielt.

A5 Erläutere anhand von Beispielen, dass Tiere verschiedener Arten Kommunikationsprobleme haben.

265

Basiskonzept Entwicklung
Prinzip Fortpflanzung und Entwicklung

Fast alle Lebewesen altern und sterben, viele werden von anderen gefressen. Dennoch bleiben die Arten erhalten, denn Tiere, Pflanzen und Menschen erzeugen Nachkommen. Man sagt, sie pflanzen sich fort. Jede Art geht dabei anders vor. Vögel bauen Nester und brüten Eier aus, Säugetiere bringen lebende Junge zur Welt und Insekten entwickeln sich vom Ei über Larven zum geschlechtsreifen Tier. Pflanzen bilden meist Samen aus, die — oft weit entfernt von der Mutterpflanze — keimen und heranwachsen.

Trotz aller Unterschiede sind diese Vorgänge ähnlich. Selbst wenn man pflanzliche und tierische Lebewesen vergleicht, entdeckt man grundlegende Gemeinsamkeiten.

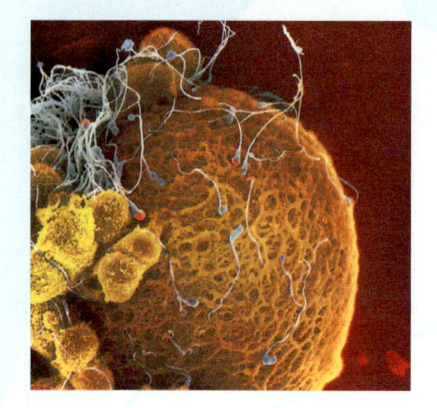

Geschlechtlich

Bei sehr vielen Lebewesen sind zur Fortpflanzung zwei Partner mit unterschiedlichem Geschlecht notwendig. Sie bilden in ihren Geschlechtsorganen männliche oder weibliche Keimzellen. Bei der *Befruchtung* verschmelzen die Keimzellen und bilden ein neues Lebewesen, dessen Entwicklung damit begonnen hat.
Diese Vorgänge laufen bei Pflanzen, Tieren und Menschen im Prinzip gleich ab. Eine solche *Fortpflanzung* nennt man *geschlechtlich* und meint damit, dass beide Geschlechter mit ihren unterschiedlichen Keimzellen daran beteiligt sind.

Ungeschlechtlich

Das *Brutblatt* erzeugt am Rand der Laubblätter winzige Tochterpflänzchen. Fallen diese zu Boden, entwickeln sie sich zu neuen Pflanzen. Diese Art der Fortpflanzung nennt man *ungeschlechtliche Vermehrung*, weil dabei keine Keimzellen gebildet werden. Weitere Beispiele sind die Ausläufer von Erdbeeren und Grünlilien. Auch aus ihnen entstehen neue Pflanzen.
Im Tierreich findet sich ungeschlechtliche Vermehrung fast nur bei Wirbellosen. So kann der *Süßwasserpolyp* an seinem Körper Knospen bilden, aus denen sich kleine Polypen entwickeln. Sie lösen sich nach einiger Zeit ab und sind selbstständige Tiere.

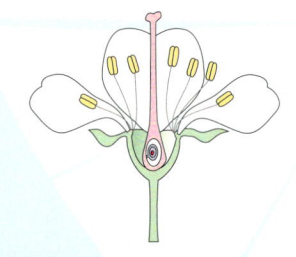

Zwittrig

Als *Zwitter* bezeichnet man ein Lebewesen, das sowohl weibliche als auch männliche Keimzellen bilden kann.

Viele Pflanzenarten haben zwittrige Blüten. Die Stempel sind die weiblichen Geschlechtsorgane, die Staubblätter die männlichen. Sie reifen meist zu unterschiedlichen Zeiten, sodass Selbstbestäubung ausgeschlossen wird.

Bei Tieren sind zwittrige Arten seltener anzutreffen. *Weinbergschnecken* geben zunächst Spermien ab, danach legen sie befruchtete Eier. Auch Regenwürmer sind Zwitter.

Fortpflanzungsstrategien

Pflanzen und Tiere stellen auf sehr unterschiedliche Weise sicher, dass ihr Nachwuchs erfolgreich heranwächst und sich selbst wieder fortpflanzt. Einige Lebewesen, wie z. B. Eichen oder *Erdkröten*, erzeugen so viel Nachwuchs, dass die Art auch dann fortbesteht, wenn ein großer Teil der *Eicheln* oder der Jungtiere von anderen Lebewesen gefressen werden. Viele Vögel und Säugetiere benutzen eine andere Strategie: Sie haben nur wenige Junge, um die sie sich intensiv kümmern. Sie beschützen und versorgen sie so lange, bis sie sich selbstständig verteidigen und ernähren können. Die Versorgung der Jungen übernimmt dabei entweder ein Elternteil oder beide sind zuständig. Manchmal helfen sogar ältere Geschwister.

Eicheln

Kröte im Laich

Jahresrhythmik

Das Überstehen der kalten Jahreszeit ist für eine Reihe von Tieren ein großes Problem. Sie müssen Nahrung finden und die Körpertemperatur aufrecht erhalten. Einige Säugetiere halten daher *Winterruhe* oder *Winterschlaf*, viele Vögel ziehen in den Süden, Reptilien und Amphibien verfallen in *Winterstarre*.

Viele Pflanzen werfen ihre Blätter ab, einige bilden bestimmte Organe, um den Winter zu überstehen. Einjährige Pflanzen bilden im Herbst Samen aus und sterben danach vollständig ab.

Lebensabschnitte

Die Lebensabschnitte der Wirbeltiere sind ähnlich: Vor der Geburt wird z. B. der entstehende Mensch als Embryo, später als Fetus bezeichnet. Danach folgen das Säuglings- und das Kleinkindalter, Jugendliche durchlaufen die Pubertät und werden zu Erwachsenen. Vergleichbare Lebensabschnitte findet man bei allen Lebewesen.

Bei manchen Lebewesen ist der Wechsel der Lebensabschnitte auch mit einer Veränderung der Körperform verbunden. Die *Erdkröte* lebt in den ersten Wochen ihres Lebens als Kaulquappe im Wasser und kommt erst nach ihrer Verwandlung an Land. Ähnliche „Gestaltwandel" findet man auch bei *Schmetterlingen* und anderen Insekten.

A1 Bei der Salweide sitzen männliche und weibliche Organe auf verschiedenen Sträuchern. Beim Haselstrauch sind sie ebenfalls getrennt, aber auf der gleichen Pflanze. Recherchiere, wer die Bestäubung vornimmt, und beschreibe die Unterschiede.

A2 Bei Bienen gibt es die Königin, Arbeiterinnen und Drohnen. Stelle dar, durch welche Art der Fortpflanzung sie jeweils entstehen.

A3 Nutzpflanzen werden häufig ungeschlechtlich vermehrt. Nenne mindestens zwei Beispiele und begründe, warum man dies tut.

A4 Recherchiere, welche Organe Pflanzen bilden können, um zu überwintern. Finde mindestens zwei Beispiele.

A5 Auf dieser Seite wird häufig der Begriff „Fortpflanzung" verwendet. Oft benutzt man auch ein anderes Wort, nämlich „Vermehrung". Erkläre den Unterschied zwischen den beiden Begriffen an einem Beispiel.

A6 Erstelle eine Tabelle, die zeigt, wie viele Nachkommen die Tiere dieser Seite pro Generation bekommen. Recherchiere dazu im Internet.

Basiskonzept System

Du kennst inzwischen eine große Anzahl verschiedener Lebewesen und in deinem Biologieunterricht hast du einige genauer kennengelernt. Wenn du die verschiedenen Organismen, etwa einen Fisch oder eine Tulpe, untersucht hast, dann ist aufgefallen, dass sie sich in kleinere Einheiten zergliedern lassen. Bei Tieren sind äußerlich z. B. Fortbewegungsorgane und Sinnesorgane zu erkennen. Pflanzen besitzen Blüten und Blätter. Beim lebenden Organismus wirken diese Einheiten sinnvoll zusammen und sind in ihren Leistungen aufeinander abgestimmt. Dieses Zusammenspiel ist auf verschiedenen Ebenen erkennbar, wobei sich die jeweiligen Teile oft schon in der Größe unterscheiden.

Die Bestandteile einer Zelle sind die kleinsten Strukturen, die du kennengelernt hast. Sie werden auch als Organelle bezeichnet. Bei ihnen solltest du mit dem Lesen beginnen und im Uhrzeigersinn die sechs hier vorgestellten Systemebenen bearbeiten. Das entspricht der Reihenfolge im unten abgebildeten Schema. Es geht also vom Kleinen zum immer Größeren. Wesentlich ist aber, dass auf jeder höheren Ebene neue Eigenschaften hinzukommen.

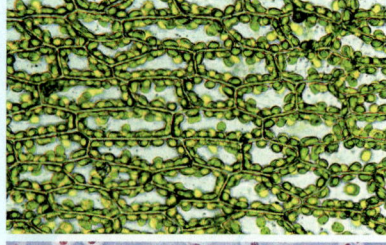

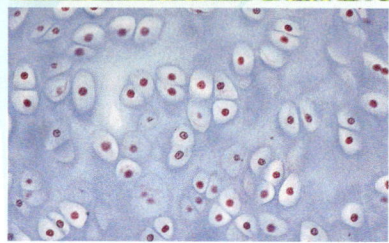

Gewebe

Bestehen Lebewesen aus vielen Zellen, kommt es zu einer Spezialisierung. Zellen mit gleicher Aufgabe liegen oft nebeneinander. Dieser Zellverband aus gleichartigen Zellen heißt *Gewebe*. Je nach ihrer Aufgabe im Organismus zeigen sich Unterschiede in der Gestalt und der Leistung. Die junge Zelle eines Blattes kann sich beispielsweise zu einer Epidermiszelle oder einer Palisadenzelle entwickeln. Die eine dient dem Schutz, die andere betreibt Fotosynthese. Beispiele für die Vielzahl tierischer Gewebe sind *Knorpelgewebe*, Knochengewebe, Drüsengewebe und auch Muskelgewebe.

Zelle

Die Zelle ist der Grundbaustein aller Lebewesen. Sie nimmt einen besonderen Platz ein, da sie die unterste Ebene darstellt, auf der alle Lebensvorgänge ablaufen. Die Bestandteile der Zelle, also ihre Organelle, arbeiten sinnvoll zusammen. Nur so kann die Zelle alle ihre Aufgaben erfüllen. *Nervenzellen* übertragen elektrische Signale zum Beispiel vom Gehirn an die Muskelzellen. In den *chloroplastenreichen Zellen* eines Blattes kann Traubenzucker hergestellt werden. In ihm ist die lebensnotwendige Energie gespeichert. Trotz der unterschiedlichen Aufgaben ist der Bauplan aller Zellen vergleichbar.

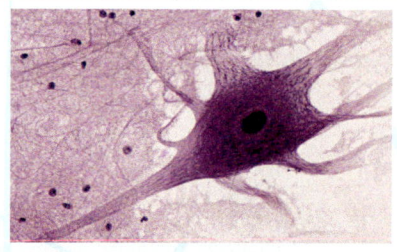

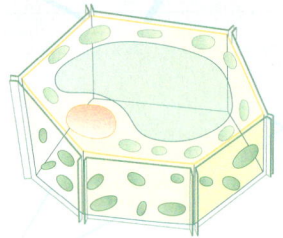

Organismus
Organsystem
Organ
Gewebe
Zelle
Organell

Organell

Innerhalb des Zellplasmas einer Zelle kann man mit dem Mikroskop zahlreiche Strukturen erkennen. Diese Bestandteile werden Organelle genannt, da sie, ähnlich wie ein Organ im Organismus, für die Zelle eine bestimmte Aufgabe übernehmen. Einige Beispiele kennst du schon. Die Blattgrünkörner, die *Chloroplasten*, sind für die Pflanzenzellen charakteristisch. *Mitochondrien* sind sowohl in den Zellen der Tiere als auch der Pflanzen zu finden. Ein weiteres wichtiges Organell ist der Zellkern, der in den Zellen die Steuerungsfunktion übernimmt, ähnlich wie das Gehirn bei einem Tier.

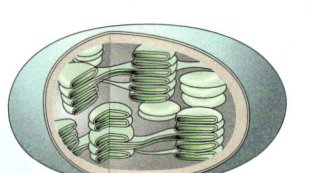

Organ

Als *Organ* bezeichnet man den Zusammenschluss mehrerer Gewebe zu einer größeren Funktionseinheit. Du kennst die *Sinnesorgane* als Beispiele. Auch den Magen hast du als Organ kennengelernt. Seine Wand besteht aus verschiedenen Geweben. Neben den Muskelzellen gibt es Drüsengewebe, dessen Zellen Schleim, Salzsäure oder Verdauungssäfte ausscheiden. Erst durch das Zusammenspiel der verschiedenen Gewebe wird die Verdauung im Organ Magen ermöglicht. Das *Blatt* mit seinen verschiedenen Geweben und deren Aufgaben hast du als Pflanzenorgan ausführlich kennengelernt.

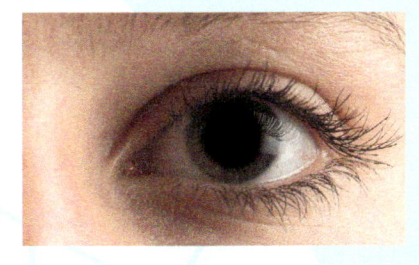

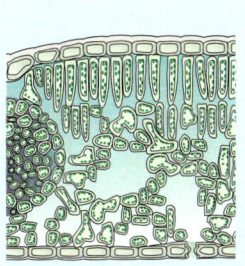

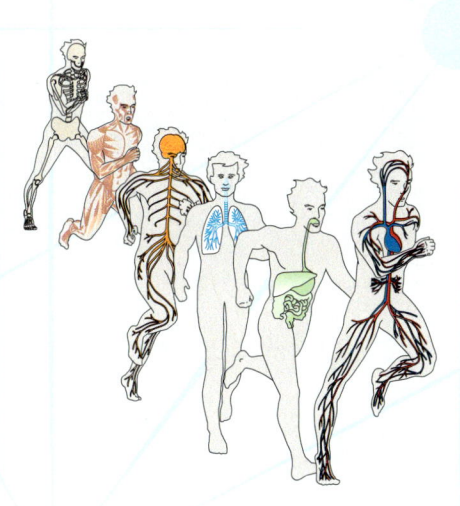

Organsystem

Bei *Menschen* und Tieren sind neben dem Magen noch weitere Organe, wie Mund, Speiseröhre, Dünndarm und Dickdarm, an der Verdauung beteiligt. Sie ergänzen sich in ihren Aufgaben und bilden zusammen das *Verdauungssystem*.
In der Blüte der *Heckenrose* findet man Kronblätter, die der Schauwirkung dienen und Insekten anlocken. Staubblätter und Stempel sind die weiblichen und männlichen Organe. Da diese verschiedenen Organe eine gemeinsame, übergeordnete Aufgabe erfüllen, nämlich der Fortpflanzung dienen, fasst man sie zu einem Organsystem, nämlich der *Blüte*, zusammen.

Blüte

Organismus

Ein *Damhirsch* benötigt alle Organsysteme zum Leben. Das Nervensystem überträgt und speichert Informationen, die von den Sinnesorganen aufgenommen werden. Verdauungssystem und Blutkreislauf versorgen die Zellen mit Nährstoffen und das Ausscheidungssystem entgiftet den Körper.
Die Blätter einer *Hahnenfußpflanze* sind für die Fotosynthese auch auf die Wurzel angewiesen, die Wasser und Mineralsalze aus dem Boden aufnimmt. Die Blüten bilden Früchte, sodass die Erhaltung der Art gesichert ist. Ein Organismus lebt und überlebt also nur durch das Zusammenwirken aller Organe und Organisationsebenen.

A1 Benenne die abgebildeten Organsysteme des Menschen und ergänze dazu jeweils einige Organe.

A2 Ordne den folgenden Bauteilen von Pflanzen und Tieren die richtige Systemebene zu: Wasserleitungsbahn, Zellkern, Wurzel, Vakuole, Spross, Bizeps-Muskel, Niere, Geschlechtsorgane, Stäbchen der Netzhaut, Netzhaut, Nervensystem.

A3 Jede Systemebene weist neue Eigenschaften auf, die in der darunter liegenden Ebene nicht vorhanden waren. Nenne dazu passende Beispiele.

Basiskonzept Struktur und Funktion
Prinzip Steuerung und Regelung

Die Umwelt beeinflusst alle Lebewesen auf vielfältige Weise. So kann es im Verlauf eines Jahres sehr warm oder sehr kalt sein. Selbst innerhalb eines Tages können sich die Bedingungen vom Morgen bis zum Abend stark ändern. Lebewesen müssen auf die sich verändernden Umweltbedingungen angemessen reagieren. Das erkennst du auch an dir. Du musst gegensteuern, wenn du frierst. Du ziehst zum Beispiel dickere Kleidung an, damit du deine Körpertemperatur konstant hältst. Dieses Beispiel hat etwas mit Steuerung bzw. Regelung zu tun. Was kennzeichnet diese beiden Vorgänge?

Die Außentemperatur beeinflusst zum Beispiel unsere Hauttemperatur. Wird es wärmer, wird die Haut aufgeheizt, wird es kalt, kühlt sie entsprechend ab. Das bezeichnen wir als Steuerung. Eine Größe A beeinflusst dabei eine Größe B. Zum Beispiel gilt: Je höher die Außentemperatur, desto höher die Hauttemperatur. Umgekehrt auch: Je niedriger, desto niedriger. Das nennt man gleichsinnige Steuerung und benutzt als Symbol einen Plus-Pfeil. Es gibt nämlich auch eine gegensinnige Steuerung, zum Beispiel: Je mehr Kleidung, desto weniger Wärmeabgabe. Umgekehrt: Je weniger Kleidung, desto mehr Wärmeabgabe. Das Symbol dafür ist ein Minus-Pfeil.

Bei der Regelung ist es komplizierter. Hier wirken immer mehrere Faktoren zusammen, mit dem Ergebnis, dass ein bestimmter Zustand, zum Beispiel die Körpertemperatur, konstant auf einem Wert gehalten wird. Der Körper besitzt dazu entsprechend angepasste Einrichtungen und Strukturen.

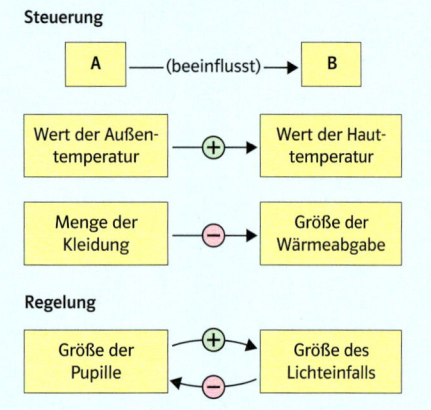

Die Stocktemperatur der Biene

Bienen sind zwar auch wechselwarme Tiere, aber sie halten während der Brutzeit die Temperatur im Bienenstock konstant auf etwa 35°C. Das schützt Larven und Puppen vor Überhitzung oder Unterkühlung. Bienen beheizen ihren Stock durch die bei Muskelarbeit abgegebene Wärme, indem sie mit den Flügeln schwirren. Steigt die Stocktemperatur über 35°C an, verspritzen Sammelbienen Wasser. Das verdunstet und kühlt die Temperatur herunter. Am Flugloch sitzende Bienen fächeln zusätzlich, wie kleine Ventilatoren, Frischluft ins Innere. So wird die Stocktemperatur geregelt. Regelung bedeutet: Ein Zustand (35°C) wird konstant gehalten.

Steuerung der Körpertemperatur

Am frühen Morgen sucht die *Zauneidechse* zunächst einen Sonnenplatz auf. So wärmt sich ihr Körper auf. Erst dann kann sie flink laufen und klettern. Am Abend, wenn die Temperaturen absinken, kühlt auch der Körper der Eidechse ab. Jede Veränderung der Umgebungstemperatur wirkt sich auf das Tier aus. Diese Abhängigkeit der Körpertemperatur ist typisch für wechselwarme Tiere. Bei ihnen steuert die Umgebungstemperatur die Körpertemperatur. Bei der Steuerung besteht eine Beziehung zwischen Ursache und Wirkung. Eidechsen haben keine Möglichkeit, bei einer lebensbedrohlichen Abkühlung oder Überhitzung gegenzusteuern.

Regelung der Pupillenweite

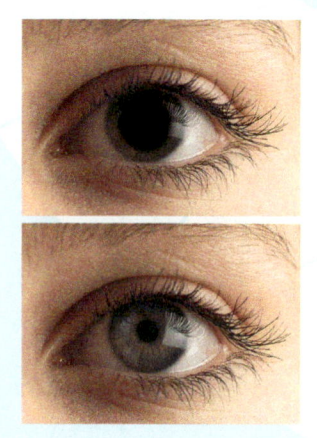

An der *Pupillenreaktion* ist das Prinzip der Regelung besonders gut zu erkennen. Beleuchtet man nämlich ein Auge im abgedunkelten Raum mit einer Taschenlampe, so verengt sich die Pupille. Je größer der Lichteinfall ins Auge ist, desto kleiner wird die Öffnung der Pupille. Wenn sich die Pupille jedoch verengt, vermindert sich auch der Lichteinfall. Es gilt also auch: Je kleiner die Pupille ist, desto geringer ist der Lichteinfall. Durch diese Wechselwirkung zwischen einer gleichsinnigen und einer gegensinnigen Steuerung wird der Lichteinfall auf die Netzhaut weitgehend konstant gehalten. Und genau das bezeichnen wir mit dem Begriff Regelung.

Steuerung

A —(beeinflusst)→ B

Wert der Außentemperatur —(+)→ Wert der Hauttemperatur

Menge der Kleidung —(−)→ Größe der Wärmeabgabe

Regelung

Größe der Pupille ⇄(+/−) Größe des Lichteinfalls

Regelung der Körpertemperatur

Du weißt, dass die Temperatur im Körperkern des Menschen immer 37 °C betragen soll. Beim Baden im Sommer gibt es viele Faktoren, die diesen Wert beeinflussen. Die Sonne heizt den Körper von außen auf und das Spielen auf der Wiese erhitzt zusätzlich. Das Wasser unter der Dusche oder der lange Aufenthalt im Wasser bewirken das Gegenteil, der Körper kühlt wieder ab. Natürlich hat auch unser Körper Möglichkeiten, diesen Veränderungen entgegen zu wirken. Das nebenstehende Schema zeigt einige Mechanismen, die an der Temperaturregelung beteiligt sind. Es geht also nicht immer so einfach wie bei der Pupillenreaktion

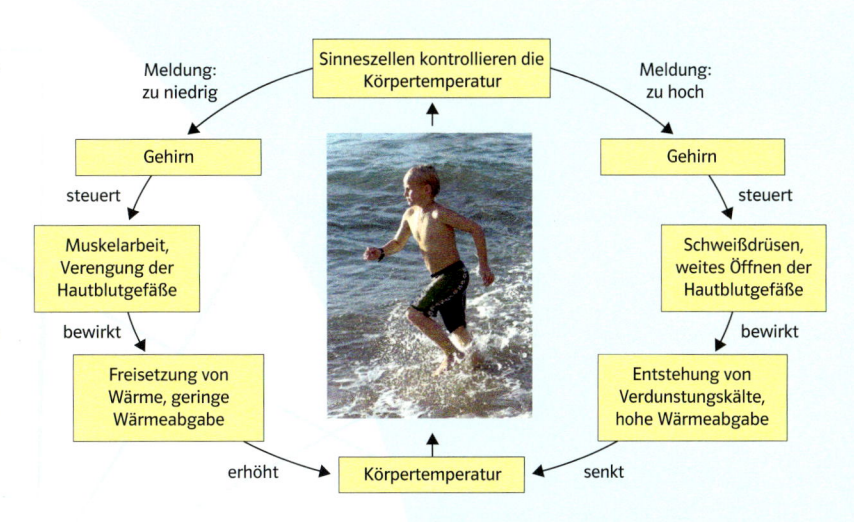

Die Körpertemperatur des Igels

Die Regelung der Körpertemperatur ist beim Igel noch verzwickter. Im Sommer liegt sie konstant bei etwa 37 °C. Wie das möglich ist, weißt du vom Menschen. Der Igel verbringt aber, wie einige andere einheimischen Säugetierarten, den Winter im Winterschlaf. Dann sinkt seine Kerntemperatur auf 5 °C. Herzschlag, Atmung und alle anderen Körperfunktionen sind verlangsamt. Das spart Energie. Der Igel hat also zwei verschiedene Temperaturen, die sein Körper ansteuern kann. Nur wenn die Kerntemperatur deutlich unter 5 °C sinkt, wacht der Igel auf und zittert sich warm. Das ist der Vorteil gegenüber wechselwarmen Lebewesen.

Regelung in der Technik

Der Mensch hat ein Interesse daran, dass bestimmte Werte in seiner Umgebung konstant gehalten werden. Das kann die Temperatur im Kühlschrank sein oder im Winter die Raumtemperatur. In diesen Fällen benutzen wir technische Regler. An den Heizkörpern befindet sich zum Beispiel ein Ventil mit einem *Thermostat*. Dieser misst die Raumtemperatur und öffnet bei Bedarf das Ventil. Dann strömt heißes Wasser in den Heizkörper ein und die Raumtemperatur steigt. So richtig regeln kann der Thermostat die Raumtemperatur aber nur im Winter. Denn das Abkühlen geht mit dieser Technik nicht. Im Sommer wäre statt dessen eine Klimaanlage nötig.

A1 „Ampeln regeln den Verkehr." Tun sie das wirklich? Erkläre die Begriffe Steuerung und Regelung. Begründe, ob es sich bei einer normalen Ampel um Steuerung oder um Regelung des Verkehrs handelt.

A2 Die Körpertemperatur der Zauneidechse wird durch die Umgebungstemperatur gesteuert. Erläutere, inwiefern die Tiere durch ihr Verhalten diesem Umwelteinfluss aktiv entgegenwirken.

A3 Beschreibe die Regelung der Körpertemperatur beim Menschen anhand der obigen Abbildung. Nenne die beteiligten Strukturen und ihre Aufgabe.

A4 Bei Bienen wird die Stocktemperatur geregelt. Vergleiche diesen Vorgang mit der Regelung der Körpertemperatur beim Menschen. Erstelle ein entsprechendes Schema.

A5 Nenne Beispiele aus der Technik, bei denen Zustände oder Vorgänge gesteuert bzw. geregelt werden.

A6 Lies die drei Beeinflussungen auf Seite 270 links unten mit den passenden „je …, desto …" - Sätzen. Gib an, weshalb es sinnvoll ist, die Pupillenregelung zweimal zu durchlaufen.

271

Grundwissen

Kennzeichen der Lebewesen. Ein Lebewesen muss gleichzeitig alle folgenden Kennzeichen besitzen: *Bewegung* aus eigener Kraft, *Wachstum*, *Stoffwechsel*, *Reizbarkeit* und *Verhalten*, *Fortpflanzung* und *Entwicklung*, *Aufbau aus Zellen*.

Ernährung. Unsere Nahrung enthält **Nährstoffe**. Zu ihnen gehören *Kohlenhydrate* (Zucker und Stärke), *Eiweiße* und *Fette*. *Hauptenergieträger* sind Fette und Kohlenhydrate. Eiweiße werden hauptsächlich als *Baustoffe* verwendet. Zusätzlich benötigt der Körper *Wasser* und in kleineren Mengen *Mineralstoffe* und *Vitamine*.

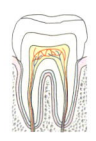

Zähne. Das menschliche Gebiss besteht aus *Schneidezähnen*, *Eckzähnen* und *Backenzähnen*. Jeder Zahn besteht aus *Zahnkrone*, *Zahnhals* und *Zahnwurzel*. Die Zahnkrone ist auf der Oberfläche vom harten *Zahnschmelz* überzogen.

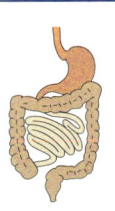

Verdauung. Die Verdauungsorgane sind *Mund*, *Speiseröhre*, *Magen*, *Dünndarm*, *Dickdarm*, *Enddarm* und *After*. Bei der Verdauung wird die Nahrung durch *Verdauungssäfte* in kleinste Teilchen zerlegt. Diese gelangen durch die Wände des Dünndarms in das Blut.

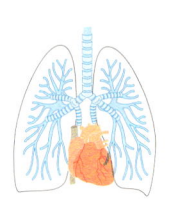

Lunge. Über Nase oder Mund atmen wir ein. Die Luft gelangt von dort über die *Luftröhre* und sich verzweigende *Bronchien* in die *Lungenbläschen*. Diese sind von feinen Blutgefäßen, den *Kapillaren*, umsponnen. Hier gelangt der *Sauerstoff* in das Blut. Im Körper gebildetes *Kohlenstoffdioxid* wird vom Blut in die Lungenbläschen abgeschieden und ausgeatmet.

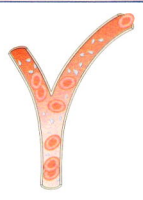

Blut. Die Bestandteile des Blutes sind die *roten* und *weißen Blutzellen* sowie *Blutplättchen* und das flüssige *Blutplasma*. Es dient dem Transport von Sauerstoff und Kohlenstoffdioxid, Nährstoffen, Mineralstoffen, Vitaminen und Wärme.

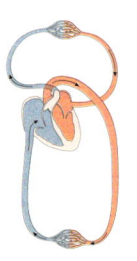

Blutkreislauf. Das aus *Vorhöfen* und *Kammern* bestehende *Herz* treibt den Blutkreislauf an. Von der *rechten Herzkammer* wird das kohlenstoffdioxidreiche Blut in die Lunge gepresst. Dort erfolgt der *Gasaustausch*. Das *sauerstoffreiche Blut* fließt in den *linken Vorhof* und in die *linke Herzkammer* und wird dann in den Körper gepumpt. Dort wird der Sauerstoff abgegeben. Das kohlenstoffdioxidreiche Blut fließt zum *rechten Vorhof* des Herzens zurück. Man unterscheidet zwischen der **Körper-** und der **Lungenschleife**. Vom Herzen wegführende Blutgefäße werden *Arterien* genannt, die zum Herzen hin führenden Blutgefäße heißen *Venen*.

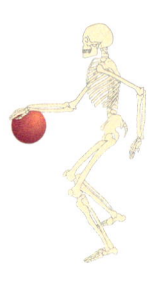

Skelett. Die bewegliche *Wirbelsäule* ist die Stütze des Körpers. Sie ist *doppelt S-förmig* gebogen. Die elastischen *Bandscheiben* liegen zwischen den einzelnen *Wirbelknochen*. Die Einzelknochen des *Schädels* sind zu einer festen Kapsel verwachsen. Das *Rumpfskelett* wird vom *Schultergürtel*, dem *Brustkorb* und dem *Becken* gebildet. Arm- und Handskelett sowie Fuß- und Beinskelett bilden die *Extremitäten*. An den *Gelenken* sind die Knochen beweglich miteinander verbunden.

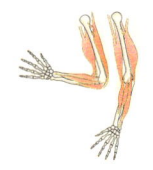

Muskeln. Die Knochen werden von den Muskeln bewegt. Diese können sich immer nur zusammenziehen, aber nicht aktiv strecken. Deshalb benötigen sie einen **Gegenspieler**, der sie dehnt (*Beuger* und *Strecker*).

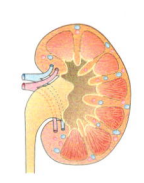

Nieren. Die Nieren sind *Ausscheidungsorgane* für Abfallstoffe des Körpers. Der „Reinigungsprozess" des Blutes findet in den *Nierenkörperchen* der *Nierenrinde* und im *Nierenmark* statt. Pro Tag werden bei einem gesunden Menschen etwa 1,5 Liter *Harn* mit den darin enthaltenen Abfallstoffen über die *Harnblase* ausgeschieden.

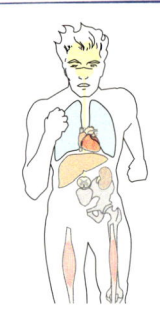

Stoffwechsel. Der eingeatmete *Sauerstoff* und der über die Verdauung aufgenommene *Traubenzucker* werden über das Blut z. B. zu den Muskeln transportiert. Sie werden dort zur *Energiegewinnung* benötigt und dabei in *Kohlenstoffdioxid* und *Wasser* umgewandelt. Das Kohlenstoffdioxid wird über die Lunge wieder ausgeatmet (**Betriebsstoffwechsel**). Die anderen mit der Nahrung aufgenommenen Stoffe dienen hauptsächlich zum Aufbau und Erhalt des Körpers (**Baustoffwechsel**).

Sinnesorgane. Als Antenne zur Außenwelt dienen unsere Sinnesorgane: *Augen*, *Ohren*, *Nase*, *Zunge* und *Haut*. Sie sind empfindlich für *Licht*, *Schall*, *Geruchsstoffe*, *Geschmacksstoffe*, *Druck* und *Wärme*.

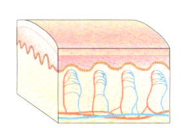

Haut. Dieses *Sinnesorgan* schützt den Körper und ist aus drei Schichten aufgebaut: *Oberhaut*, *Lederhaut* und *Unterhaut*. Mit ihren Sinneszellen nehmen wir *Berührungen*, *Kälte* und *Wärme* sowie *Schmerz* wahr.

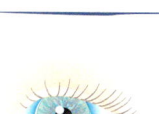

Augen. Sie liegen gut geschützt in der *Augenhöhle*. Lichtstrahlen fallen durch die *Pupille* und die *Augenlinse* auf die *Lichtsinneszellen* der *Netzhaut*. Über den *Sehnerv* werden elektrische Signale zum *Gehirn* geleitet. Erst dort entsteht das Bild, die eigentliche Wahrnehmung.

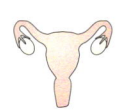

Geschlechtsorgane. Man unterscheidet innere und äußere Geschlechtsorgane und die *Keimdrüsen*. Die Keimdrüsen der Frau sowie aller weiblichen Tiere sind die Eierstöcke. Der Mann bzw. die männlichen Tiere besitzen dagegen *Hoden*.

Keimzellen. In den Eierstöcken werden die *Eizellen*, in den Hoden die *Spermien* produziert. Sie stellen die weiblichen bzw. männlichen Geschlechtszellen dar.

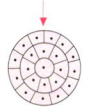

Befruchtung. Wenn die Zellkerne von Spermium und Eizelle miteinander verschmelzen, spricht man von Befruchtung. Beim Menschen und den Säugetieren sowie zum Beispiel den Vögeln und Reptilien treffen die Spermien zur Befruchtung im Körper des weiblichen Tieres auf die Eizellen. Dieses nennt man *innere Befruchtung*. Von *äußerer Befruchtung* spricht man, wenn die Keimzellen außerhalb des Körpers aufeinander treffen. Das ist zum Beispiel bei den Amphibien und den meisten Fischen der Fall. Sie geben ihre Keimzellen bei der Paarung in das umgebende Wasser ab. Dort treffen Spermien und Eizellen aufeinander und deren Zellkerne verschmelzen.

Embryo. Ein Embryo ist ein Lebensstadium, das sich in einer sehr frühen Phase der Entwicklung noch im Mutterleib bzw. in einem Ei befindet. In diesem frühen Entwicklungsstadium werden zunächst alle Organe ausgebildet. Das dauert beim menschlichen Embryo etwa acht Wochen. Ab der neunten Schwangerschaftswoche wird der Embryo **Fetus** genannt.

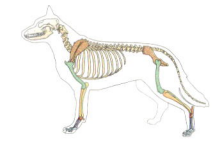

Wirbeltiere. Alle Wirbeltiere besitzen eine *Wirbelsäule* aus einzelnen Wirbeln. Sie ist ein Teil des *Innenskeletts* aus Knochen. Zu den Wirbeltieren gehören *Säugetiere*, *Vögel*, *Reptilien*, *Amphibien* und *Fische*.

Kennzeichen der Säugetiere.
Die Kennzeichen der Säugetiere sind:
– das Säugen der Jungen mit Milch aus *Milchdrüsen* der Haut
– Haare, die oft ein dichtes Fell bilden
Säugetiere sind außerdem:
– Wirbeltiere
– gleichwarme Tiere
– lebendgebärend bis auf wenige Ausnahmen.

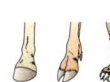

Fortbewegung bei Säugetieren. *Sohlengänger* setzen die gesamte Fläche des Fußes auf den Boden auf. *Zehengänger* treten mit den Zehen auf. Zehenspitzengänger gehen auf den Zehenspitzen.

Kennzeichen der Vögel. Das Kennzeichen der Vögel sind die *Federn*. Eine Anpassung an den Flug ist die Leichtbauweise des Körpers: die *Stromlinienform*, luftgefüllte Knochen, der *Hornschnabel* ohne Zähne, die starre Wirbelsäule. Die Vordergliedmaßen sind als *Flügel* ausgebildet. Vögel legen Eier und betreiben Brutpflege. Beim Brüten halten sie die Eier warm. Nach dem Schlüpfen der Jungvögel betreuen sie meist ihre Jungen. Vögel sind *gleichwarm*.

Vogelflug. *Gleitflug*: Flug ohne Flügelschlag und ohne Auftrieb. *Segelflug*: Flug mit dem Auftrieb in aufsteigender Luft. *Ruderflug*: Auf- und Abschlag der Flügel.

Eier. Das Ei ist eine Fortpflanzungseinheit, die bei vielen Tierarten vorkommt. Es besteht aus einer (meist befruchteten) *Eizelle*, einem Nahrungsvorrat (*Dotter*) und einer schützenden Hülle. Im Ei vollzieht sich ein Teil der Entwicklung des Tieres.

Kennzeichen der Fische. Fische leben im Wasser. Sie besitzen einen stromlinienförmigen Körper, der von *Knochenschuppen* geschützt wird. Flossen ermöglichen die Fortbewegung, eine *Schwimmblase* bei den meisten Fischen das Schweben im Wasser. Sie atmen mit *Kiemen*. Ein *Seitenlinienorgan* dient der Orientierung. Die Befruchtung erfolgt außerhalb des Körpers. Fische sind *wechselwarm*.

Grundwissen

Kennzeichen der Amphibien. Amphibien werden auch als *Lurche* bezeichnet. Sie stehen in vielen Merkmalen zwischen wasserlebenden Fischen und landlebenden Wirbeltieren. Häufig leben die Jungtiere im Wasser und atmen mit Kiemen. Mit der Entwicklung der *Larven* zum erwachsenen Lurch ist ein Gestaltwandel, die *Metamorphose*, verbunden. Die dünne Haut der Amphibien trägt keine Hornschicht und trocknet daher leicht aus. Schleimdrüsen in der Haut halten die Körperoberfläche feucht und schützen sie vor Krankheitserregern. Amphibien sind *wechselwarm*. Sie überwintern in *Winterstarre*.

Kennzeichen der Reptilien. Reptilien sind an das Landleben angepasst. Ihr Körper ist von *Hornschuppen* bedeckt und so gut vor dem Austrocknen geschützt. Sie atmen über Lungen. Die Befruchtung erfolgt im Inneren des Körpers. Die pergamentartigen Eier werden in den Boden abgelegt und durch die Sonnenwärme ausgebrütet. Die ausschlüpfenden Jungtiere ähneln den Eltern und sind sofort selbstständig. Reptilien sind *wechselwarm* und überwintern in *Winterstarre*.

Art und Rasse. Alle Lebewesen, die sich miteinander fortpflanzen und dabei fruchtbare Nachkommen hervorbringen, gehören zu einer *Art*. Angehörige einer Art, die sich konsequent in einem oder mehreren Merkmalen unterscheiden, sind eine *Rasse*.

Brutpflege. Das ist eine Form der Jungenaufzucht, bei der sich mindestens ein Elternteil auch nach der Geburt intensiv um die Jungtiere kümmert, z. B. sie füttert und schützt.

Nestflüchter und Nesthocker. Nestflüchter sind Tiere, die schnell nach der Geburt weitgehend selbstständig sind. Nesthocker sind nach der Geburt noch hilflos und auf die elterliche Pflege angewiesen.

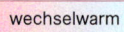

Gleichwarm und wechselwarm. Gleichwarme Tiere, wie Säugetiere und Vögel, können in ihrem Körper genügend Wärme erzeugen, um ihre Körpertemperatur etwa gleich hoch zu halten. Wechselwarme Tiere, wie die Fische, Amphibien und Reptilien, können das dagegen nicht. Ihre Körpertemperatur schwankt daher stark mit der Temperatur der Umgebung.

Blütenpflanzen. Sie gliedern sich in *Wurzel* und *Sprossachse*. Die Sprossachse oder *Stängel* trägt die *Blätter* und *Blüten*.

Blüte. Sie besteht von außen nach innen aus *Kelchblättern*, *Blütenblättern*, *Staubblättern* und *Stempel*. Dessen oberer Teil trägt die *Narbe*. Der untere verdickte Bereich ist der *Fruchtknoten*. In diesem liegen die *Samenanlagen* mit der *Eizelle*. Die *Staubblätter* enthalten in den *Staubbeuteln* den *Pollen*. Der Stempel ist der weibliche, das Staubblatt der männliche Teil der Blüte.

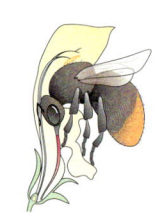

Bestäubung und Befruchtung. Der Pollen aus den Staubbeuteln wird auf die Narbe, das weibliche Geschlecht, übertragen. Dieser Vorgang heißt **Bestäubung**. Diese erfolgt meist durch Insekten (*Insektenbestäubung*) oder den Wind (*Windbestäubung*). Der auf der Narbe keimende Pollen wächst zum *Pollenschlauch* aus, der zur Eizelle im Fruchtknoten vordringt. Dort verschmilzt der Zellkern des Spermiums aus dem Pollenschlauch mit dem der Eizelle – die **Befruchtung** hat stattgefunden.

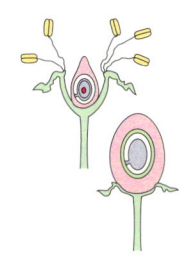

Früchte und Samen. Nach der Befruchtung entwickelt sich beim *Reifen* aus dem *Fruchtknoten* die **Frucht**. Die Wand des Fruchtknotens bildet die *Fruchtschale*. Aus der *Samenanlage* mit der *Eizelle* wird der **Samen** gebildet. In ihm entwickelt sich aus der befruchteten Eizelle der *Keimling* (Embryo). Samen und Früchte können z. B. durch Tiere, Wind, Wasser oder Schleudermechanismen verbreitet werden.

Funktion der Pflanzenorgane. Wurzeln *verankern* die Pflanze im Boden und dienen der *Wasser-* und *Mineralstoffaufnahme*. Der **Spross** trägt Blätter und Blüten. Er leitet in den *Leitbündeln* Stoffe durch die Pflanze: *Wasser* und *gelöste Mineralstoffe* von der Wurzel zu den Blättern (*Wasserleitungsbahnen*) und in *Nährstoffleitungsbahnen* von der Pflanze hergestellte Stoffe zu anderen Pflanzenorganen. In den **Blättern** werden über die *Spaltöffnungen* Sauerstoff und Kohlenstoffdioxid abgegeben oder in das Blatt aufgenommen. Grüne Blätter sind die Orte der *Fotosynthese*.

Wichtige Pflanzenfamilien. 
Lippenblütler
- Kronblätter bilden Ober- und Unterlippe
- Laubblätter kreuzgegenständig
- Stängel vierkantig

Kreuzblütler
- Kronblätter in Kreuzform
- Frucht: Schote
- wichtige Nutzpflanzen (z. B. Kohl, Raps)

Schmetterlingsblütler
- Schmetterlingsblüte (Fahne, Flügel, Schiffchen)
- Früchte: Hülsen
- wichtige Nutzpflanzen (z. B. Erbsen, Soja)

Rosengewächse
- 5-zählige Blüte
- Blütenboden häufig an der Fruchtbildung beteiligt (Scheinfrucht, z. B. Apfel)
- viele Obstsorten

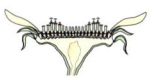

Korbblütler
- viele Blüten ergeben den Blütenstand in Form eines Körbchens

Süßgräser
- runder, hohler Stängel mit Knoten
- lange schmale Blätter
- wichtige Nahrungspflanzen für Mensch und Tier, wie zum Beispiel das Getreide

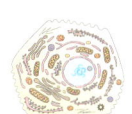

Zellen. Lebewesen sind aus Zellen aufgebaut. **Pflanzenzellen** sind neben der *Zellmembran* zusätzlich von einer *Zellwand* umgeben, häufig ist ein *Zellsaftraum* vorhanden. In grünen Pflanzenteilen sind in den Zellen die *Chloroplasten* enthalten. Das *Zellplasma* der **Tierzellen** ist nur von der dünnen *Zellmembran* umhüllt. Tier- und Pflanzenzellen enthalten einen *Zellkern*, der für die Steuerung der Lebensvorgänge verantwortlich ist.

Keimung. Beim Vorgang der Keimung platzt der Samen auf und eine neue Jungpflanze, der *Keimling*, wächst daraus hervor. Zur Keimung benötigen Samen *Wasser*, *Wärme* und *Sauerstoff*. Der Keimling ernährt sich zunächst von den Nährstoffen in den *Keimblättern*.

Fotosynthese. In den grünen Blättern der Pflanzen findet die *Fotosynthese* statt. Dabei wird die Energie des Lichts mithilfe des *Chlorophylls* — das in den Chloroplasten enthalten ist — genutzt. Dabei wird aus *Wasser* und *Kohlenstoffdioxid* *Traubenzucker* aufgebaut. *Sauerstoff* wird frei. Die *Energie des Lichts* wird als chemische Energie im Traubenzucker gespeichert. Aus ihm kann von der Pflanze der Speicherstoff *Stärke* hergestellt werden.

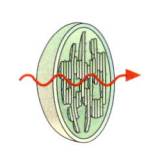

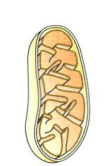

Zellatmung. Alle Lebewesen gewinnen lebensnotwendige Energie für ihren Stoffwechsel aus *Nährstoffen*, auch die Pflanzen. Grüne Pflanzen können diese selbst herstellen, während die übrigen Organismen diese von außen aufnehmen müssen. Die in den Nährstoffen gespeicherte Energie wird durch die in den *Mitochondrien* ablaufende Zellatmung freigesetzt und kann dann für die Lebensvorgänge genutzt werden. Bei der Zellatmung wird *Traubenzucker* unter Verbrauch von *Sauerstoff* in *Wasser* und *Kohlenstoffdioxid* umgewandelt.

Überwinterung. Winteraktive **Säugetiere** gehen täglich auf Nahrungssuche. Tiere, die mehrere Tage ruhen und dann wieder aktiv werden, bezeichnet man als *Winterruher*. Bei *Winterschläfern* wird im Winter der gesamte Stoffwechsel für mehrere Monate herabgesetzt, sodass Winterschläfer wenig Energie verbrauchen. Die Tiere leben von ihren Fettvorräten. **Vögel**, die das ganze Jahr an ihrem Standort bleiben, heißen *Standvögel*. *Strichvögel* weichen für kurze Zeit ungünstigen Bedingungen im Winter aus. *Zugvögel* legen sehr weite Strecken in ihre Überwinterungsgebiete zurück. Da **Amphibien** und **Reptilien** wechselwarm sind, sinkt ihre Körpertemperatur auf die Außentemperatur ab. Da dann ihre Aktivität sehr stark abnimmt, werden sie unbeweglich. Sie fallen in *Kältestarre* oder *Winterstarre*. Die Zeit der Kältestarre verbringen Reptilien in einem frostsicheren Versteck. **Fische** sind zwar auch wechselwarm, bleiben aber im Gegensatz zu den Amphibien und Reptilien aktiv.

Die **Stromlinienform** tritt in der Natur häufig bei Organismen auf, die sich mit hoher Geschwindigkeit in der Luft und im Wasser fortbewegen können. Die Stromlinienform erniedrigt den Luft- und vor allem den Wasserwiderstand beim Fliegen oder Schwimmen. Dadurch wird der Energiebedarf für die Fortbewegung des Tieres gering gehalten. Eine Stromlinienform besitzen viele Fische, Wale und Delfine, Pinguine und viele Vögel.

Register

A
Ablaichen 190, 206
Abschlussgewebe 150
Adamsapfel 245
Aderhaut 222
Adler 238
AIDS 253
Albino 260
Alter 257
Altersweitsichtigkeit 225
Amboss 228
Ameisenfrüchte 177
Amphibien 191, 206, 213
Amsel 189, 260
Amselhahn 189
Analyse XVII
angeboren 187
Anglerfisch 201
Antarktis 192
Aronstab 174
Artenschutz 204, 212
Atmung 161
Augapfel 221, 222, 225
Auge 218, 219, 221, 222, 236, 240
Augenbrauen 221
Augenhäute 222
Augenhintergrund 222
Augenhöhle 221
Augenlid 221
Augenlinse 223, 225, 238
Augenmuskeln 222
Außenkiemen 190
Außenohr 228
Austreibungsphase 255
Auswertung XIV
autotroph 163

B
Bachforelle 190
Bachstelze 187
Bakterien 233
Balzhandlung 191
Bärenklau 173
Barten 199
Bartenwal 199
Bartwürmer 201
Basiskonzepte VI
Basiskonzept Entwicklung VII, 266
Basiskonzept Struktur und Funktion VII, 258
Basiskonzept System VII, 268
Baustoffe 164
Baustoffwechsel 263
Befruchtung 171, 173, 252, 254, 266
Befruchtung, äußere 190
Befruchtung, innere 191
Begattung 189, 191
Beinschwimmer 198
Beischlaf 252
Beobachten VI, X
Bergfink 187
Berührungssignal 265
Beschreiben VI
Besenheide 159
Bestandsentwicklung 208
Bestäubung 172, 174
Betriebsstoffwechsel 263
Beuteerwerb 258
Beutelteufel 213
Bewegungsapparat 220
Bewegungsenergie 164
Bewegungsnerven 220
Bibliothek XI
Bienen 172
Bienenblüte 173
Bildentstehung 223
Binden 249
Biotop 205
Birke 175
Black Smoker 201
Blattadern 157
Blattgrund 158, 157
Blattgrünkörner 148
Blatthaut 150
Blattleitbündel 157
Blattmosaik 157
Blattnarbe 178
Blattspreite 158, 157
Blattspur 178
Blattstiel 157
Blaumeise 187
Blauwal 199, 213
Blessgans 209
Blinde 226
Blindenpunktschrift 226
Blindenschrift 226
Blindenstock 226
Blinder Fleck 222, 224
Blütenfarbe 260
Blütenkerze 179
Blütenknospe 169
blütenstet 173
Blutkreislauf 235
Bohnensamen 153
Braille-Computer 226
BRAILLE, LOUIS 226
Braille-Schreibmaschine 226
Braille-Schrift 226
Braunes Langohr 236
Brille 225
Brustdrüsen 255
Brutblatt 266
Brutplatz 200, 209
Brutzwiebeln 169
Buckelwal 199, 215
Bundesamt für Naturschutz 211
Bundeszentrale für gesundheitliche Aufklärung 253
Buschwindröschen 170

C
Chamäleon 261
Chlorophyll XIX, 178, 148
Chloroplast XIX, 161, 163, 148, 149
Clique 245
Colonius 166

D
Dämmerung 226
Daunenfeder 182, 200
Deckfeder 200
Delfin 199, 239
Demutshaltung 264
Dezibel (dB) 230
Diagramm XVI
Diaphragma 253
Dokumentieren X
Dottersack 190
Dottervorrat 191
Driftstrecke 176
Dromedar 194
Druck 218
Drüsenknöpfchen 158
Drüsiges Springkraut 213
Duftstoffe 237
Dünenkäfer 192
Düngung 155

E
Eberesche 177
Efeu 158
Eibläschen 248
Eichel 246
Eicheln 267
Eidotter 190
Eier 171
Eierstöcke 247
Eileiter 247, 252, 254
einhäusig 172
einjährig 179
Einmalhandschuhe 233
Einnistung 252, 254
Eisbär 195, 215
Eiskristalle 181
Eisprung 248
Eitrichter 247
Eiweiße 163, 164, 149
Eizahn 191
Eizelle 247, 248, 252, 254
Elefant, Afrikanischer 197
Elefant, Asiatischer 197
elektrische Felder 239
elektrische Signale 218, 219, 220, 228
Elektronenmikroskop 148
Embryo 254
Empfänger 237
Empfängnisverhütung 253
Endknospe 178, 214

E (Fortsetzung)
Energie 262
Energiebedarf 262
Energiereserve 194
Energiespeicher 232
Energiespeicherung 262
Energieträger 163, 164, 149
Energieumsatz 263
Energieumwandlung 164
Energievorrat 182
Entbindung 255
Eosin 154
Epidermis 150
Erbinformation 148
Erdgas 164
Erdkröte 206, 267
Erdmagnetfeld 187
Erdöl 164
Erdspross 168
Erektion 246
Erfahrung 227
Erinnerung 218, 227
Erneuerungsknospen 179
Ersatzlebensraum 207
Ersatzzwiebel 169
Erste Hilfe 233
Ersthelfer 233
Erzeuger 164
Eselspinguin 200, 215

F
Facette 238
Facettenaugen 238
Fachbegriffe VI
Falterblüte 173
Familie 257
Fangblätter 239
Fangorgan 258
Fangzaun 207
Faultier 203
Federschweifflieger 177
Feldflur 204
Fellfarbe 260
Fennek 192, 261
Ferntastsinn 239
Festigungsgewebe 151, 156
Fett 163, 164
Fettreserven 209
Fettvorrat 184
Fetus 254
Feuchtgebiet 208
Feuchtluftpflanzen 159
Feuersalamander 207
Fingeralphabet 231
Fischadler 258
Fische 239
Fischlarve 190
Flachwurzler 155
Fledermaus 210, 236
Fleisch fressende Pflanze 158
Fleischfresser 191
Fliegenblüte 173
Fliegenragwurz 175

Flipper 199
Flossensaum 190
Flugbild 186
Flugeinrichtung 258
Flughörnchen 258
Fluke 199, 259
Fortpflanzung 266
Fortpflanzungsorgane, männliche 172
Fortpflanzungsorgane, weibliche 172
Fortpflanzungsstrategien 267
Fotostativ 259
Fotosynthese 158, 161, 162, 163, 164, 167, 262
Frau 247
Fremdbestäubung 173
Freundschaft 257
Frischgewicht 193
Froschlarve 190
Froschlurch 206
Fruchtblase 255
Früchte 258
Früchteverbreitung 176, 177
Fruchtwasser 255
Frühblüher 168, 170
Frühjahrswanderung 206
Frühling 179
Frühlingsknotenblume 168
Fühlen 219
Funktion 258
Futterflasche 188
Futterglocke 188
Futterhäuschen 188, 189
Futterholz 188
Futternüsse 188

G

Gallerthülle 190
Gänsehaut 232, 235
Gartenbohne 153
Gebärdensprache 231
Gebärmutter 247
Gebärmuttermund 255
Gebärmutterschleimhaut 248
Geburt 255
Geburtskanal 255
Gefieder 260
Gehirn 218, 219, 220, 223, 227, 230, 234, 240, 245
Gehör 230, 231, 236
Gehörgang 228
Gehörknöchelchen 228
Gehörlosigkeit 231
Gehörschutz 231
Gelege 208
Gelenk 259
Gepard 258
Geruchssinn 195, 234, 236
Geruchssinnesorgan 241
Geruchssinneszellen 234, 241
Geruchsstoffe 218, 234

geschlechtlich 266
Geschlechtshormone 245
Geschlechtskrankheiten 251
Geschlechtsmerkmale, primäre 244
Geschlechtsmerkmale, sekundäre 244
Geschlechtsorgane 246, 247
geschlechtsreif 247
Geschlechtsverkehr 249, 252
Geschmacksknospen 219
Geschmackspapillen 234
Geschmackssinn 234
Geschmackssinneszellen 234
Geschmacksstoffe 218, 219, 234
Geschmacksverstärker 234
Gesten 237
getrenntgeschlechtig 172
Gewebe 150, 151
Gleitflieger 177
Glaskörper 222
Gleichgewichtsorgan 234
gleichwarm 263
Glutamat 234
Glycerin 183
Grasfrosch 190, 191
Grasmücken 187
Graugans 209
Griechische Landschildkröte 214
Grubenorgan 238
Gülle 155
Gürtelpuppe 171

H

Haftfrüchte 177
Haftwurzeln 158
Hai 258, 261
Hammer 228
Hammerhai 239
Harnröhrenöffnung 247
Harn-Sperma-Röhre 246
Hasel 172, 175
Haselstrauch 172, 174, 175
Hauptwurzel 155
Haussperling 187
Haut 218, 219, 232
Häuten 171
Hautfarbe 260
Hautpflege 233
Hautschichten 232
Hautverletzungen 233
Hebamme 255
Hecht 261
Hecke 205
HELMONT, JAN BAPTIST VAN 160, 161
Herbizide 205
Herbst 178
Hertz (Hz) 228, 240
heterotroph 163
Heuler 198

Hitze 261
Hitzekollaps 235
Hochmoor 158
Höcker 194
Hoden 246
Hodensack 246
Höranlage 231
Hörbereich 228
Hören 219, 228, 229, 230, 240
Hörgerät 231
Hormone 244
Hormonimplantate 253
Hörnerv 228
Hornhaut 221, 222
Hornschicht 232
Hörorgan 228
Hörschwelle 230
Hörsinneszellen 219, 228, 230, 231
Hörwelt 236
Hülse 153
Hummelblüte 173
Hummer 258
Humusstoffe 155
Hundsrobben 196
Hygiene 246, 247, 249
Hymen 247

I

Identität 245
Igel 184
Igelkaktus 192
Igelstation 185
Iglu 195
Imago 171
immergrün 181
Information 237, 241, 264
Infraschall 240
INGENHOUSZ, JAN 160, 161
Inhaltsverzeichnis XI
Innenkiemen 190
Innenohr 219, 228, 231, 234
innere Uhr 187
Insekten 173, 238
Insektenstaat 203
Internet XI
Inuit 195
Invasionsvögel 187
Iod-Kaliumiodid-Lösung 161, 168
Iris 221

J

Jahresrhythmik 267
Jahreszeiten 180
Jauche 155
Jugendamt 250
Jungfernhäutchen 247

K

Kaiserpinguin 183
Kaiserschnitt 255
Kakteen 159, 192, 202
Kälte 261
Kältepunkte 232
Kältereize 232
Kältestarre 182
Kältewüste 192
Kamel 194
Kammerwasser 222
Kammmolch 207, 259
Kannenpflanze 158, 202
Karettschildkröte 213
Karthäusernelke 173
Kätzchen 172
Katze 260
Katzenaugen 226
Kaulquappe 190
Kehlkopf 230
Keim 252
Keimblatt 153
Keimknospe 153
Keimschicht 232
Keimstängel 153
Keimung 166, 175, 152, 153, 155
Keimwurzel 153, 155
Keimzelle 246
Kennzeichen des Lebendigen VI
Kerntemperatur 235
Kiemen 191
Kinderschutzbund 250
Kindheit 256
Kirschbaum 175
Kirsche 172
Kitzler 247
Klapperschlange 238
Kletterpflanze 239
Klettfrüchte 177
Klicklaute 198, 239
Klimadiagramm 192
Knolle 168
Knospe 214
Knospenschuppen 178
Kobel 182
Kohle 164
Kohlenhydrate 163
Kohlenstoffdioxid 161, 162, 163
Koitus 252
Koitus interruptus 253
Kolonie 203
Kommunikation 237, 241, 264
Komposthaufen 238
Kondom 253
Königskerze 159
Konsument 164, 205
Konsument 1. Ordnung 164
Konsument 2. Ordnung 164
Kontaktlinse 225
Kontrollversuch 152, 154
Konzentrationstest 229
Kopffüßer 201

277

Korkschicht 178
Kormoran 209
Kornblume 205
Körnchenflieger 177
Körnerfresser 188
Körpergröße 260
Körperkern 235
Körpersprache 237
Körpertemperatur 194, 235
Kreisdiagramm 189
Krill 199
Krokus 168
Krötenschutzzaun 207
Kuckuck 187
Kugelgelenk 259
Kulturlandschaft 208
Kunstdünger 155
Kupferspirale 253
Kurzsichtigkeit 225

L

Laich 190, 206
Laichgewässer 206
Laichgrube 190
Laichplatz 190
Lärm 231
Lärmschutz 231
Larve 171
Laubblatt 150, 153, 157
Laubfall 178, 180
Laubheuschrecke 171
Lautsprache 231
Lautstärke 229, 230
lebendgebärend 175
Lebensabschnitte 256, 267
Lebensgemeinschaft 204
Lebensraum 204, 210
Leberzellen 150
Lederhaut 221, 222, 232, 233
Leitbündel 178, 156
Leitgewebe 151
Leitsinn 236
Lesebrille 225
Licht 218, 226
Lichtabhängigkeit 162
Lichtmikroskop 148
Lichtquelle 222
Lichtreize 219
Lichtschutzfaktor 233
Lichtsinneszellen 222
Lichtstrahlen 222
Liebe 250
Linse 223, 238
Linsenbänder 223
Lippenblüte 174
Lochkamera 224
Lockfrüchte 177
Luftkanäle 159
Lupe VI, XVIII
Lupine 174
Lurche 206

M

Magnetfeld 218, 239
Mammutbaum 202
Mann 246
Märzenbecher 168, 262
Masturbation 246
Mauerpfeffer 159
Mauersegler 186
Maulwurf 236
Mäusedorn 157
Mauser 189
Mauserplatz 200
Mausmaki 241
Mehlschwalbe 186
mehrjährig 179
Membran 148, 149
Memmert 176
Menopause 249
Menstruationsblutung 248
Menstruationskalender 249
Menstruationszyklus 248
Messkammer 167
Metamorphose 191, 207
Metamorphose, vollständige 171
Mikroskop VI, XIX
Mikroskopierregeln XVIII
Mimik 237
Mimose 239
Mineraldünger 155
Mineralsalzaufnahme 154
Mineralsalze 161, 163, 164, 157
Minipille 253
Missbrauch 250
Mitochondrien 163, 164, 149, 150
Mittelohr 228
Modellexperiment 215, 224
Mönchsgrasmücke 187
Muskelzittern 235
Muttermilch 198, 255
Mutterzelle 149

N

Nabel 152, 153
Nabelschnur 255
Nachgeburt 255
Nachtpfauenauge 241
Nacktmull 203
Nacktmullkolonie 203
Nahpunkt 224, 240
Nahrungsbeziehung 164, 205
Nahrungserwerb 261
Nahrungskette 164, 205, 262, 263
Nahrungsnetz 205
Nase 218, 234
Nasenloch 199
Naturschutz 204, 210, 212
Naturschutzgebiet 207
Naturschutzverband 207, 210
Nautilus 201
Nebenhoden 246
Nerven 218, 220

Nervenendigungen 232
Nervensystem 220
Nervenzellen 220, 245
Nesthocker 189
netzadrig 157
Netzhaut 222, 223, 225, 238
Nilhecht 239
Nisthilfen 208
Nistplatz 189, 208
Nutzpflanze 153

O

Oberflächenvergrößerung 155, 259
Oberhaut 232
Ochsenfrosch 213
Ohr 218, 228, 230, 240
Ohrenrobbe 196
Ohrmuschel 228, 236
Ohrschmalz 228
Ohrtrompete 228
Onager 213
Optische Täuschung 227, 237
Organ 151, 155
Organismus 149, 151
Organsystem 151
Orgasmus 252

P

Paarung 190, 191
Palisadengewebe 150
Panflöte 229
Papillen 234
paralleladrig 157
Partnerschaft 250, 257
Pearl Index 253
Penis 246
Periode 248
Perlboot 201
Pessar 253
Pflanzenfresser 190, 194
Pflanzenorgane 156, 166
Pflanzensamen 152
Pflanzenzelle XIX, 148
Pigmente 232, 233
Pigmentzellen 222
Pille 253
Pinguin 200
Plakat XII
Plazenta 254, 255
Polarfuchs 261
Pollentransport 175
Pollution 246
Polypen 266
Poren 233
Pottwal 199, 201
PRIESTLEY, JOSEPH 160, 161
primäre Geschlechtsmerkmale 244
Prinzip der Angepasstheit 260
Prinzip Fortpflanzung und Entwicklung 266

Prinzip Information und Kommunikation VII, 264
Prinzip Reproduktion und Vererbung VII, 266
Prinzip Steuerung und Regelung VII, 270
Prinzip Stoff- und Energieumwandlung VII, 262
Prinzip Variabilität und Angepasstheit VII, 260
Problemstellung XIV
Produzent 164, 205
pro familia 250
Protokoll VI, X, XV, 185
Pubertät 244, 256
Punktdiagramm XVI
Punktschrift-Tafel 226
Pupille 221, 238
Puppe 171
Puppenstadium 171

Q

Qualle 201
Quastenflosser 201
Queller 158
Quellung 152

R

Radarbeobachtung 186
Rangordnung 264
Ranken 158, 239
Raubtier 195
Rauchschwalbe 186
räumliches Sehen 224, 227
Raupe 171
Reaktion 220, 240
Reaktionszeit 220
Reaktion, unwillkürliche 220
Recherchieren XI
Reflektieren 222, 226
Reflektoren 226
Reflex 220
Regelblutung 247, 248
Regelung 201, 235, 270
Regenbogenhaut 221
Reißzahn 258
Reiz 218, 220, 232, 240
Reizbarkeit 240
Reptilien 191, 211, 213
Reservestoffe 168
Revier 189, 191, 208
Richtungshören 229, 230, 236
Riechen 219
Riechfeld 234, 241
Riechnerv 219
Riechsinneszellen 219
Riechwelt 236
Riesenkrake 201
Ringelnatter 237
Rispengras 175
Rivalenkämpfe 190

Robben   195, 196, 198, 199
Rohrkolben   159
Rosen   260
Rosskastanie   178, 179, 214
Rote Liste   205, 209, 212, 213
Rotkehlchen   187
Rückenmark   220
Rudel   198
Ruhezustand   178

S

Saatgans   209
Saguarokaktus   202
Sahara   192
Salweide   172
Salzpflanze   158
Samen   179, 258
Samenanzahl   175
Samenbildung   173
Samenpflanzen   155
Samenruhe   153
Samenschale   153
Samenverbreitung   176
Sammellinse   223
Sandwüste   192, 194
Sauerklee   158
Sauerstoff   161, 163
Säugetier   196, 198, 199, 255
Säugling   256
Säulendiagramm   XVII, 184, 193
Schaft   246
Schall   218, 228, 229, 230, 239, 240
Schallempfänger   228
Schallgeschwindigkeit   229
Schallquelle   228
Schallschutzmauer   231
Schallstärke   230, 231
Schallwellen   219, 228
Schamlippen   247
Scharbockskraut   168
Scharniergelenk   259
Schattenpflanze   158
Scheibenflieger   177
Scheide   247, 255
Scheren, biologische   258, 259
Schildkröte   214
Schimpanse   196
Schirmflieger   177
Schlagbaummechanismus   174
Schlehe   173
Schleuderfrüchte   177
Schlupfwespe   237
Schlüssel-Schloss-Prinzip   259
Schmecken   219
Schmerzschwelle   230
Schmetterling   171, 267
Schnecke   228, 230
Schnittverletzungen   233
Schnurtelefon   229
Schopfflieger   177
Schorf   233
Schraubenflieger   177
Schürfwunden   233
Schutzbrille   221
Schutzzaun   207
Schwammgewebe   150
Schwangerschaft   249, 251, 252
Schwanzlurch   206
Schweiß   232, 233, 235
Schweißdrüsen   233
Schweißporen   233
Schwellkörper   246
Schwerhörigkeit   231
Schwielen   194
Schwimmblattpflanze   159
Schwimmen   261
Schwimmfrüchte   177
Schwingungen   228
Seebär   196
Seehund   196, 198, 215
Seelöwe   196
Seerose   159
Sehbehinderte   226
Sehen   219
Sehen, räumliches   223, 224, 227
Sehfehler   225
Sehgrube   222
Sehhilfen   225
Sehnerv   219, 222
Sehwelt   236
Seitenknospe   178, 179
Seitenlinienorgan   239
Seitenspross   157
Seitenwurzeln   153, 155
sekundäre Geschlechtsmerkmale   244
Selbstbefriedigung   246, 247
Selbstbestäubung   173
Selbstbewusstsein   250
Sender   237
sexuelle Belästigungen   250
Signal   237
Signale, elektrische   218, 219, 220, 228
Singwarte   189
Sinne   218
Sinnesnerven   220
Sinnesorgane   218, 220, 221, 230, 232, 234, 237
Sinnesorgane, elektrische   239
Sinnesorgane, elektromagnetische   239
Sinneswelten   236, 241
Sinneszellen   218, 226, 235
Sohlengänger   196
Sommer   179
Sommerpflanze   179
Sommerquartier   206, 209, 210
Sommerstarre   171
Sonarsystem   239
Sonnenbrand   233
Sonnenbrille   221
Sonnenschutzmittel   233
Sonnentau   158, 202
Spaltöffnung   159, 163, 150
Speicherorgane   168, 179, 214, 262
Sperma   246
Spermaerguss   246, 252
Spermien   246
Spermienflüssigkeit   190
Spermienleiter   246
Spermienzelle   254
Sperrborsten   174
Spezialisierung   149
Spirale   253
Sprache   230
Sprossachse   159, 153, 156
sprossbürtig   155
Sprossknolle   168
Stäbchen   222, 226
Standorte, immerfeuchte   159
Standvögel   187, 188, 189
Stängel   169
Star   187
Stärke   161, 164, 168, 149
Stärkenachweis   161
Staubblatt   172
Staubflieger   177
Stechpalme   181
Steckbrief   XII
Steigbügel   228
Steinbock   202
Steinwüste   192
Steinzellen   150
Stempel   172
Stereoaufnahme   230
Sternmull   241
Steuerung   199, 270
Stichwortregister   XI
Stimmbänder   230
Stimmbruch   245
Stockente   259
Stoffaufbau   262
Stofftransport   262
Stoffwechselprozesse   163
Strichvögel   187
stromlinienförmig   198, 199, 200
Strömungswiderstand   200
Struktur   258
Suchmaschine   XI, XIII
Sumpfdotterblume   159
Sumpfpflanzen   159
Süßwasserpolyp   266
Systemebenen   151

T

Tabelle   VI, XVI
Tampon   249
Tasten   219
Tasthaare   198, 203
Tastkörperchen   232
Tastsinn   232
Tastsinneskörperchen   219
Taubheit   231
Tauchen   261
Tausendkorn-Gewicht   176
Teich   210
Teilungsfähigkeit   149
Temperaturabhängigkeit   162
Temperatursinn   238
Temperatursinnesorgan   238
Tentakel   201
Termiten   203
Thermometerhuhn   238
Tiefsee   201
Tiefwurzler   155
Tierhandel   212
Tierzelle   XIX, 149
Tintenfisch   201
Tochterzelle   149
Tonhöhen   229, 230
Trampeltier   213
Tränendrüsen   221
Traubenzucker   161, 163, 149
Trockenfrüchte   177
Trockenpflanzen   159
Trockensteinmauer   210
Trommelfell   228
Tulpe   169
Tulpenzwiebel   168, 169

U

Überwintern   184
Überwinterungsorgane   214
Uhu   236
Ultraschall   228, 240
Ultraschallbereich   236
Ultraschallschrei   199
Ultraschalltöne   236
ultraviolette Strahlung   218
Umami   234
Umgebungstemperatur   261
Umweltfaktoren   194
Umweltschutz   188
ungeschlechtlich   266
Unterhaut   232
unwillkürliche Reaktion   220
UV-Licht   221
UV-Strahlung   190, 233

V

Vakuole   XIX, 148
Veilchen, Wohlriechendes   168
Venusfliegenfalle   239
Verbraucher   164
Verdunsten   194
Verdunstung   154, 233
Verdunstungskälte   235
Verdunstungsschutz   159
Verhütung   251
Verhütungsmittel, chemische   253
Verhütungsring   253
Vermehrung   169
Vermehrung, ungeschlechtliche   266

279

Vermutung XIV
Verpuppen 171
Versuche XIV
Versuchsanordnung XIV
Versuchsaufbau XIV
Versuchsdurchführung XIV
Versuchsidee XIV
Versuchsplanung XIV
Vertrauenslehrer 250
Verwandlung, unvollständige 171
Verwandlung, vollständige 171
Vierauge 238
Vitamine 164
Vogelberingung 186
Vogelwarte 186
Vogelzug 186
Vogelzugkalender 186
Vorhaut 246
Vorwehen 255

W

Wachsschicht 159
Wachstum 166, 153
Wahrnehmung 218, 223, 227, 237
Wahrnehmungstäuschungen 227
Wale 198, 199, 259
Wandelndes Blatt 203
Wärme 218
Wärmedämmung 263

Wärmeenergie 164
Wärmepunke 232
Wärmereize 232
Washingtoner Artenschutzabkommen 212, 213
Wassergehalt 193
Wasserleitung 154
Wasserleitungsbahn 156
Wasserlinse 159
Wasserpest XIX, 162
Wasserpestzellen XIX
Wasserschwertlilie 159
Wasserspeicher 159
Wasserwiderstand 198, 199, 200
Watt 158
Wechselwarme 182, 190
Wehen 255
Weichfutterfresser 188
Weiden 202
Weinbergschnecke 266
Weißstorch 208
Weitsichtigkeit 225
Wiesensalbei 174
Wildesel 213
Wildgänse 209
Wildkräuter 205
willkürliche Bewegungen 220
Wimpern 221
Winter 178
winteraktiv 182
Winterfütterung 188
Winterquartier 207, 210

Winterruhe 182, 267
Winterruher 182
Winterschlaf 182, 184, 267
Winterschläfer 182
Winterstarre 171, 267
Wirbelsäule 220
Wohlriechendes Veilchen 168
Wolfsrudel 237
Wollhaare 182
Wundauflage 233
Wundstarrkrampf 233
Wurzel 154, 155
Wurzelhaare 155
Wurzelknollen 168
Wurzel, sprossbürtige 155
Wüste 192
Wüstenfuchs 192, 261
Wüstenpflanzen 192

X

x-Achse XVI

Y

y-Achse XVI

Z

Zahnwale 199
Zanonia 177
Zapfen 222, 226
Zauneidechse 182, 191

Zaunrübe 158
Zehengänger 196
Zehenspitzengänger 196
Zeigerpflanzen 158
Zellatmung 162, 163, 167
Zelle XIX, 148, 150, 151
Zellkern XIX, 148, 149, 254
Zellplasma XIX, 148, 149
Zellsaft 148
Zellsaftraum XIX, 148
Zellteilung 149, 254
Zellulose 164, 148
Zellverband 150
Zellwand XIX, 148
Zersetzung 155
Ziliarmuskel 223
Zitronenfalter 171, 183
Zitzen 199
Zoo 196
Zugunruhe 187
Zugverhalten 187
Zugvögel 186, 189
Zunge 218, 219, 230, 234
Züngeln 237
zweihäusig 172
zweijährig 179
Zwergfledermaus 210
Zwiebel 168, 214
Zwiebelschalen 169
Zwiebelscheibe 169
Zwitter 266
zwittrig 172, 266
Zyklus 248

Bildnachweis

Cover.1 Avenue Images GmbH, Hamburg; **Cover.2** Getty Images RF (UpperCut Images), München; **146** Avenue Images GmbH, Hamburg; **147.1** Avenue Images GmbH (Thinkstock/Ron Chapple), Hamburg; **147.2** f1 online digitale Bildagentur (Prisma), Frankfurt; **147.3** Digital Archive Japan Inc., Tokyo; **148.1** Okapia (J.C. Révy/ISM), Frankfurt; **148.2** Okapia (E. Reschke, P. Arnold), Frankfurt; **150.1** Klett-Archiv (Aribert Jung), Stuttgart; **150.2** Ullstein Bild GmbH (Peter Arnold Inc.), Berlin; **155** blickwinkel (N. Lipka), Witten; **155.Rd. 1** FOCUS (Dr. Jeremy Burgess/SPL), Hamburg; **156.1** iStockphoto (Halstenbach), Calgary, Alberta; **156.2** Mauritius (Oxford Scientific), Mittenwald; **156.4** Klett-Archiv (Claus Kaiser), Stuttgart; **156.5** Pott, Dr. Eckart, Stuttgart; **157.1** Okapia (Eckart Pott), Frankfurt; **157.2** WILDLIFE Bildagentur GmbH (D. Harms), Hamburg; **158.1; 158.2; 158.3; 158.4; 158.5; 158.8** Reinhard-Tierfoto, Heiligkreuzsteinach; **158.5** TOPIC Media (Schwirtz), Ottobrunn; **158.7** TOPICMedia (Bohler), Ottobrunn; **159.1; 159.4; 159.5** Pott, Dr. Eckart, Stuttgart; **159.2** TOPIC Media (Gebhard), Ottobrunn; **159.3; 159.6** Reinhard-Tierfoto, Heiligkreuzsteinach; **159.7** Konrad Wothe, Penzberg; **161.1** Dieter Schmidtke, Schorndorf; **161.2; 161.3** Prof. Dr. Hans Dieter Frey, Tübingen; **164** Biosphoto (Bringard Denis), Berlin; **165.1** Fotolia LLC (Leonid Nyshko), New York; **165.2** creativ collection Verlag GmbH, Freiburg; **165.3; 165.6** TOPICMedia, Ottobrunn; **165.4** Getty Images/Potodisc/S Pearce/Photolink; **165.5** Dieter Schmidtke, Schorndorf; **165.7** Roland Wolf; **165.8** Pott, Dr. Eckart, Stuttgart; **168.1** Corbis (Winfred Wisniewski, Frank Lane Picture A), Düsseldorf; **168.2** Pott, Dr. Eckart, Stuttgart; **168.3** Klett-Archiv (Hartmut Fahrenhorst), Stuttgart; **168.4** Fotolia LLC (Maria.P.), New York; **169** Reinhard-Tierfoto, Heiligkreuzsteinach; **170** Naturfotografie Frank Hecker, Panten-Hammer; **171.1** TOPICMedia (Martin Wendler), Ottobrunn; **173.1** Pott, Dr. Eckart, Stuttgart; **173.2** Reinhard-Tierfoto, Heiligkreuzsteinach; **173.3** TOPICMedia (Volkmar Brockhaus), Ottobrunn; **173.4** TOPICMedia (Portsch), Ottobrunn; **174.1** Okapia (Erich Geduldig), Frankfurt; **174.2; 174.3** Tilman Wischuf Tier- und Naturfotografie, Brackenheim; **174.4** Naturfotografie Frank Hecker (Sauer), Panten-Hammer; **175.3** Ivan Bílek (Ivan Bilek), Kadan; **175.1** Pott, Dr. Eckart, Stuttgart; **175.2** Reinhard-Tierfoto, Heiligkreuzsteinach; **175.3** Arco Images GmbH (Camerabotanica), Lünen; **177.2** Getty Images (Minden Pictures/John Hawkins/FLPA), München; **178** Mauritius (Hans Reinhard), Mittenwald; **179.1** Helga Lade (K. Röhrig), Frankfurt; **179.2** Mauritius (P.Freytag), Mittenwald; **179.3** Mauritius (Frank), Mittenwald; **180.1** Dieter Schmidtke, Schorndorf; **180.2** Klett-Archiv (Thomas Raubenheimer), Stuttgart; **180.3** Getty Images (RR/The Image Bank/EIGHTFISH), München; **181.1** Reinhard-Tierfoto, Heiligkreuzsteinach; **181.2** Klett-Archiv (Thomas Raubenheimer), Stuttgart; **182.1** Tierbildarchiv Angermayer (Hans Pfletschinger), Holzkirchen; **182.Rd. 1** Okapia (Attilio Calegari, Overseas), Frankfurt; **182.Rd. 2** Okapia (Brock May/NAS), Frankfurt; **183.1** Mauritius (age fotostock), Mittenwald; **183.2** Corbis (Paul Barton/zefa), Düsseldorf; **183.3** Okapia (Robert Maier), Frankfurt; **183.4** A1PIX (HSC), Taufkirchen; **184.1** Deepol GbR (Andrea Diefenbach), Wiesbaden; **184.2** Juniors Bildarchiv, Ruhpolding; **185.1** blickwinkel (F. Hecker), Witten; **185.2** Picture-Alliance (Picture Press), Frankfurt; **186.1** Juniors Bildarchiv, Ruhpolding; **186.2; 186.3** Manfred Danegger, Owingen; **187.1** Ullstein Bild GmbH (Imagebroker.net/Armin Floreth), Berlin; **187.2** Ullstein Bild GmbH (Imagebroker.net/Stefan Huwiler), Berlin; **187.3** Ullstein Bild GmbH (Imagebroker.net/Roland Hottas), Berlin; **187.4** blickwinkel (M. Hoefer), Witten; **187.5** Fotolia LLC (Rick Thornton), New York; **187.6** Okapia (Dieter Hopf/SAVE), Frankfurt; **187.7** Ullstein Bild GmbH (Imagebroker.net/Thomas Sbampato), Berlin; **188.1** blickwinkel (J. Peltomaeki), Witten; **188.2** Jupiterimages GmbH (IFA/R. Maier), Ottobrunn/München; **189.Rd. 1** Juniors Bildarchiv, Ruhpolding; **189.Rd. 2** blickwinkel (R. Bala), Witten; **192. Rd. 1** Corbis (Theo Allofs/zefa), Düsseldorf; **192.Rd. 3** Picture-Alliance (OKAPIA), Frankfurt; **192.Rd. 4** Picture Press (Michael & Patricia Fogden/Minden Pictures), Hamburg; **192.Rd. 5** Ullstein Bild GmbH (Peter Arnold Inc.), Berlin; **193.1; 193.2; 193.3** Prof. Jürgen Wirth, Dreieich; **194** Mauritius (Kost), Mittenwald; **195.1** Okapia (Dale Robert Franz), Frankfurt; **195.2** Okapia (R. Schoen/BIOS), Frankfurt; **196** Okapia (Joe Dorsey, OSF), Frankfurt; **197.1** Okapia (NAS, T. McHugh), Frankfurt; **197.2** Okapia (NAS, Tim Davis), Frankfurt; **197.3** blickwinkel (A. Maywald), Witten; **197.4** Okapia (Jean-Jaques Alcalay, BIOS), Frankfurt; **197.5** Okapia (Muriel Nicolotti), Frankfurt; **197.6** iStockphoto (Graeme Purdy), Calgary, Alberta; **197.7** Okapia (John Cancalosi/P. Arnold, Inc), Frankfurt; **197.8** iStockphoto (Oscar Calero), Calgary, Alberta; **197.9** iStockphoto (Chrisds), Calgary, Alberta; **197.10** TOPICMedia (E. u. D. Hosking), Ottobrunn; **197.11** iStockphoto (Eric Gevaert), Calgary, Alberta; **198** Günther Wichert, Dinslaken; **199.1** WILDLIFE Bildagentur GmbH (D. J. Cox), Hamburg; **199.Rd. 1** Okapia (Francois Gohier), Frankfurt; **200** Okapia (Fred Bruemmer/P. Arnold, Inc.), Frankfurt; **200.Rd. 1** Günther Wichert, Dinslaken; **201.1** Interfoto, München; **201.2** Ullstein Bild GmbH (Tollkühn), Berlin; **201.3** Picture-Alliance (epa str), Frankfurt; **201.4** laif (Hoa-Qui), Köln; **201.5** Corbis (Denis Scott), Düsseldorf; **201.6** Getty Images (taxi/Peter David), München; **201.7** FOCUS (McConnaughey/Photo Researchers), Hamburg; **202.1** Ullstein Bild GmbH (Bodo Schieren/Imagebroker.net), Berlin; **202.2** Mauritius (imagebroker), Mittenwald; **202.3** blickwinkel (K. Irlmeier), Witten; **202.4** Getty Images (Photographer's Choice RR/Nash Photos), München; **202.5** blickwinkel (R. Gerth), Witten; **202.6** blickwinkel (R. Linke), Witten; **202.7** blickwinkel (F. Hecker), Witten; **203.1** Die Bildstelle (MCPHOTO), Hamburg; **203.2** iStockphoto (Danish Khan), Calgary, Alberta; **203.3** Arco Images GmbH (NPL), Lünen; **203.4** Mauritius (Ronald Wittek), Mittenwald; **203.5** blickwinkel (H. Schmidbauer), Witten; **203.6** blickwinkel (F. Stober), Witten; **206.1; 206.3** Tierbildarchiv Angermayer (Hans Pfletschinger), Holzkirchen; **206.2** Okapia (Willi Dolder), Frankfurt; **207.1** blickwinkel (McPHOTO), Witten; **207.2** Tierbildarchiv Angermayer (Hans Pfletschinger), Holzkirchen; **207.3** WILDLIFE Bildagentur GmbH (J.Freund), Hamburg; **208.1** Das Luftbild-Archiv, Wenningsen; **208.2** Limbrunner, Alfred, Dachau; **209. 1** Ullstein Bild GmbH (Lange), Berlin; **209. 2; 209.3** Arco Images GmbH (NPL), Lünen; **209. 4** Okapia (Hans Reinhard), Frankfurt; **210.1; 210.4** blickwinkel (H. Schmidbauer), Witten; **210.2** Joker (David Ausserhofer), Bonn; **210.3** blickwinkel (F. Hecker), Witten; **210.5** blickwinkel (fototoo), Witten; **211.1** blickwinkel (M. Woike), Witten; **211.2** blickwinkel (A. Krieger), Witten; **211.3** all images direct (Bernd Pfeifer), Deisenhofen; **211.4** WILDLIFE Bildagentur GmbH (D.Manhart/4nature), Hamburg; **211.5** GREENPEACE, Hamburg; **211.6** WWF Schweiz, Gland; **211.8** NABU, Naturschutzbund Deutschland e.V., Bonn; **212** blick-winkel (H. Schmidbauer), Witten; **213.1; 213.6** blickwinkel (H. Schmidbauer), Witten; **213.2** WILDLIFE Bildagentur GmbH (D.Harms), Hamburg; **213.3** Corbis (Denis Scott), Düsseldorf; **213.4** Ullstein Bild GmbH (Imagebroker.net/Manfred Bail), Berlin; **213.5** blickwinkel (A. Held), Witten; **213.7** WaterFrame (Gerald Nowak), München; **214** Okapia (Werner Layer), Frankfurt; **215.1** Picture-Alliance (dpa/Federico Gambarini), Frankfurt; **215.2** Ullstein Bild GmbH (Imagebroker.net/Armin Floreth), Berlin; **215.3** Jupiterimages GmbH (BCI), Ottobrunn/München; **215.4** Getty Images (Photonica/Doug Plummer), München; **215.5** Büro- und Computer- Service Brigitte Bossert, Frankfurt/M.; **216** Corbis (Mika/zefa), Düsseldorf; **217.1** Avenue Images GmbH (Banana Stock),

Hamburg; **217.2** iStockphoto (Aleksej Kostin), Calgary, Alberta; **217.3** Getty Images RF (Photodisc/Marcy Maloy), München; **218** Ingo Wandmacher, Bad Schwartau; **219.1** Filser, Wolfgang, Arzbach; **219.2** Imago Stock & People (HRSchulz), Berlin; **219.3** Getty Images (Photographer's Choice/Alain Daussin), München; **219.4** Keystone (Volkmar Schulz), Hamburg; **219.5** Image Source, Köln; **220** Fotolia LLC (Jan Schuler), New York; **221.1** Jörn Wolter/wolterfoto.de, Bonn; **221.2; 221.3** Okapia (Ulla Spiegel), Frankfurt; **222** Mauritius (agefotostock), Mittenwald; **223.1; 223.2** Klett-Archiv (Simianer & Blühdorn), Stuttgart; **225.1** Mauritius (Hackenberg), Mittenwald; **225.2** Picture-Alliance (Lehtikuva Jussi Nukari), Frankfurt; **225.3** Mauritius (Frauke), Mittenwald; **226** Klett-Archiv (Hartmut Fahrenhorst), Stuttgart; **227** AKG, Berlin; **228** Image Source, Köln; **229.1** Helga Lade (D. Rose), Frankfurt; **229.2** PantherMedia GmbH (Birgit Reitz-Hofmann), München; **230** Bilderberg (Joern Sackermann), Hamburg; **231** Okapia (Peter Becker), Frankfurt; **232** Klett-Archiv (H. Länge), Stuttgart; **233.1** Okapia (D.H. Thompson/ OSF), Frankfurt; **233.2** Fotex GmbH (Rainer Drechsler), Hamburg; **234** Getty Images (Taxi/Mel Yates), München; **235.1** f1 online digitale Bildagentur (Westend61), Frankfurt; **235.2** Ullstein Bild GmbH (Bele Olmez/Imagebroker.net), Berlin; **236.1** iStockphoto (Jill Lang), Calgary, Alberta; **236.2** Okapia (Dietmar Nill/SAVE), Frankfurt; **236.3** PantherMedia GmbH (Torsten Gudescheit), München; **236.Rd. 1** f1 online digitale Bildagentur (agefotostock), Frankfurt; **237.1** vario images GmbH & Co.KG (McPHOTO), Bonn; **237.2** blickwinkel (A. Held), Witten; **237.3** Peter Widmann, Photodesign, Tutzing; **237.4** Picture Press (Albert Mans/Foto Natura/Minden Pictures), Hamburg; **238.1** Tierbildarchiv Angermayer (Hans Pfletschinger), Holzkirchen; **238.2** blickwinkel (K. Wothe), Witten; **238.3** Klett-Archiv (Nature + Science AG), Stuttgart; **238.4** Okapia (John Cancalosi), Frankfurt; **238.5** Okapia (Herbert Kehrer), Frankfurt; **238.6** Okapia (Alan Root), Frankfurt; **239.1** Jupiterimages GmbH (BCI), Ottobrunn/München; **239.2** WILDLIFE Bildagentur GmbH (N.Wu), Hamburg; **239.3** Okapia (Dr. Eckart Pott), Frankfurt; **239.4** Corbis (Jeffrey L. Rotman), Düsseldorf; **239.5** Klett-Archiv (Nature + Science AG), Stuttgart; **240** SUPERBILD, Taufkirchen/München; **241.1** Arco Images GmbH (NPL), Lünen; **241.2** WILDLIFE Bildagentur GmbH (J. Westphalen), Hamburg; **241.3** Mauritius (Photo Researchers), Mittenwald; **241.4** Action Press GmbH (Alfaqui S.L.), Hamburg; **242.1** Avenue Images GmbH (Veer/Fancy RF), Hamburg; **243.3** Imago Stock & People (K.-P. Wolf), Berlin; **243.3** Getty Images RF (Photographer's Choice RF/Dougal Waters), München; **243.4** Getty Images (Stone/Camille Tokerud), München; **244** Corbis (Kevin Dodge), Düsseldorf; **246** Albert Bonniers Förlag AB (Lennart Nilsson), Stockholm; **247** Albert Bonniers Förlag AB (Lennart Nilsson), Stockholm; **250.1** Getty Images (Photonica/Roger Charity), München; **250.2** Getty Images (RR/Photographer's Choice/Gone Wild), München; **250.3** Getty Images RF (Stockbyte/George Doyle), München; **250.4** Getty Images (RR/Image Bank/Ericka McConnell), München; **250.5** Getty Images (Taxi/Nicolas Bertrand), München; **250.6** Picture Press (Frank P. Wartenberg), Hamburg; **250.7** Getty Images (Stone/Nick Daly), München; **251.1** Avenue Images GmbH (PhotoAlto RF/Laurence Mouton), Hamburg; **251.2** Getty Images (Taxi/Titus Lacoste), München; **251.3** Mauritius (Uwe Umstätter), Mittenwald; **251.4** Friedrich Haun, Borken; **251.5** Stefan Malzkorn, Hamburg; **251.6** A1PIX (PHA), Taufkirchen; **251.7; 251.8; 251.9** Stills-Online, Hamburg; **252** Albert Bonniers Förlag AB (Lennart Nilsson), Stockholm; **253.1** Okapia (NAS Biophoto), Frankfurt; **253.2** Mauritius (Uwe Umstätter), Mittenwald; **253.3** plainpicture GmbH & Co. KG (Mira), Hamburg; **253.4** Mauritius (Lehn), Mittenwald; **254** Okapia (A. Jorgensen/Petit Format), Frankfurt; **254.2; 254.3** Albert Bonniers Förlag AB (Lennart Nilsson), Stockholm; **254.4; 254.5** FOCUS (Edelmann/SPL), Hamburg; **255.2** Getty Images (RR/The Image Bank/Sharon Montrose), München; **256.1** Corbis (Tim Tadder), Düsseldorf; **256.2** Getty Images RF (Digital Vision/Inti St. Clair), München; **256.3** Avenue Images GmbH (Image Source), Hamburg; **256.4** Joker (Marcus Gloger), Bonn; **256.5** Getty Images RF (Photodisc/SW Productions), München; **257.1** Corbis (zefa/Estelle Klawitter), Düsseldorf; **257.2** Getty Images RF (PhotoAlto/Laurence Mouton), München; **257.3** Corbis (Lance Nelson), Düsseldorf; **257.4** Süddeutsche Zeitung Photo, München; **257.10** f1 online digitale Bildagentur (RFJohnér), Frankfurt; **258.1** Okapia (NAS/Nick Bergkessel), Frankfurt; **258.2** Getty Images (Mike Parry/Minden Pictures), München; **258.3** Corbis (Tom Brakefield), Düsseldorf; **258.4** blickwinkel (C. Lukhaup), Witten; **259.1** FOCUS (Andrew Syred/SPL), Hamburg; **259.2** Okapia (Joe McDonald), Frankfurt; **259.3** Prof. Jürgen Wirth, Dreieich; **259.4** Jupiterimages GmbH (Int. Stock), Ottobrunn/München; **259.5** Tierbildarchiv Angermayer (Hans Pfletschinger), Holzkirchen; **260.1** TOPICMedia (Robert Bruckner), Ottobrunn; **260.2; 260.10; 260.11** Reinhard-Tierfoto, Heiligkreuzsteinach; **260.3** TOPICMedia (Pfeiffer), Ottobrunn; **260.4** Corbis (Bob Rowan, Progressive Image), Düsseldorf; **260.5** Bilderberg (Till Leeser), Hamburg; **260.6** Photo Projects GmbH (Hans-Jürgen Burkard), Hamburg; **260.7** Markus Kirchgessner, Frankfurt; **260.8** Bilderberg (Bertold Steinhilber), Hamburg; **260.9** Mauritius (age fotostock), Mittenwald; **261.1** Picture-Alliance (NHPA/Photoshot), Frankfurt; **261.2** A1PIX (MCH), Taufkirchen; **261.3** Okapia (Daniel J. Cox/OSF), Frankfurt; **261.4** Mauritius (Oxford Scientific), Mittenwald; **262.1** Dieter Schmidtke, Schorndorf; **262.2** Westend61 (Erich Kuchling), Fürstenfeldbruck; **262.3** Fotolia LLC (Maria.P.), New York; **263.1** blickwinkel (M. Mertsch), Witten; **263.2** Okapia (Jürgen Lichtenberger), Frankfurt; **264.1** Okapia (NAS/Sidney Bahrt), Frankfurt; **264.2** Pott, Dr. Eckart, Stuttgart; **264.3** Okapia (Thomas S. England/NAS), Frankfurt; **264.4** Corbis (Tim Davis), Düsseldorf; **265.1** STOCK4B, München; **265.2** Konrad Wothe, Penzberg; **265.3** Reinhard-Tierfoto, Heiligkreuzsteinach; **265.4** WILDLIFE Bildagentur GmbH (P.Hartmann), Hamburg; **266.1** Albert Bonniers Förlag AB (Lennart Nilsson), Stockholm; **266.2** Bellmann, Dr. Heiko, Lonsee; **266.3** blickwinkel (W. Layer), Witten; **267.1** creativ collection Verlag GmbH, Freiburg; **267.2** Juniors Bildarchiv, Ruhpolding; **267.3** Manfred Pforr Naturbild-Archiv, Langenpreising; **268.1** Okapia (J.C. Révy/ISM), Frankfurt; **268.2** Okapia (E. Reschke, P. Arnold), Frankfurt; **268.3** Peter Arnold images.de (Ed Reschke), Berlin; **269.1** Okapia (Ulla Spiegel), Frankfurt; **269.2** Klett-Archiv (Nature + Science AG/Mangler), Stuttgart; **269.3** blickwinkel (H. Schmidbauer), Witten; **270.1** Okapia (S. Camazine, OSF), Frankfurt; **270.2** blickwinkel (A. Krieger), Witten; **270.3; 270.4** Okapia (Ulla Spiegel), Frankfurt; **271.1** JupiterImages photos.com, Tucson, AZ; **271.2** Juniors Bildarchiv, Ruhpolding; **271.3** VISUM Foto GmbH (Michael Klein), Hamburg; **IV.1** Corel Corporation Deutschland, Unterschleissheim; **IV.2** MEV Verlag GmbH, Augsburg; **IX.1** Manfred Danegger, Owingen; **IX.2** blickwinkel (S. Meyers), Witten; **V**; **V.1** Picture-Alliance (Picture Press/Frank P. Wartenberg), Frankfurt; **VI.1** Reinhard-Tierfoto, Heiligkreuzsteinach; **VI.2** Avenue Images GmbH (image 100), Hamburg; **VI.3** Digital Archive Japan Inc., Tokyo; **VI.4** Ullstein Bild GmbH (CARO/Kaiser), Berlin; **VI.5** Fotosearch Stock Photography (Brand X Pictures), Waukesha, WI; **VII.1** iStockphoto (philip langley), Calgary, Alberta; **VII.2** iStockphoto (Marcos Paternoster), Calgary, Alberta; **VIII.1** Getty Images RF (Stockbyte), München; **VIII.2** STOCK4B (Ilubi Images), München; **VIII.3** Getty

Images RF (Mixa), München; **VIII.4** Klett-Archiv (normal design GbR), Stuttgart; **X.1** Okapia (Hans Reinhard), Frankfurt; **X.2** Klett-Archiv (Aribert Jung), Stuttgart; **XI.1** PantherMedia GmbH (Herbert Esser), München; **XI.2** Reinhard-Tierfoto, Heiligkreuzsteinach; **XI.3** Okapia (Rainer Förster), Frankfurt; **XI.4; XI.5** Okapia (Hans Reinhard), Frankfurt; **XI.6** Okapia (Wolfgang Steinmetz/Naturbild), Frankfurt; **XI.7** Joker (Mark Bugnaski), Bonn; **XII.1** Juniors Bildarchiv, Ruhpolding; **XII.2** Getty Images RF (Photodisc), München; **XII.3** Getty Images RF (STOCK4B-RF), München; **XIII.1** all images direct (imagebroker.net/Michael Krabs), Deisenhofen; **XIII.2** Okapia (J. L. Klein & M. L. Hubert), Frankfurt; **XIII.3** Vitakraft-Werke, Bremen; **XIX.1** Prof. Dr. Heinz Schneider, Landau; **XVI.1** Mauritius (Zarember), Mittenwald; **XVI.2** Michael Ehlers AGD, Reichenberg

Nicht in allen Fällen war es uns möglich, den Rechteinhaber der Abbildungen ausfindig zu machen. Berechtigte Ansprüche werden selbstverständlich im Rahmen der üblichen Vereinbarungen abgegolten.

Die ältesten Tiere

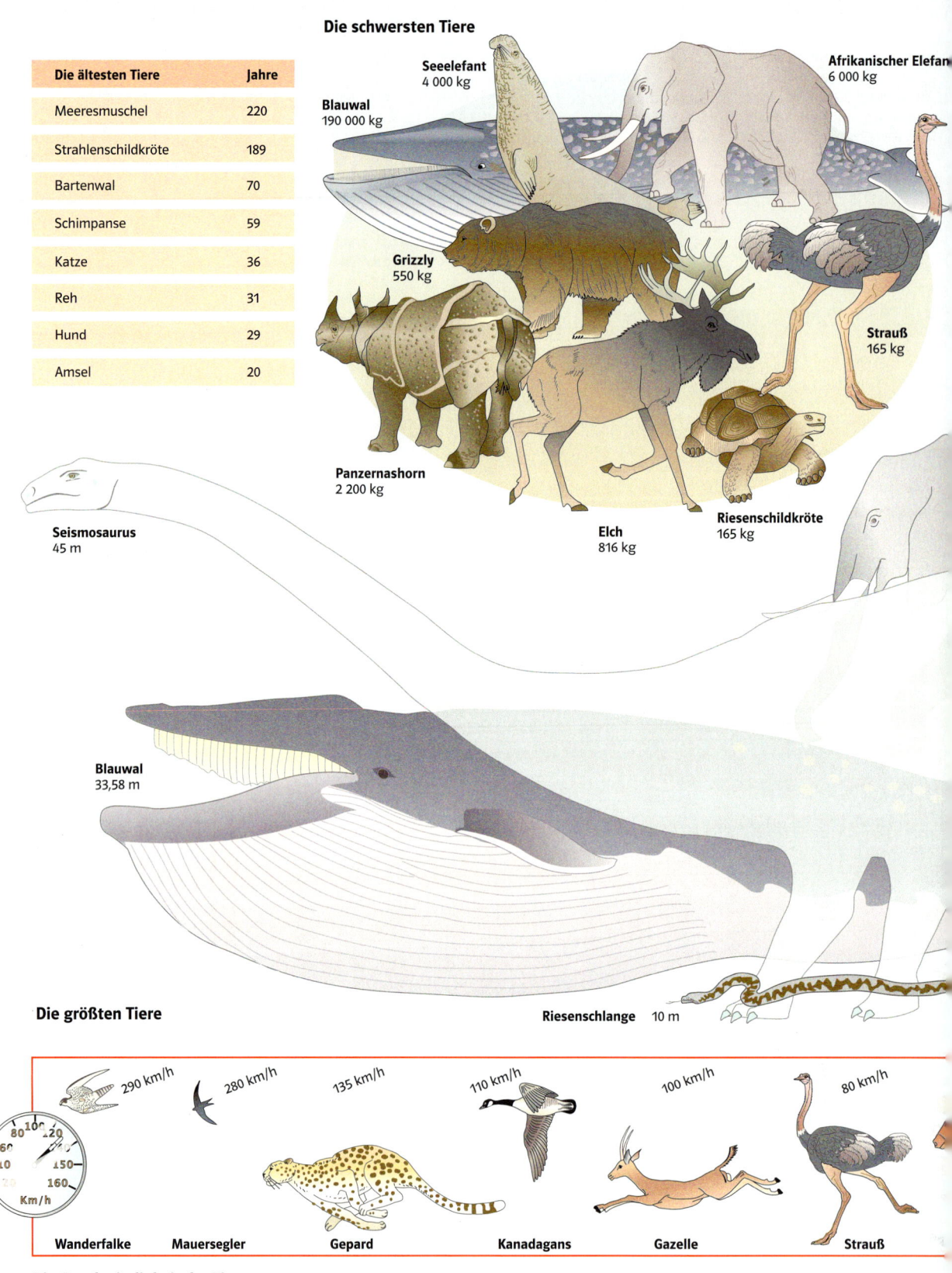

Die ältesten Tiere	Jahre
Meeresmuschel	220
Strahlenschildkröte	189
Bartenwal	70
Schimpanse	59
Katze	36
Reh	31
Hund	29
Amsel	20

Die schwersten Tiere

Seeelefant 4 000 kg
Blauwal 190 000 kg
Afrikanischer Elefant 6 000 kg
Grizzly 550 kg
Strauß 165 kg
Panzernashorn 2 200 kg
Elch 816 kg
Riesenschildkröte 165 kg

Die größten Tiere

Seismosaurus 45 m
Blauwal 33,58 m
Riesenschlange 10 m

Die Geschwindigkeit der Tiere

Wanderfalke 290 km/h
Mauersegler 280 km/h
Gepard 135 km/h
Kanadagans 110 km/h
Gazelle 100 km/h
Strauß 80 km/h

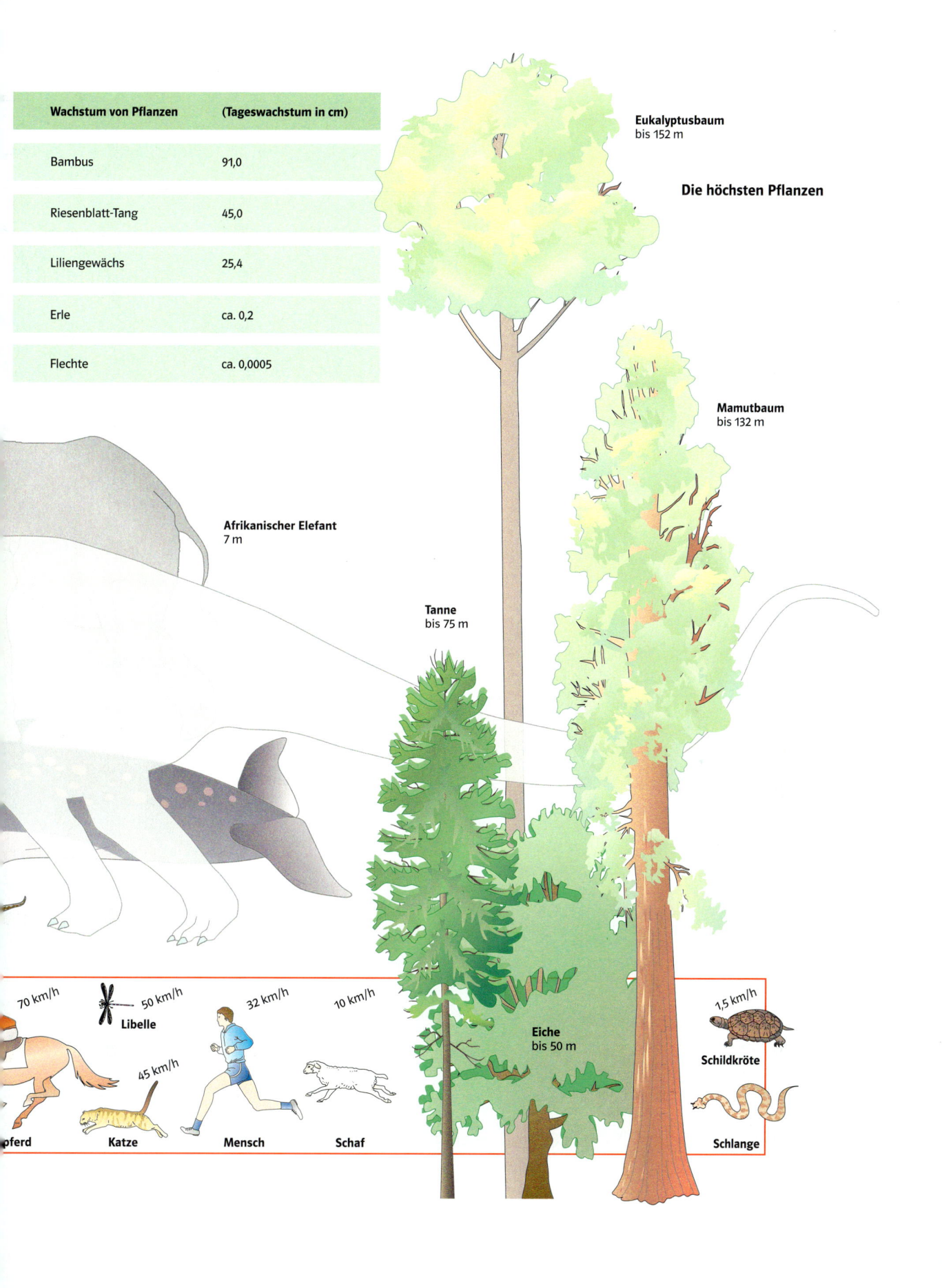

Wachstum von Pflanzen	(Tageswachstum in cm)
Bambus	91,0
Riesenblatt-Tang	45,0
Liliengewächs	25,4
Erle	ca. 0,2
Flechte	ca. 0,0005

Die höchsten Pflanzen

Eukalyptusbaum
bis 152 m

Mamutbaum
bis 132 m

Afrikanischer Elefant
7 m

Tanne
bis 75 m

Eiche
bis 50 m

70 km/h — pferd
50 km/h — Libelle
45 km/h — Katze
32 km/h — Mensch
10 km/h — Schaf
1,5 km/h — Schildkröte

Schlange